왜 섬기는 교회에 세계가 열광하는가?

초판 1쇄 발행	2008년 8월 4일
초판 3쇄 발행	2010년 12월 1일
지은이	도날드 E. 밀러, 테쓰나오 야마모리
옮긴이	김성건, 정종현
펴낸곳	교회성장연구소
발행인	이영훈
편집인	이장석
편집장	이봉연
기획 및 편집	최진영
교정·교열	이한나
마케팅팀장	이승조
마케팅	김성경
등록번호	제 12-177호
주소	서울시 영등포구 여의도동 11-14 영산복지센터 8층
전화	02-2036-7936
팩스	02-2109-7910
웹사이트	www.pastor21.net

책 가격은 뒤표지에 있습니다.

ISBN 978-89-8304-122-7 03230
잘못 만들어진 책은 바꾸어 드립니다.

Global Pentecostalism : The New Face of Christian Social Engagement

by Donald E. Miller and Tetsunao Yamamori

ⓒ 2007 The Regents of the University of California
Published by arrangement with University of California Press

이 책의 한국어판 저작권은 미국의 University of California Press 와의 계약으로
교회성장연구소에 있습니다. 저작권법에 의해 대한민국 안에서 보호를 받는 저작물이므로
허락 없이 인용, 복사, 전재하는 것을 금합니다.

왜 **섬기는 교회**에 세계가 **열광**하는가?

목차
Contents

왜 섬기는 교회에 세계가 열광하는가?
– 기독교적 사회참여의 새로운 모델, 성령운동 –

옮긴이의 말 ·· 4

감사의 글 ·· 10

서론 ·· 12

1 기독교적 사회참여의 새로운 모델, 성령운동 ············· 27

2 그들의 다양한 사회참여 사역, 신념, 그리고 동기 ········· 53

3 다음 세대를 건설하기 위한 노력들 ····················· 87

4 개인과 사회를 변화시키는 운동 ························ 123

5 섬김을 낳는 살아 숨쉬는 예배가 있는 교회 ············· 157

6 신자의 삶을 윤택하게 하는 교회 ······················ 193

7 평신도를 리더로 세우는 교회 ························· 221

8 결론 : 그들의 미래와 도전 ··························· 253

부록 ·· 269

미주 ·· 278

Index ·· 291

현장사례 동영상 제공
- 교회성장연구소 홈페이지 www.pastor21.net에서 보실수 있습니다.

| 옮긴이의 말 | ▶ ▶ ▶

    이 책은 21세기 한국과 세계의 기독교회에 새로운 방향을 제시하는 이정표와 같은 책이다. 이 책의 공저자인 도날드 밀러(Donald Miller)는 수십 년 간 종교와 사회의 관계를 연구한 학자로서 영향력 있는 종교사회학회(Society for the Scientific Study of Religion)의 회장을 역임한 바 있는 국제적인 학자이다. 그는 이 책을 저술하기 위해 4년이 넘는 시간 동안 아시아, 아프리카, 남미, 동유럽의 20개국을 방문하여 300명이 넘는 사람들과 인터뷰하였고, 수백 개의 사진과 70시간 분량의 비디오 동영상을 촬영하였다. 이 책은 책상에 앉아서 '머리'로 쓴 사변적인 글이 아니라 현장을 돌아다니며 '발바닥'으로 쓴 생동감이 넘치는 글이다.

    하버드대학의 하비 콕스(Harvey Cox)를 비롯하여 많은 학자들이 이야기하듯, 20세기에 가장 괄목할 만한 종교운동으로는 오순절 성령운동(Pentecostalism, 이하 성령운동)을 들 수 있다. 성령운동은 신약성경 사도행전에 묘사되어 있는 초대 기독교의 역동적인 영적 현상과 체험을 되살리자는 운동으로서, 성령세례를 강조하며, 방언, 은사, 신유 등과 같은 초월적 현상과 기적을 추구한다. 성령운동은 2천 년의 교회사에서 실낱같이 명맥을 유지해왔지만, 근대적 의미의 성령운동은 20세기 초반 미국의 토페카라는 작은 동네에서 시작되었다. 그러나 그 불길은 이내 세계의 모든 대륙에 전해졌고, 현재는 폴 프레스톤(Paul Freston)의 계산에 의하면 3억 5천만 명의 신도를 보유한 초대형 교단으로 성장했다.

    이 책이 오늘날 한국교회와 세계교회에 필요한 책으로 부상되는 이유는 바로 이러한 배경 때문이다. 성령운동은 오늘날 가장 성장하는 개신교회의 운동이며,

그들이 뿜어내는 종교적, 사회적, 문화적, 정치적 변혁의 에너지는 너무나 크다. 더군다나 한국에는 성령운동의 본산지라고 할 수 있는 여의도순복음교회가 위치하고 있다. 옮긴이가 바라보기에 오늘날 한국교회와 세계교회에서 일어나고 있는 중요한 현상은 교파를 초월하여 교회들이 오순절 교회와 비슷하게 닮아간다는 점이다. 딱딱한 교리보다는 초월적 존재와 만나는 영적 체험을, 교회 안의 신앙이 아니라 매일의 삶에서 성령과 동행하는 것을 선호하는 것은 현재 비단 오순절 교인들만이 아니라 거의 모든 교파의 교인들에게서 관찰되는 현상이다.

그렇다면 문제는 이처럼 힘을 더해가는 성령운동의 에너지가 어디에서 온 것이며, 그것이 어떻게 표출될 수 있으며, 그것이 가져오는 사회적, 경제적, 정치적 파장은 무엇인지에 대한 질문일 것이다. 많은 학자들은 성령운동이 방언, 기적, 은사, 신유와 같은 초월적이고 영적인 현상에 집중한 나머지 현실 사회의 문제를 해결하는 데에는 소극적이라고 주장해왔다. 특히 성령운동이 가지고 있는 전천년설의 종말론은 그들을 피안적이고 내세지향적인 사람들로 만들기 때문에 현실을 개혁하고 변혁하는 데에는 별다른 기여를 하지 못한다는 이론을 펼쳐왔다.

그러나 도날드 밀러 교수와 테쓰나오 야마모리는 자신들이 세계를 돌며 직접 생생하게 목격한 현상을 토대로 이러한 통념을 깨뜨리는 주장을 전개한다. 바로 영적인 체험과 신비로운 힘을 믿으면서도 동시에 지역사회의 개혁과 변화를 위해서 앞장서는 성령운동 신자들이 출현하고 있다는 것이다. 그들은 '선진적' 성령운동가들로서 영성과 사회참여를 배타적인 것으로 보지 않고, 오히려 사회참여의 힘을 영성(성령체험)에서 찾는 사람들이다. 일반적으로 우리 주변에서 관찰할 수 있는 현상은 이른바 영적인 것을 추구하는 신자는 사회참여를 하지 않고, 사회참여를 하는 신자는 영성이 떨어진다는 것이다. 그러나 선진적 성령운동가들은 영성과 사회참여 사이의 어려운 결합을 이뤄낸 독특한 존재들이다. 한류와 난류가 만나는 곳에 풍부한 어장이 형성되듯이, 영성과 사회성의 조화를 일궈낸 선진적 성령운동가들은 주변 사람들의 마음을 풍요롭게 하는 역할을 해내고 있다.

이 책에서 도날드 밀러와 테쓰나오 야마모리가 직접 관찰하고 묘사한 선진적 성령운동가들은 거리에 버려진 아이들을 위해서 교육과 집을 제공하고, 윤락 여성과 미혼모들을 돌보며, 에이즈의 위험성에 놓인 아이들을 위한 유치원을 운영하며, 마약 중독자들을 마약에서 해방시키며, 빈민가에서 무료 진료소를 운영하고 있다. 통상 이런 일들은 교회의 자체적인 헌금과 인력으로 추진되는 것이 다반사이지만, 지역의 비정부기구나 정부와 손을 잡고 하는 사례도 소수이지만 관찰되고 있다. 그리고 문제를 만들어내는 사회구조적인 부분을 근본적으로 치료하려는 움직임도 미세하나마 포착되고 있다. 이제 성령운동가들은 사회체계와 구조의 문제에까지 시선을 돌릴 만큼 선진적으로 변화된 것이다.

그렇다면 그들을 다른 사회운동가들과 다르게 하는 점은 무엇일까? 그것은 선진적 성령운동가들의 사회참여가 세속적 사회운동과는 다른 원인에서 출발한다는 점이다. 성령운동가들을 움직이는 동기부여의 원천은 그리스도의 무조건적인 사랑이며, 성령체험과 같은 영적인 경험이다. 성령운동가들은 기도 중에, 혹은 성경을 읽으면서 하나님의 음성을 듣는다. 그 하나님의 음성은 바로 "이웃을 네 몸과 같이 돌보라."라는 성경의 메시지이다. 그리고 그들은 예배 속에서 성령의 임재를 경험하며 새로운 에너지와 힘을 얻는다. 그렇게 얻게 된 활력은 예수가 본을 보인 것처럼 자기희생적으로 이웃을 돌보고 섬기는 힘으로 승화된다. 이와 같은 초월적 존재와의 신비적 만남에서 오는 에너지는 그들이 모든 인생을 바쳐 이웃을 위해 봉사하도록 하는 항구적으로 공급되는 영적인 힘이다. 가장 영적인 사람이 가장 사회적인 사람이 될 수 있는 것이다.

이렇게 초월적 힘에 도취되어 펼쳐지는 성령운동가들의 사회봉사는 지역사회의 분위기 자체를 바꾸는 엄청난 폭발력을 가지고 있다. 이 책의 공저자들은 이와 같은 종교의 힘을 '무언가 그 이상'(something more)이라는 말로 표현했다. 성령운동에는 인간적 언어로는 파악할 수 없는, 무언가 그 이상이 존재한다.

그것을 성령운동 교인들은 '성령'이라는 말로 표현한다. 성령이 그들에게 힘을 주었고, 성령이 그들을 이끈다. 자신들은 단지 신의 도구일 뿐 자신들이 사회봉사 사역을 주도하지 않는다는 것이다. 인간은 자신의 힘만으로 사회의 변혁을 이룰 수 없다. 인간은 겸손하게 신의 뜻을 추구하고, 신에게 힘을 얻어야 한다. 그럴 때 사회의 변화를 이룰 수 있다. 성령운동 교인들은 자신의 힘을 의지하지 않고, 무언가 그 이상의 힘을 의지한다. 이것은 사회과학자들에게도 마찬가지이다. 도날드 밀러는 모든 것을 합리적인 요소로 설명하려는 사회과학계의 지적인 풍토에 도전한다. 성령과도 같이 합리적으로 설명되지는 않지만, 실재하고 있는 요소를 사회과학자들은 존중해야 한다는 것이다.

이처럼 초월적 힘에 도취되어 펼치는 성령운동가들의 사회봉사는 다른 사회운동가들과는 뭔가 다른 점이 있다. 그 특징은 바로 이웃에 대한 무조건적인 사랑이다. 선진적 성령운동가들은 기독교의 복음을 말로 설명하지 않는다. 그들은 영웅적인 사랑의 행동으로 설명한다. 그들은 아무런 조건을 달지 않고 이웃을 섬기고 사랑한다.

병든 자를 고치고, 굶주린 자에게 빵을 주고, 헐벗은 자에게 옷을 주었던 예수처럼, 그들은 이웃의 필요에 전인적으로 응답한다. 중산층에 속한 자신의 기득권을 자발적으로 포기하고, 가장 가난하고 소외된 계층을 위해서 자신의 인생을 바친다. 자신의 이익을 위해서 봉사하는 것이 아니라 기도 중에 신이 명령했기 때문에, 성경 속에 발견된 신의 뜻을 받들기 위해서 봉사한다. 달콤한 달변이 아닌 무조건적인 사랑의 행위로 사람들을 변화시키고 있는 것이다.

이 책에서 묘사되고 있는 선진적 성령운동가들은 21세기 한국과 세계교회에 지침이 된다. 현재 세계화와 신자유주의의 물결 속에서 사람들은 더욱 개인주의적, 주관주의적으로 변해가고 있다. 그리고 사람들은 영적인 실체를 체험하려는 갈망이 심화되고 있다. 이런 분위기에서 교회는 사람들에게 초월적 경험을 제공할 책임이 있다. 교리 속에 굳어진 신이 아니라 지금도 살아 움직이는 신과 조우할 수 있도록 해야 하는 것이다.

그런데 그런 영적인 체험은 자칫 사람들의 개인주의화를 조장할 수 있다. 이제 교인들의 영적인 경험은 당사자만을 이롭게 하는 것에서 머무는 것이 아니라 지역사회의 불쌍하고 소외된 사람을 위한 사랑의 실천으로 연결되어야 한다. 개인의 영적 체험은 사회를 위해 발벗고 나서게 하는 동기부여의 원천이요, 에너지의 근원이 되어야 한다. 개인윤리가 사회정치적 윤리로 바뀌어야 하는 것이다. 그렇게 할 때 전도도 잘 할 수 있다. 말로 하는 전도가 아니라 행위로 하는 전도가 되어야 할 것이며, 인간의 힘으로 하는 전도가 아니라 성령의 힘으로 하는 전도가 되어야 한다. 바로 선진적 성령운동가들의 출현은 이런 의미에서 교회에 시사하는 바가 매우 크다.

이 책에서는 앞으로의 성령운동을 더욱 발전시키기 위해서 날카로운 지적을 하고 있다. 그것은 아직 성령운동은 대체적으로 볼 때 사회구조의 개혁보다는 구조 안에서 미시적인 변혁 운동을 하고 있는 단계에 있다는 것이다.

성령운동은 다수의 가난한 자들을 계속적으로 생산해내는 슈퍼 자본주의 체제를 개혁하기보다는 현재의 자본주의 체제 안에서 그들을 중산층으로 진입시키기 위해 노력하고 있다. 성령운동이 더욱 발전하려면 가난한 자들을 일대일로 돕는 것이 아니라 가난한 자들을 만들어내는 체제 자체로 시선을 돌려야 한다. 정부의 정책과 같은 분야로 눈을 돌릴 만큼 성령운동가들이 성장한다면, 21세기의 기독교의 미래는 더욱 밝을 것이다.

2008년 8월
옮긴이 김성건, 정종현

| 감사의 글 | ▶ ▶ ▶

우리는 부록에서 인터뷰에 관대하게 응해주신 수백 명의 사람들을 적었는데 그분들의 참여가 아니었으면 이 책이 나오지 못했을 것이다. 그 외에도 통역자, 운전기사, 교통수단 제공자 등으로 수고해주신 수많은 사람들이 있다. 특히 우리는 '굶주린 자들에게 음식을'(Food for the Hungry)이라는 비정부기구에서 일하는 직원들에게 감사하는데 그들은 그 기구의 대표인 테쓰나오 야마모리(Tetsunao Yamamori)의 연구를 도와주었다. 우리는 또한 종교시민문화연구소(Center for Religion and Civic Center)의 직원들에게도 감사하는데, 그들은 소장인 도날드 밀러(Donald Miller)가 4년 동안 자주 세계를 돌아다니며 자리를 비웠음에도 불구하고 완벽하게 잘 대처해 주었다.

우리 공동저자들은 각자의 배우자들에게도 감사하는데, 쥬디 야마모리(Judy Yamamori)와 로르나 밀러(Lorna Miller)이다. 그들은 연구하러 집을 멀리 떠난 남편을 잘 도와주었다. 아르피 밀러(Arpi Miller)는 현재 UCLA의 대학원에서 사회학을 전공하고 있는데, 이 연구에서 나온 모든 현장기록과 인터뷰를 코딩하였다.

우리는 하워드 아만슨(Howard Ahmanson)과 로베르타 아만슨(Roberta Ahmanson)에게 큰 빚을 지고 있다. 그들은 이번 연구를 후하게 지원해주었기 때문이다. 우리는 또한 필드스테드 회사(Fieldstead Company)의 프로그램 담당자인 스티브 퍼거슨(Steve Ferguson)이 내어놓은 창조적 생각에 대해서도 감사한다. 사례 연구를 할 만한 대상을 추천해주고, 교통수단을 제공해준 사람들은 토쿤보 아데이모(Tokunboh Adeyemo), 소시 아미랄리안(Sossie Amiralian), 에드류 바젠스키(Andrew Bajenski), 킴콩 찬(Kim-Kwong Chan), 스칼렛 찬(Scarlet Chan), 하워드 폴츠(Howard Foltz), 로저 헤드룬드(Roger Hedlund), 랜달 호그(Randall Hoag), 에이미 맥클랜(Amy McClain), 킴 미첼(Kim Mitchell), 브라이언트 미어스(Bryant L. Myers), 르네 파딜라(Rene Padilla), 칼렙 프레마만담 라야파티(Caleb Premamandam Rayapati), 씨오마라 수에레즈(Xiomara Suarez), 투안승 탄(Thuan-seng Tan), 데비 토리비오(Debbie S. Toribio), 테드 바일(Ted Vail), 피터 와그너(C. Peter Wagner)이다. 우리는 또한 크리스 스미스(Chris Smith)와 덕 피터슨(Doug Petersen)에게 감사하는데, 그들은 이 책의 원고를 주의깊게 읽고 유익한 제안을 해주었기 때문이다.

마지막으로 댄 레오파드(Dan Leopard)는 연구 도중에 우리가 예배, 인터뷰, 사회봉사 사역에 대해서 찍은 모든 비디오테이프를 편집해주는 수고스러운 일을 맡아 주었다.

| 서론 | ▶ ▶ ▶

　오순절 성령운동(Pentecostalism, 이하 성령운동)이 특히 남반부에서 폭발적으로 성장하고 있다는 것은 이제 낡은 뉴스이다.[1] 그러나 성령운동이란 말을 사용하는 데는 상당한 혼동이 존재하고 있다. 언론인들과 심지어 학자들도 종종 이 성령운동이 단일한 현상인 것처럼 말한다. 하지만 성령운동은 많은 갈래를 갖고 있는 복합적인 사회운동이다.[2] 예를 들어 하나님의 성회(Assemblies of God)와 같은 전통적인 오순절 성령운동 교단이 있는가 하면, 토착적인 독립적 오순절 교회들도 있다. 이들 교회 중 일부는 건강과 부를 강조하는 번영의 복음을 강조하는 반면, 다른 교회는 전도, 치유 및 열정적 예배에 집중한다.
　이 책은 성령운동 내부의 다양한 흐름들을 살펴보면서 특별히 성령운동 안에서 새롭게 출현하고 있는 측면, 곧 사회 참여에 적극적인 오순절 성령운동 교회에 주목하고자 한다. 우리는 성령운동 내에서 새롭게 나타나고 있는 이 운동을 과연 무엇이라고 불러야 할지 고민하였다. 신학자들은 복음 전도와 사회 참여 양자의 균형을 찾는 교회들을 '통전적 복음'(integral gospel) 혹은 '전인적(全人的) 기독교'(holistic Christianity)라는 이름으로 부르고 있다.[3] 그러나 우리는 이 운동을 '선진적 성령운동'(Progressive Pentecostalism)이라는 새로운 이름을 만들어 지칭하기로 결정하였다.

이 책에서 우리가 '선진적'이라는 형용사를 사용한다고 해서 미국사의 '확장 시대'(Progressive Era, 1890~1920) 같은 특정한 정치운동을 성령운동과 연결시키려는 것은 아니다. 오히려 우리는 다음과 같은 사실을 강조하고자 한다. 일반적으로 성령운동이 사회적 현실을 변혁시키려는 시도를 하지 않고 개인 구원을 강조함으로써 종종 내세지향적인 성격을 띠는 것이 사실이다. 하지만, 선진적 성령운동은 그리스도의 재림을 강조하면서도 동시에 크리스천이 지역사회의 사회적 필요를 채워주며 좋은 이웃이 되도록 부름 받았다고 믿는다는 사실을 강조하고자 한다. 예를 들어 선진적 성령운동가들은 아프리카에서 에이즈가 확산되는 것과 싸우고 있고, 전 세계 내의 궁핍한 아이들을 교육하고 있으며, 아무도 돌보지 않는 거리의 아이들을 위해 병원을 세우고 특별한 프로그램을 시작하고 있다.

또한 이 책에는 카리스마적 운동에 속한 교회나 교인들을 비롯하여 성령의 인도를 받고 있다고 주장하지만 자신을 오순절 성령운동 교인이라고는 생각하지 않는 크리스천의 예도 포함되어 있다. 우리는 이들을 '성령의 영감을 받은 크리스천'(Spirit-inspired-Christians)과 같은 포괄적인 용어로 표현해보려고 했다. 그러나 이 용어는 범위가 너무 일반적이다. 어떤 용어가 일정한 배제를 수행하지 않는다면 오히려 의미가 줄어드는 경우가 있다. 그래서 우리는 선진적 성령운동의 정의에 일정한 한계선을 그었다. 우리는 억압적인 우파 정부를 지지하고 있는 오순절 성령운동가와 카리스마적 크리스천들은 선진적 성령운동의 정의에서 의도적으로 배제하였다. 또한 자신의 기독교 신앙을 지역사회를 위한 사회적으로 유익한 프로그램과 연결시키지 않고 오직 신유(faith healing) 혹은 '건강과 부'에만 초점을 모으는 교회들도 탈락시켰다. 마지막으로 지역사회에서 자신들의 유일한 사명을 개종이라고 생각하는 오순절 교회들도 배제하였다. 그러나 이런 식의 배제는 선진적 성령운동의 정의를 부정적인 관점에서 표현할 뿐이다.

긍정적 관점에서 정의를 내린다면, '선진적 성령운동가'는 성령과 예수의 삶에서 영감을 얻었다고 말하면서 지역사회 주민들의 정신적, 물리적, 사회적 필요를 채워주려고 노력하는 크리스천들이다. 대개 그들은 뜨겁고 감정적인 예배, 평신도 지향적 사역, 타인에 대한 헌신적 봉사와 같은 특성을 통해 다른 성령운동가와 구별된다. 그리고 그들은 한 개인으로서 동시에 예배 공동체로서 성령의 인도라고 생각하는 것에 주의를 기울인다는 점에서도 다른 성령운동가들과 구별된다.

성령운동가들 중 자신의 신앙을 전인적 관점에서 이해하고자 하는 사람들이 늘 존재했던 것은 사실이다. 그러나 우리는 이 선진적 성령운동이 지난 10여 년 동안 새로운 역동성을 띠게 되었다고 본다. 예전의 성령운동가들은 교회 구성원끼리만 서로 돕고 봉사함으로써 종파적, 폐쇄적 성격을 띠곤 했다. 하지만 오늘날의 성령운동가들은 비정부기구와 협력하는 것을 비롯하여 한층 폭넓은 사회봉사를 할 수 있는 수단과 힘을 갖게 되었다. 이는 성령운동가들이 사회적 신분 상승을 이룩하면서 일어난 결과로 볼 수 있다. 또한 성령운동가들이 긍휼에 기초한 사회봉사 사역에 참여하는 복음주의자들의 영향을 받은 것도 원인이다.[4] 그 결과 오늘날 복음주의와 성령운동을 구별 짓는 경계가 상대적으로 엷어졌고, 고등교육을 받은 수많은 성령운동가들이 폭넓게 독서하고 각종 컨퍼런스에 복음주의자들과 함께 참여하고 있다. 그러므로 전인적 신학이 복음주의 진영과 성령운동 진영 양자에서 동시에 힘을 발휘하는 것은 놀라운 일이 아니다.

우리가 이 책을 쓰는 데 부딪혔던 또 다른 과제는 성령운동가들이 말하는 하나님, 성령, 예수의 신성(神性)을 어떻게 기술할 것인가와 같은 신학적 문제였다. 우리가 인터뷰하였던 사람들은 자신을 성경의 명령을 이해하려고 노력할 때 성령의 인도하심에 반응하는, 일종의 신의 도구 정도로 생각하였다. 마지막으로 우리는 만일 'Spirit'이란 단어를 대문자로 쓰지 않는다면 이는 환원적인 것이라고 결정하였다. 우리 연구자가 무엇이어서 사람들의 주장에 신성 혹은 인성을 자의적으로 부여하는 역할을 할 수 있다는 말인가? 그래서 우리는 사회학자들이 때때로 종교운동을 연구할 때 사용하는 현상학적 접근을 채택하였다. 우리는 인터뷰한 사람들의 주관적 경험과 우리가 관찰한 집합적 행동을 '이해'하고자 했다. 성령운동가들의 눈에는 성령이 그들의 예배, 기도 생활, 일상 경험 속에 임재해 있다. 그들의 관점에서 무아지경의 예배는 집단 의례의 '집합적 황홀감'의 산물이 아니며, 예언과 방언은 스스로 만들어낸 투사(投射)가 아니다. 사람들은 이른바 '플라시보 효과'로는 치유되지 않는다.

이 책의 마지막 장에서 우리는 사회학적 경계를 내려놓고 'S' 요인 곧, '성령'의 요인에 대해서 언급하고 있다. 이것은 오순절 성령운동 속에는 인간적 행위 이상의 '그 무엇'이 있을지 모른다는 것을 의미한다. 아마도 성령운동가들은 때때로 관찰이 불가능한 모종의 실재를 체험할지도 모른다. 아마도 사회적 변혁은 인간적 요인만으로는 설명될 수 없을 것이다. 그렇다고 우리는 '무언가 그 이상의 것'이 분명히 존재한다고 주장함으로써 이 책을 신학 서적으로 만들고 싶지는 않다. 단지 '무언가 그 이상'의 가능성을 미리부터 '배제하지는 않으려고' 하는 것이다. 그렇다고 해서 우리가 여러 해 동안 조사하면서 순진한 신앙인이 되었다고 오해하지 않기를 바란다. 단지 우리는 실재의 비물질적인 영역과 연관된 가능성을 배제하고 싶지 않았다. 그렇게 하여 연구 과정의 진실성을 해치는 우를 범하지 않으려고 했을 뿐이다.

그러나 한 가지 고백할 것이 있다. 그것은 우리가 목격한 영웅적인 사랑의 실천에 대한 순수한 감사의 마음이다. 세상에 전쟁, 대학살, 형언할 수 없는 가난 등이 만연한 것을 보고 세계를 혼란스러운 곳이라고만 규정하는 것은 온당치 않다. 자신의 삶을 타인을 위해 바치는 사람들이 세상에 있다는 것을 아는 것만으로도 우리의 가슴은 따뜻해진다. 그들은 빈민가에서 일하는 사람들, 에이즈와 싸우는 사람들, 아이들이 더 나은 환경에서 인생을 시작하도록 돕는 사람들이다. 그 사람들이 봉사 활동에 헌신하는 동기가 무엇이든 간에, 그들의 행위가 만들어낸 결과물은 칭찬받아야 한다. 이런 점에서 우리는 윌리엄 제임스(William James)와 견해를 같이 하는 철학적 실용주의자들이다.[5] 사회복음운동(Social Gospel movement)이 사실상 빈사 상태에 있고, 해방신학의 영향력 역시 쇠퇴하고 있는 것을 주목할 때, 우리는 이 책에서 이런 진공 상태가 적어도 부분적으로 선진적 성령운동가들에 의해서 채워질 수 있다고 주장하고자 한다.

그러나 선진적 성령운동은 사회복음 혹은 해방신학과는 매우 다르다. 약간 예외가 있지만, 대개 선진적 성령운동은 상대적으로 비정치적이다. 그들은 사회의 구조를 개혁하고 정부의 정책에 도전을 내놓는 일보다는 완전히 새로운 대안적 사회를 구축하려고 노력한다. 맑스주의적 비판가들이 보기에 이것은 대책 없이 순진한 행동에 불과하다. 왜냐하면 선진적 성령운동가들의 활동은 대개 현실 자본주의를 수용하고 그 체계 안에서 일하려는 것에 불과하기 때문이다. 그러나 우리가 보기에 성령운동가들은 상당히 전폭적인 일을 하고 있다. 그들은 교회 구성원들에게 하나님의 형상으로 창조되었다고 가르친다. 모든 사람은 존엄성을 갖고 있고, 하나님이 보시기에 동등하다고 말한다. 그래서 가난하든 여성이든 혹은 아이들이든 사람들은 권리가 있다고 가르친다. 이런 가치야말로 민주적 정부 창조에 근본적인 것이다. 그리하여 적어도 오순절 성령운동은 투표를 통해 자신의 평등주의적 가치관을 표현할 수 있는 선량한 시민들을 길러내고 있다. 앞으로 이들이 이것보다 더 큰 일을 하게 될지는 아무도 예측할 수 없다. 아마 그들은 히브리 예언자들이 설파한 사회 정의를 강조하게 될지 모른다. 그러나 아직까지는 한 번에 한 사람에게만 천국을 만들어 주는 개인주의적 접근을 취하고 있다.

연구 방법론

이 책을 저술해야겠다는 생각은 필리핀의 한 식당에서 전혀 예상치 못한 방식으로 형성되었다. 당시 우리는 이 책의 공저자인 테쓰나오 야마모리(Tetsunao Yamamori)가 편집한, 개발도상국의 도시 빈곤에 대한 교회의 대응에 관한 책에 대해 국제 회의를 마친 때였다.[6] 그날 저녁이 무르익으면서 우리의 대화는 이 책의 공저자인 돈 밀러(Don Miller)가 최근에 미국에서 가장 빠르게 성장하는 비(非)주류 교회들에 대해서 저술한 책(『왜 그들의 교회는 성장하는가?』, 이원규 옮김, KMC, 2008)으로 옮아갔다.[7] 그 때 행운이 찾아들듯, 어떤 혁신적 재단의 프로그램 담당관이 우리의 식탁에 동석하게 되었다.[8] 이것은 하늘에서 맺어준 인연과도 같았다. 우리는 일제히 다음과 같이 물었다. "개발도상국의 교회들 중 성장하고 있으면서 사회봉사 사역에 헌신하고 있는 교회를 연구해보는 것이 어떨까?" 이 프로젝트는 수십 개 국가에서 일하는 국제적 비정부기구인 '굶주린 자들에게 음식을'(Food for the Hungry)의 총재인 야마모리의 넓은 발과, 밀러의 종교사회학에 대한 관심 및 남가주대학(USC)의 '종교시민문화연구소'(Center for Religion and Civic Culture)의 소장의 역할을 결합할 수 있는 것이었다.

필리핀의 한 식당에서 의기투합한 지 몇 주 지나지 않아 우리는 연구할 교회들을 추천해 달라는 편지를 선교 전문가, 교단의 실행 간부, 여타 관련자들에게 보냈다. 이 편지에는 다음과 같은 4가지의 교회 선택의 기준이 제시되었다: (1) 현재 빠르게 성장하고 있을 것, (2) 개발도상국에 속해 있을 것, (3) 지역사회가 필요로 하는 것을 향한 능동적인 사회적 프로그램을 갖고 있을 것, (4) 외부의 도움을 받지 않는 자립적, 토착적 운동일 것.

그런데 결과는 우리의 예상을 뒤엎는 것이었다. 그 기준에 맞는 교회들의 85% 가량이 오순절 성령운동적 혹은 카리스마적 교회들이었다. 돌이켜보면 이것은 놀라운 일이 아니다. 이 책의 중심적 주장은 세계에서 가장 혁신적인 사회봉사 프로그램은 빠르게 성장하는 오순절 성령운동 교회들에 의해 이뤄지고 있다는 것이다. 그러나 그때까지만 해도 우리는 자신의 신학적 세계관 – 비 카리스마적 복음주의자인 야마모리, 오랫동안 자유주의적 성공회 신자였던 밀러 – 에 사로잡혀 있었다. 그러나 곧 우리의 근시안은 깨지고 말았다.

그 다음 4년 동안 우리는 아시아, 아프리카, 라틴 아메리카, 동유럽에 있는 20개의 나라들을 잇달아 방문하였다. 이 4년 동안 우리는 각자의 정규적 직업을 수행하면서 매년 봄에 2개월씩 어렵게 시간을 내어 여행을 하였다. 대개 일정은 전 세계에 흩어져서 일하는 1,700명의 '굶주린 자들에게 음식을'(Food for the Hungry)의 요원들이 미리 만들어 주었다. 그래서 우리는 공항에 도착한 뒤 불과 몇 시간 내에 원하는 교회의 담임 목사와 인터뷰할 수 있었다. 각 연구지에서 우리는 부교역자, 사회봉사 프로그램의 지도자, 그리고 교회 구성원들을 만났다. 인터뷰 중간에 시간을 내어 교회와 관련된 병원, 고아를 위한 집짓기 프로젝트, 에이즈 교육 클래스, 유치원 및 다른 프로그램 등을 방문하였다. 우리는 또한 수백 시간의 예배, 셀 그룹(cell group) 미팅, 기타 교회 프로그램 등에 참여하였다. 그 외의 시간들은 현장 기록을 하는 데에 사용하였다. 거의 3백 개의 인터뷰가 녹음되었고, 나중에 녹취되었다. 또한 우리는 수백 개의 사진을 찍었고 약 70시간에 달하는 비디오테이프 촬영을 하였다. 따라서 어떤 기준으로 측정하더라도 이는 분명히 야심적인 작업이었다.

우리의 연구가 이처럼 광대한 것이지만, 우리가 성취하려고 했던 것에는 일정한 한계가 있다. 서론 부분에서 몇 가지 한계를 밝히는 것은 중요하다고 판단된다. 첫째, 우리는 오순절 성령운동의 한 특수한 부분을 연구하였다. 이른바 성장하고 있고, 능동적인 사회봉사 프로그램을 갖고 있으며, 자립적인 교회만을 연구하였다. 연구 대상 교회들이 개발도상국에 속해야 한다는 기준에서는 우리가 조금 물러섰다. 왜냐하면 우리가 연구한 싱가포르와 홍콩에 있는 교회들은 그런 기준에 들어맞지 않기 때문이다. 그러나 우리의 연구에서 유럽, 호주, 미국 및 캐나다의 교회들은 제외되었다. 둘째, 이 연구는 오순절 성령운동에 관한 역사적 개관이 아니다. 이런 분야에 대한 책들은 수없이 많이 나왔고, 역사적 연구라고 하면 방대한 문헌 조사가 매우 구체적인 범위에 한정되어 이뤄진다.[9] 이와 대조적으로, 우리는 다소 저널리스틱한 논조로 선진적 성령운동에 관한 개괄적인 그림을 그리려 하였다. 물론 우리의 연구에는 잘 훈련된 객관성과 이론적 함축이 담겨져 있다. 셋째, 특정 교회나 조직을 연구하고 떠나게 되면, 그 순간 교회의 성도 수나 프로그램의 종류와 같은 숫자들은 낡은 것이 됨을 알고 있다. 이 책을 출판할 때 이런 통계치를 최신의 것으로 바꾸지 않았다. 우리는 이 책의 중심 주장이 특정한 수치에 의존하는 것이 아니라는 식으로 합리화하며 이 문제를 극복하려고 하였다. 아마도 우리가 연구한 교회들의 대부분은 지속적으로 성장하고 그들의 봉사 프로그램 역시 계속 정교하게 다듬어지고 있을 것이라고 본다. 물론 그들 중 일부는 성장이 멈추거나 하락할 수도 있을 것이다. 그런 까닭에 우리가 이 책에서 취급한 사례 연구들은 21세기 초의 몇 년간이라는 '특정 기간'의 것으로 인식되어야 할 것이다.

연구지에 대한 스케치

우리가 발견한 사실들을 말하기에 앞서 우리가 방문했던 몇몇 교회와 프로그램을 기술함으로써 이번 연구의 정취를 전달해보고자 한다. 우리는 연구를 동아프리카에서부터 시작하였다. 우간다의 캄팔라 오순절 교회(Kampala Pentecostal Church)와 관련하여, 우리는 에이즈와 싸우는 모범적인 사역을 관찰하였고, 이 교회의 젊은이들이 주도하는 한 음악회에 참석하였다. 우리는 이런 장면들을 놓칠 수 없어서 비디오카메라를 사지 않을 수 없었다. 단지 사진만으로는 역동적인 예배를 포착할 수 없었고 또한 우리가 관찰한 에너지도 표현할 수 없었기 때문이다. 우리는 케냐 근처의 나이로비 오순절 교회(Nairobi Pentecostal Church)에서 시간을 보냈는데, 이 교회가 여럿의 위성 교회로 증식된 것을 목도하였다. 우리는 나이로비 교회(Nairobi Chapel)의 목사와 평신도 지도자들과 수차례 대화를 즐겼다. 이 나이로비 교회는 정확히 말해서 오순절 교회는 아니지만, 지역에서 중요한 사회적 선교를 하고 있는, 성령으로 충만한 활기찬 교회이다.

우리는 아프리카의 여러 다른 나라들을 방문하였다. 이집트에서 우리는 카이로의 빈민가에 있는 스데반 어린이회(Stephen's Children)에서 사역하고 있는 '마마 매기'(Mama Maggie)와 그녀의 간부와 자원봉사자들로부터 큰 인상을 받았다. 아프리카 대륙의 반대편 끝에서 우리는 콜린 월터스(Colleen Walters)

와 함께 여러 곳으로 여행하였다. 그녀는 남아프리카공화국 요하네스버그의 흑인 거주구역에서 유치원의 연합체를 설립하였는데, 이는 그녀가 속한 하나님의 성회 교회의 한 사역이었다. 이디오피아의 아디스 아바바(Addis Ababa)에서 우리는 플로렌스 무인디(Florence Muindi)라는 의사를 만났는데, 이 사람은 극도로 가난한 지역사회에서 공공 보건 프로그램을 실행하는 '건강 전도사' 라는 뛰어난 프로그램을 만들었다.

아시아에서 우리는 홍콩과 마카오뿐만 아니라 태국, 필리핀, 인도, 중국 및 싱가포르에 있는 수많은 교회들을 방문하였다. 각 교회는 기본적으로 달랐다. 예를 들어 싱가포르에서 우리는 시티하비스트 교회(City Harvest Church)를 방문하였는데, 이 교회는 최첨단 기술로 지은 강당에 4천 명을 동시에 수용하는데, 이는 사실상 서구 기독교국의 역사에서 찾아볼 수 없는 대규모이다. 1만 5천 명에 달하는 청소년과 젊은 성인이 있는 이 교회의 평균 연령은 26세였다. 이 교회는 방대한 예술 프로그램과 세계적 수준의 개인지도제 프로그램 및 완벽한 사회봉사 프로그램을 갖고 있다. 그러나 싱가포르에서 대부분의 시간은 많은 사람들을 목양하는 방법인 셀 그룹을 최초로 활용한 교회의 지도자들과 보냈다. 이들 목사의 대부분은 이른바 '러브 싱가포르' (Love Singapore)와 연관되어 있다. 다종교의 상황에서 균형 잡힌 종교적 환경을 유지하려는 싱가포르 정부의 요청을 받아 만들어진 '러브 싱가포르' 는 교회가 서비스를 제공하되 서비스 수혜자에게 '아무런 종교적 책무도 부과하지 않는' 독특한 사역을 일컫는다.

필리핀에서 우리는 '예수는 주님 운동' (Jesus Is Lord movement)에 초점을 모았다. 이 운동은 수천 명의 성도들이 운집하는 외부 집회를 하고 있었는데, 우리는 빈민가에서 평균 수백 명의 사람들이 모이는 소형 교회들에 초점을 모았다. 이런 회중들 가운데서 우리가 들었던 첫 번째 간증은 신자들의 상승적 사회 이동에 관한 것이었다. 우리는 또한 로마 가톨릭 교회의 카리스마적 분파의 하나인 '엘 샤다이' (El Shaddai)의 대규모 집회에 갔다. 우리는 수십만의 사람들을 끌어들인 엘 샤다이의 병원을 방문하였고 여타 사회봉사 프로그램에서 일하는 사람들과 인터뷰하였다.

인도에서 우리는 남부의 첸나이(마드라스), 중부의 하이데라바드(Hyderabad), 그리고 북부의 캘커타로 갔다. 각 지역에서 우리는 대형 오순절 교회의 대표자들과 인터뷰하였고, 몇몇 지역에서 거대한 수양관을 포함하여 가톨릭의 생동감 있는 카리스마 운동의 현장을 목격하였다. 그러나 우리에게 가장 흥미있는 경험 중 하나는 하이데라바드 외부의 시골 지역에서 있었다. 우리는 힌두교가 지배적인 이 지역에서 발전하고 있는 50개 교회의 네트워크를 조사하였다. 캘커타에서 우리는 거리에 버려진 아이들에게 의식주를 제공하는 기숙학교와 함께 매춘부의 자녀들에게 학교 교육을 제공하기 시작한 한 영웅적 여성과 그녀의 남편을 만났다.

태국에서 우리는 가장 원시적 형태의 매춘과 마주쳤다. 우리가 조사한 한 교회는 부모들에 의해서 성 노예로 팔리게 될 위험이 높은 소녀들을 위한 보금자리를 마련해 주었다. 우리는 또한 에이즈 바이러스를 갖고 있는 엄마들이 버린 아이들을 위해서 가정을 만들어 준 한 여성과도 만났다. 또 우리의 여행 중 가장 뜨거운 기도회를 목도하기도 했다. 이 기도회의 참석자들은 대부분이 젊은 성인들이었다. 그들은 원형 대형을 만들고, 원형 대형 안에 한 사람씩 불러 들여 치유, 축사(逐邪), 가족 문제와 기타 문제를 놓고 기도하였다.

홍콩에서 우리는 재키 풀링거(Jackie Pullinger)를 만났는데, 이 사람은 방대한 규모의 마약 치료 프로그램을 시행하고 있었다. 그곳에서 우리는 한때 마약 중독자였다가 이것을 극복한 사람들 10여 명 이상과 인터뷰하였다. 이들은 한결같이 마약 중독에서 회복되는 과정에서 성령을 받은 것에 대해 증언하였다. 여기서 우리는 정신적으로 장애가 있는 사람들을 고용하고 있는 모범적인 직업학교를 방문하였고, 지역의 오순절 교회가 운영하는 노인 프로그램에도 갔다. 우리가 경험한 가장 이론적으로 흥미있는 만남 중 하나는 세계교회협의회(WCC)의 한 회원과의 만남이었다. 그는 우리를 중국 본토로 데려가서 여러 교회를 방문하도록 해주었다. 홍콩에서 중국을 다녀오는 데에는 하루밖에 걸리지 않았다.

라틴 아메리카에서 우리는 똑같이 흥미있는 경험을 하였다. 과테말라에서 우리는 한 마야족의 오순절 교회에 참석하였는데, 이 교회의 설교는 줄곧 토착민이 다른 사람들과 동등한 정치적 권리가 있다는 것을 강조하였다. 베네주엘라의 카라카스(Caracas)에서 우리는 '라스 아카시아스 교회'(Las Acacias Church)에 갔는데, 이 교회의 프로그램은 우리가 여행하면서 보았던 사회봉사 프로그램 중 가장 방대한 규모의 것이었다. 칠레에서 우리는 광산 노동자들의 성공적인 파업을 지원하였던 오순절 교회 신도들과 만났다. 아르헨티나에서 우리는 젊은 이들이 자발적으로 광범위한 사회봉사 프로그램에 참여하는 교회를 조사하였는데, 그 프로그램에는 정신분열증과 여타 정신질환으로 입원한 사람들을 돕는 것도 포함되었다. 브라질에서 우리는 교회가 주도하는 빈곤 퇴치 프로그램을 살펴보았는데, 이런 프로그램에는 최고급 병원들의 활동도 포함되어 있었다.

우리는 폴란드와 아르메니아에 갔는데, 이는 과거에 공산주의 체제에 있던 두 나라를 살펴보고자 했기 때문이다. 아르메니아에 있는 제일 큰 개신교회는 '생명의 말씀 교회'(Word of Life Church)인데, 주로 젊은 성인들로 구성되어 있다. 이 교회는 비전으로 충만한 집단으로서, 터키(Turkey)와 조지아(Georgia)에서 교회를 시작하여 러시아 전역에 있는 오순절 교회들과 연결되어 있다. 폴란드에서 우리는 수많은 오순절 교회의 목회자들과 인터뷰하였다. 우리의 여행에서 가장 인상적인 인터뷰 중 하나는 한 매력적인 여성과의 대담이었다. 그녀는 한때 마약 중독자이자 매춘부로서 밑바닥 인생에 있었으나 성령운동을 하는 크리스천들과 만나면서 완전히 새로운 사람으로 변모하게 되었다.

앞서 제시한 내용들은 지난 4년 동안 방문한 수백 개에 달하는 프로그램, 사람 및 교회들의 극히 일부분일 뿐이다. 우리가 그냥 한 지역에서 다른 지역으로 여행한 것이 아니라는 것을 밝히기 위해서 우리의 전형적 여정을 밝히면 다음과 같다. 우리는 한 지역에서 7일에서 10일을 보내면서 그곳에서 일어나는 모든 활동에 참여하고, 목회자와 평신도 지도자들과 다방면에 걸친 인터뷰를 수행하였다. 솔직히 말해서 그토록 짧은 시간에 이렇게 많이 배울 수 있었다는 사실에 스스로 놀라울 따름이었다. 시간이 지나면서 우리가 조사한 결과를 재확인하기 위해 마지막 4년간의 시간을 이용하여 이전에 연구한 교회들을 숨돌릴 겨를 없이 찾아다녔다. 바로 그 교회들이 어떻게 변화되었는지 알기 위해서였다.

조사 과정 전반에서 우리의 인터뷰의 대부분은 테이프 녹음기 혹은 비디오카메라를 갖고 조용한 자리에서 이루어졌다는 의미에서 다소 공식적이었다. 그러나 우리는 식사를 함께하며 이야기를 나누거나 혹은 자동차를 타고서 목적지까지 가는 여행 중에 수많은 비공식적 인터뷰를 하였다. 대부분의 인터뷰는 미리 계획된 것이었던 반면, 때로는 한 사람과 때로는 집단과 즉석에서 수많은 대화를 나누기도 했다. 인터뷰에 응한 사람들은 관대하게도 프로그램을 소개한 책자, 예배에 대한 시청각 자료, 조직도 및 다양한 출판물의 복사본 등을 제공하여 주었다.

우리가 사무실과 호텔 식당 등에서 사람들과 대담한 것은 다소 평범한 것이었지만, 지난 4년은 어렵고도 기억할 만한 시간들이었다. 어느 밤 우리는 카라카스의 도심 지역 가장 높은 지대에 있는 매우 가난한 지역 내의 셀 그룹을 방문하였다. 이 젊은이들은 기도와 찬양을 하면서 밤을 새려고 계획하고 있었다. 밤 1시경 우리는 호텔로 돌아오려고 결정하였다. 그런데 그 때 위험하기로 악명 높은 이 지대로 우리를 태워준 차가 고장이 난 사실을 알게 되었다. 자동차 수리를 위해 온갖 노력을 다한 뒤에, 우리는 일단 그 차에 타서 시동을 끈 채로 언덕 아래로 내려가기로 하였다. 기적적으로 그 차는 수 마일을 내려갔고 한 낡은 택시 앞에 가까스로 멈추었다. 그리고 간신히 이 택시로 호텔에 돌아올 수 있었다. 그런데 우리는 요하네스버그에서 좋지 않은 일을 경험하게 되었다. 우리가 환전하는 동안 누군가가 우리의 짐을 실은 손수레에 놓인 비디오카메라를 훔쳐갔다. 회고해 보면 이것은 긍정적인 일이었다. 왜냐하면 이로 인해서 훨씬 더 좋은 영상을 잡을 수 있는 준전문가들이 사용하는 카메라를 구입하게 되었기 때문이다. 인도의 마드라스에서 우리가 탔던 택시 기사가 좌우를 거의 살피지 않은 채 운전해서 오토바이에 탄 한 젊은 커플을 치는 불상사가 발생하기도 했다. 방콕에서는 택시로 가던 중 차가 너무 막혀 택시에서 내려 약속 장소로 걸어갔던 일도 있었다.

그러나 이런 일들은 우리가 연구한 교회들과 관련된 수많은 사람들의 고생과 비교한다면 사소한 불편에 지나지 않는다. 특히 아시아와 아프리카의 일부 지역에서 사람들이 당하는 일상적 빈곤은 묘사하는 것조차 어렵다. 우리는 그래도 그들이 집이라고 부르는 판잣집에 들어가 거기에 사는 신자들을 방문할 수 있었다. 우리는 그 같은 어려운 사람들의 필요에 부응하는 교회의 역할이 무엇인지에 대해서 질문하였다. 또 햇빛만 겨우 막아주는 양철로 지은 학교에서 공부하는 어린이들을 방문하였다. 그리고 청결도는 뛰어나지만 시설은 엉망인 병원에 있는 환자들과 이야기를 나누었다. 이런 빈곤은 사회적 서비스를 제공하는 기관이 거의 없는 국가 내에 있는 교회의 역할에 대해서 색다른 시각을 제공한다. 돌이켜 보면 오순절 교회가 전인적 사역에서 혁신적인 역할을 감당하고 있는 것은 놀랄 일이 아니다. 이런 지역에서는 1세계라고 불리는 곳에서는 일어날 수 없을 정도로 기독교 신앙이 자주 시험대에 오르기 때문이다.

우리는 방문하였던 모든 지역에서 두 개의 운동의 현 위치를 물었다. 바로 미국 및 유럽 선교사들이 세운 교회와 해방신학이다. 미사에 참여하는 인원을 기준으로 한다면 로마 가톨릭 교회가 쇠퇴하고 있다고 판단할 수 있듯이, 이 두 운동은 예외 없이 쇠락하고 있었다. 한 논평자의 말처럼 근본적인 문제는 해방신학은 가난한 자들을 선택하였지만, 가난한 자들은 오히려 오순절 성령운동을 선택하였다는 점이다. 그리고 완전히 토착적이지 않은 선교 운동은 발전하는 데 어려움을 겪고 있다. 이는 우리가 방문하였던 수많은 오순절 성령운동 교회들의 최첨단 사역과 비교할 때 특히 그렇다.

연구 조사의 가정

서론을 가름하면서 연구의 시작부터 우리가 품었던 몇 가지 가정을 소개하는 것이 적절해 보인다. 첫 번째 가정은 인간은 의미를 찾는 존재라는 것이다. 우리가 보기에 종교는 궁극적인 목적과 개인 존재의 의미를 찾는 시도이다. 어떤 사람들에게 이러한 추구는 삶의 열정을 불어넣는다. 반면에 어떤 사람들에게 종교란 일상적이고 평범한 추구이고, 일반적으로 수용되는 행동 기준과 습속을 따르는 것이 되기도 한다. 이런 기준과 습속에는 카리스마적 지도자에 대한 다소 반사회적인 헌신도 포함된다. 이번 연구의 또 다른 가정은 종교는 순전히 인지적 행위만은 아니라는 것이다. 종교가 복잡한 믿음 체계를 갖고 있지만, 대개 믿음은 같은 마음을 지닌 공동체에서 행해지는 일련의 행위와 제의와 연관되어 있다. 그래서 종교는 신학적 명제를 수용하는 것에 대한 것만큼이나 공동체에 대한 것이 된다. 더 나아가 종교는 종종 인간의 정신 만큼이나 육체와도 관련된다.

우리는 루돌프 오토(Rudolf Otto)가 말한 바, 종교는 때때로 '초월적 신비(mysterium tremendum)'와 만나는 것과 관련된다는 주장을 수용한다.[10] 진정한 종교는 그 어떤 것으로도 환원될 수 없다. 종교는 우리로 하여금 삶을 견디어 내도록 해주는 단순한 고식책(姑息策)이 아니다. 기능적으로 볼 때 종교는 프로이트(Freud), 맑스(Marx) 등이 매우 정교하게 주장하였듯이 때때로 삶의 고통을 잊게 해주는 마취제와도 같다. 그들의 이론은 인간 생활에서 종교가 하는 역할에 대한 우리의 이해를 재고시켜 줄 수 있지만, 이런 기능적 설명이 종교의 전체를 보여주는 것은 아니다. 때때로 우리가 우리 자신 밖에 있는 어떤 것과 만날 수 있는 가능성이 존재한다. 이 '무언가 그 이상의 것'이 바로 크리스천들이 하나님(신)이라고 부르는 것이고, 또한 성령운동가들이 그들의 삶 속에서 성령의 존재로 동일시하며 해석하는 것이다.

우리 공동 저자 두 사람은 기독교인이라고 스스로 생각하고 있지만, 그렇다고 해서 이 책이 우리 자신의 신앙을 고백하는 장(場)은 아니다. 그런 이유로 해서, 우리는 이 책에서 성령의 존재, 기독교의 진리, 초자연적인 사건의 타당성에 대한 이야기를 하고 있지 않다. 대신에 우리는 윌리엄 제임스를 따라서 기독교 오순절 성령운동적 표현을 수용하는 사람들의 의례와 믿음의 결과를 이해하려고 노력하였다.[11] 윌리엄 제임스는 종교적 경험을 진지하게 다루었고, 우리는 그의 발자국을 따라서 초자연적인 사건에 대해 환원적 설명을 시도하는 것을 피했다. 예를 들어 윌리엄 제임스는 종교적 경험을 생물학적 혹은 심리학적 설명으로 환원시키지 않았다. 그는 종교적 경험이 뇌의 화학 작용 혹은 전자파의 흐름과 생리학적으로 무관하다고 주장하지 않았다. 환상, 황홀경, 꿈을 통해 신비적 대상과 조우하는 것을 포함하는 종교적 경험은 인격을 변화시키는 힘이 있다. 그러나 이것들은 또한 물리적이고 생리학적인 기반을 갖는다.

이 연구 전체에 걸쳐서 우리는 냉소주의의 덫을 피하면서도 동시에 학자로서의 정체성을 유지하려고 노력했다. 형이상학적인 가정들을 잠깐 배제한 채 우리가 관찰한 현상들을 동정적으로(sympathetically) 기술하려고 했다. 그렇게 하면서 우리의 세계관이 확장되기도 했다는 점을 인정하지 않을 수 없다. 힌두교를 믿는 이웃들과 함께 자신이 죽었다가 다시 살아났다고 주장하는 소녀와 인터뷰를 하는 것은 일상적 경험은 아니었다. 남아공의 요하네스버그에서 일어난 일처럼, 자유주의적 성공회 신자인 공동 저자의 한 사람(도널드 밀러)이 성령에 사로잡혀 넘어지는 사람이 덮치는 바람에 함께 넘어졌던 경험은 언제나 일어날 수 있는 일은 아니었다. 그리고 인도의 한 시골 교회에서 사람들이 병 고침을 받기 위해서 이 책의 공동 저자 중 한 사람으로서 합리적인 마인드로 무장한 일본계 미국인(테쓰나오 야마모리) 앞에 줄을 섰을 때 그가 할 수 있었던 일은 무엇이었을까?

제 1 장

기독교적 사회참여의 새로운 모델, 성령운동

제1장

기독교적 사회참여의 새로운 모델, 성령운동

　우리가 오전 10시에 도착했을 때, 브라질 상파울로의 중심 도로 중 하나를 따라 이미 수만 명의 사람들이 늘어서 있었다. 참석한 사람들 모두는 예수의 로고, 교회 이름 혹은 성구가 적힌 티셔츠 혹은 머리 밴드를 하고 있었다. 이 군중들 속에는 기독교 록 음악에 맞추어 춤을 추거나 혹은 예수 슬로건을 외치는 소수의 젊은 무리가 있었다. 여기에 모인 군중은 여러 종족으로 구성되었고 일부 노인을 포함하여 어린아이와 함께 참여한 수많은 가족들이 있었다. 이들이 공중으로 분출하는 에너지는 생생하게 체감되었다. 사람들이 본능적 욕구를 억제한다는 것을 제외하고는 브라질의 유명한 카니발 축제와 흡사했다. 군중은 질서정연하였으며 '예수를 위한 행진'(March for Jesus)을 출발할 준비가 되어 있었다.

　작년에는 상파울로의 오순절 성령운동 및 복음주의 교회들의 연례 집회에 150만 명의 사람들이 모였다. 올해에 이 대회 조직자들은 200만 명이 모일 것으로 기대하고 있었다.[1] 이것은 명목상 가톨릭 국가인 브라질에서 성령운동이 성장하고 있음을 집단적으로 시위하는 사례였다. 그날 하루만큼은 상파울로의 생동감 넘치는 종교 시장에서 사람들을 모으려고 경쟁하였던 교회들이 모든 차이점을 뒤로 한 채, 브라질에서 빠르게 성장하는 오순절 성령운동인 레네서 엠 크리스토(Renascer em Cristo)의 지도력에 따라가고 있었다.

우리는 그 이전 주 일요일에 과거의 극장이었던 곳을 예배당으로 만든 레네서 교회에서 예배를 드렸다. 아래층과 위층 모두 5천 명의 사람들로 가득 찼는데, 이것은 주일의 여러 예배 중 하나에 불과하였다. 어느 월요일 밤에 우리는 남성과 여성 실업인들의 정기 모임에 참석하였다. 이 때 약 8백 명의 사람들이 참석하였다. 이들 중 일부는 일터에서 곧바로 참석하였기 때문에 정장 차림이었다. 주중에 열리는 다른 모임에서는 치유, 축사(逐邪), 젊은이와 가족 중심적 내용에 초점이 모아졌다. 그리고 한 주 동안 수백 개의 소그룹이 서로의 구성원의 집에서 모이고 있었다.

레네서 교회에서 드리는 예배들은 수준급의 밴드가 30분간 찬양을 인도하는 동일한 방식으로 시작되었다. 또한 주일 아침 예배는 젊은이들의 합창, 워십(경배)팀 리더의 춤, 록 스타의 헌금송, 45분간의 설교가 이어졌다. 설교 후에는 다시 헌금을 드리는 시간을 갖고 그 뒤에는 사람들이 교회를 떠날 때 덩실덩실 춤추게 만드는 밴드의 연주가 있었다. 예배 중 사람들의 마음, 신체, 영혼, 지갑이 하나로 연합되었다.[2]

어느 날 저녁 우리는 예배를 드리지 않고 대신 상파울로의 고속도로 교차로의 아래쪽 도로와 빈민굴에서 스프, 담요, 깨끗한 물을 나눠주기 위해 나간 10여 명의 사람들과 함께하였다. 이곳에서 설교는 없었다. 대신 외롭고, 춥고, 배고픈 사람들과의 어울림이 있었을 따름이다. 우리가 교회 지도자들과 인터뷰했을 때, 그들은 교회가 실행하고 있는 다른 사회봉사 프로그램의 목록을 전해주었다. 법원에서는 레네서 교회로 아이들을 보냈는데, 교회는 아이들에게 집, 의료 및 치과 진료 서비스, 심리 상담, 교육, 영적 치료를 제공하였다. 레네서 교회는 또한 10대들에게도 이와 비슷한 서비스를 제공하는 집을 가지고 있었다. 잘 훈련된 팀이 감옥에도 방문하였는데, 그들은 투옥된 여성들에게 자궁 및 유방 검사를 실시하였고, 남성들에게는 의료 및 상담 서비스를 제공하였다. 교인들은 죄수들과 그 가족들과 함께 수감자들이 사회에 다시 들어오는 데 필요한 준비를 해주었다. 또한 교인들은 빈민가에 있는 아이들과 가족들을 위해서 봉사하였다. 여타 프로그램은 마약 중독자들과 장애인들을 위한 사역이었다.

다시 행진으로 돌아가 보자! 대로변의 블록마다 어린아이들, 10대들, 그리고 성인들이 차고 넘쳤다. 그들 사이에는 10여 대의 커다란 트럭들이 있었다. 그 트럭의 뒤에는 트레일러가 있어서 그 위에서 사람들의 귀를 자극하는 라이브 무대가 펼쳐지고 있었다. 군중 속에는 핫도그, 케밥, 피자, 음료수를 파는 이동 판매 시설들이 있었다. 사람들은 또한 '예수'라는 글자가 새겨진 모자 또는 애송하는 성경 인용이 들어있는 티셔츠를 구입할 수 있었다. 일부 사람들은 자신들의 교회를 드러내는 깃발을 흔들고 있었다. 소리를 내는 트럭 위에 휘날리는 깃발들에는 마약을 반대하는 슬로건이 적혀 있었다. 이들에게는 황홀경을 자아내는 마약이 필요하지 않았다. 그들은 이미 예수를 소유하고 있었고 이것에 대해 자부심이 있었다. 드디어 행진은 끝났고, 사람들은 크리스천 팝 가수들이 이른 저녁까지 공연했던 공원으로 몰려 들어갔다. 이 행사는 거대한 불꽃놀이로 절정에 달했다.

성령운동의 출현

1세기에 전래된 이래 기독교는 계속 조직의 형태를 바꾸고, 사명을 재정의하고, 새로운 예배의 방식을 만드는 등 사회적 제도로 발전해가고 있었다.[3] 21세기에 일어나는 변화의 속도가 그 어떤 역사적 시기보다 빠른 것 같지는 않다. 하지만 기독교인의 인구 분포가 말 그대로 완전히 뒤집어지고 있다. 왜냐하면 기독교가 북반구에서 적도의 남쪽으로 곧, 남반구로 이동하고 있기 때문이다.[4] 덧붙여서, 기독교의 대부분의 제도들이 새로운 형태로 변하고 있다. 라틴 아메리카에서는 가톨릭이 개신교에게 신자들을 잃고 있다.[5] 주류 교파들은 쇠퇴하고 있으며, 동유럽에선 특히 심각하다.[6] 독립교회들이 기성 종교에게 도전하고 있다.[7] 그리고 일상화된 의례적 예배가 황홀경적 희열이 넘치는 예배로 뒤바뀌고 있다.

이러한 변화를 이루어 내는 주동력은 성령운동이다. 성령운동은 일찍이 지난 1세기에 나타난 기독교의 한 형태이다. 성령이 소수의 예수 추종자들에게 임하여 그들이 '방언'을 하고, 질병을 치료하고, 예언하고, 소아시아 전역에 걸쳐 교회를 개척하였다는 것이다(신약성경 사도행전 2장을 볼 것). 기독교가 콘스탄틴 황제 아래에서 국교로 인정되고 그 뒤 몇 세기를 거치면서 위계적 구조로 진화해 나가면서 초대교회의 초월적 경험들은 누그러뜨려졌다. 물론 제도적 종교에 만족하지 못한 사람들의 종교적 열정을 담아내는 종파와 수도원의 움직임이 있기도 했다.[8]

현대의 성령운동은 1901년 1월 1일로 거슬러 올라간다. 미국 캔사스주 토페카(Topeka)의 벧엘 성서학교(Bethel Bible School)의 학생들이 찰스 파함(Charles F. Parham)의 지도하에 방언을 한 것에서부터 시작되었다.[9] 몇 년 후, 파함은 텍사스 주 휴스턴의 흑인 목사 윌리엄 시무어(William J. Seymour)에게 성령세례에 관한 메시지를 전하게 된다. 그 때 시무어 목사는 성령의 초자연적인 기적에 대한 믿음을 갖게 되었고, 1906년에는 로스앤젤레스에서 소수의 사람들에게 이 메시지를 전하기 시작했다. 그리고 그것이 '아주사 부흥'(Azusa Street revivals)으로 알려진 대부흥의 원동력이었다. 말 그대로 아주사라는 거리에서 여러 인종의 사람들이 모여서 집회를 할 때 그들은 1세기 사도들의 행적을 그대로 재현하였다. 방언을 하고, 병든 자를 고치고, 예언을 하였던 것이다. 몇 년 이내에 성령운동 선교사들이 전 세계를 누비며 다니게 되었고, 비로소 성령운동은 시작되게 되었다. 물론 20세기가 되기 훨씬 이전에도 아프리카, 영국, 핀란드, 러시아, 인도, 라틴 아메리카에서도 비슷한 움직임이 나타나기는 했었다.[10]

1960년대와 1970년대에 또 다른 성령운동의 움직임이 로마 가톨릭과 주류 개신교에서도 '카리스마적 부흥'(Charismatic renewal)이란 이름으로 일어나기 시작했다.[11] 다시 한 번 사람들은 방언을 하였고, 초자연적인 치료를 받았다고 주장했고, 기도와 묵상 찬양을 강조하는 친밀한 형태의 예배가 출현했다. 20세기 초에서처럼 이 운동에는 동시성(同時性)이 있었는데, 다시 말해서 아르헨티나, 싱가포르, 남아프리카 같은 곳에서 동시다발적으로 기독교인들이 성령의 능력을 증거하였던 것이다.

이런 기독교의 흐름을 숫자로 표기한다는 것은 성령운동과 카리스마 운동을 구분하는 것만큼이나 어렵다. 「세계기독교백과사전」(World Encyclopedia of Christianity)에 따르면, 전 세계 약 4분의 1의 기독교인들이 이 분파에 속한다.[12] 놀랍게도 1970년에는 10% 미만의 기독교인들만이 오순절 성령운동파로 확인된 반면, 2025년에는 전체의 3분의 1이 오순절 성령운동파가 될 것이다.[13] 종교적 변화는 매우 더디게 진행된다는 점을 고려한다면, 이는 기독교계에서 일어난 매우 갑작스러운 변화이다.

영국의 사회학자이며 이 주제에 대해 많은 책을 저술한 데이비드 마틴(David Martin)은 2억 5천만 명이 오순절 성령운동파라고 추측한다. 이는 언론에 보도되는 5억 명에 비해서는 신중한 통계이다.[14] 마틴은 오순절 성령운동파의 성장이 40년 동안 종교 시장에서 나타난 가장 커다란 전 지구적 변화라고 말한다. 그가 보기에 지금 일어나고 있는 종교적인 사건들은 종교의 종언을 예측하는 이론가들의 말과는 다르다.[15] 확실히 오순절 성령운동파의 성장은 세속화 가설에 커다란 의문을 제기하게 만든다.

비록 우리가 몇 가지 일반화를 시도하고 있지만, 성령운동은 단일한 현상이 아니기에 일반화가 쉽지 않다는 점을 인정해야 한다. 다른 사회운동처럼 성령운동 역시 다양한 변이를 가지고 있다. 국제적으로 가장 큰 오순절 성령운동 교단은 하나님의 성회(Assemblies of God)이다. 이것은 세계 모든 나라에 흩어져 있으며 5천만 명 이상의 교인들이 있다.[16] 포스퀘어 교회(the Foursquare Church)와 같이 하나님의 성회보다 작지만 각 나라에 존재하는 교파들도 있다. 그리고 수백 개의 토착적인 오순절 교파들도 있는데, 이들은 서로 연결되어 있지 않고 독립적이라 교리적 분열과 지도자의 다름으로 인해 서로에 대해 반감을 갖고 있기도 하다.[17]

게다가 커다란 오순절 교회 중 일부는 어떠한 교파에도 소속되어 있지 않다. 이런 교회들은 현재 성장하고 있는 독립교회 운동의 한 부분으로서 독립교회들은 함께 '연계' 되어 있지만, 교파적 구분을 따라서 조직되는 것을 거부한다.[18] 「세계기독교백과사전」은 독립교회의 숫자가 지난 30년에 걸쳐 2배로 늘어났다고 말하고 있다.[19] 비록 독립교회들도 전형적으로 지(支)교회를 만들고 그런 이유로 교파 형성의 초기단계라고 볼 수 있지만, 그들 중 다수는 교단적 구조가 그들의 성장을 저해한다고 본다.

오순절 성령운동을 이해하기 위해서는 일반적으로 기독교 안에서 일어나고 있는 인구학적 변화에 주목해야 한다. 필립 젠킨스(Philip Jenkins)는 말하기를 '백인 크리스천' 이란 단어는 미래에는 모순적 표현이라고 본다.[20] 그는 21세기 중간까지 30억 기독교 신자 중 5분의 1만이 비(非) 히스패닉 백인이 될 것이라고 전망한다.[21] 「세계기독교백과사전」은 다음과 같은 극적인 수치를 제시한다. "1900년에 유럽인과 북미인들이 전 세계 기독교인의 80%를 차지하였다. 그러나 오늘날에는 60%의 기독교인들이 아시아, 아프리카, 라틴 아메리카에 살고 있다."[22] 이로써 남반구가 오순절 성령운동의 비옥한 토양인 것으로 보인다. 더욱이 기독교가 미국을 제외한 선진국의 대다수에서는 위축되고 있는 반면, 개발도상국에서는 확장되고 있다. 이런 사실들을 바탕으로 오순절 성령운동이 기독교계를 재편성하는 인구학적 변화의 주된 동력이 될 것이라고 보는 것이 타당하다.

성령운동에 관한 3가지 신화

우리가 처음 이 프로젝트를 맡았을 때, 할리우드 영화에 나오는 성령운동에 관한 고정관념에 기초한 오해를 하고 있었다. 이러한 견해들 속에는 일부 진실적 측면이 있지만 현실은 훨씬 복잡하다. 성령운동은 상당히 적응력이 높은 운동이며 전형적으로 그 지역의 문화적인 상황과 통합되어 있다. 하지만 같은 지리적 공간 내에서도 성령운동은 서로 다르게 나타나며, 그래서 통합보다는 갈등이 나타나는 경우가 많다. 따라서 다음에 제시하는 고정관념이 언제 어디서나 꼭 정확하게 들어맞는 것은 아니다.

첫째, 성령운동가들은 성령의 존재를 믿지만 예배가 언제나 성령에 사로잡힌 사람들이 참여하여 이루어지거나, 혹은 방언하며, 예언하며, 질병이 치료되는 사람들로만 가득한 것은 아니다. 일부 교회들에서는 이러한 현상이 일어나기는 한다. 하지만 그런 현상들이 매 주일마다 모든 성령운동 교회에서 일어나는 것은 아니다. 그리고 가끔 이런 일들이 일어날 때에는 그것이 소그룹 모임이나 특수한 경우에 국한된다. 성령운동 교회에는 상당히 다양한 유형이 있다. 예를 들어 우리가 조사한 신(新)성령운동(Neo-Pentecostal) 교회는 따뜻하고 현대적이고 표현이 자유로운 예배를 드린다. 하지만 영화에서 제시되는 것처럼 사람들이 복도에 눕고 구르는 등 혼란스러운 광경을 연출하지는 않는다. 대신에 예배는 경쾌한 분위기이고, 때때로 몇 분 동안 '기도할 수 있는 시간'이 잘 조직된 형태로 주어진다. 예배가 끝날 때에는 사람들이 앞으로 나와 기도를 받고 병고침을 받는 시간이 있다. 이런 예배를 묘사할 때 최초로 떠오르는 이미지는 비합리적 열광이 아니다. 대신에 사람들은 이 예배를 사람들이 모여 스스로 즐기는 세련된 집회로 생각하고 있고, 이 순간에는 그들의 보수적인 도덕적 기준도 잠깐 자리를 뒤로 한다.

두 번째 고정관념은 성령운동가들은 주로 하층의 소외당한 사람들로서, 종교는 그들에게 일종의 아편으로 작용하고 있다는 생각이다. 첫 번째 고정관념과 같이 두 번째 고정관념 역시 약간의 증거는 있지만, 결코 그것이 전부는 아니다. 물론 성령운동은 초기에 하층민들 사이에서 일어났고 초창기의 폭발적인 성장은 애니미즘적 종교를 믿고 있는 사람들을 포함한 가난한 사람들로 인해 가능하였다. 하지만 특히 최근 수십 년 동안 성령운동은 교육 수준이 높고 부유한 새로운 계층의 사람들을 끌어들이기 시작했다. 그런데 이들 중 일부는 성령운동의 '내부적 산물'이다. 다시 말하자면 이들은 성령운동의 윤리와 생활 방식을 수용한 결과 상승적 사회이동을 경험한 사람들인 것이다. 이렇듯 오순절 성령운동에는 다양한 측면이 있고, 신 성령운동(Neo-Pentecostalism)은 과거의 성령운동보다 성도들의 계층적 구성이 복잡하다.

세 번째 고정관념은 성령운동이 너무나 내세 지향적이어서 현실에서는 도움이 되지 않는다는 생각이다. 역사적으로 성령운동은 상당히 피안적이었고, 수많은 성령운동가들은 예수의 임박한 재림을 손꼽아 기다리고 있었다. 사실 초기의 선교사들은 선교지로 가는 '편도' 티켓만을 샀다고 한다. 그 이유는 자신들이 귀환하기 전에 그리스도가 재림할 것으로 믿었기 때문이다. 그리고 하나님의 성회 신학교와 대학들이 모금 활동의 일환으로 기부금을 받기 시작한 것은 겨우 최근에서야 일어난 사건이다. 과거에 그들은 "만약, 그리스도가 내일 재림하신다면, 무엇하러 우리가 미래를 위해서 많은 돈을 저축하고 있어야 하는가?" 하고 생각하였다. 더욱이 당시에는 교회가 지역사회의 문제를 해결하도록 이끌어 주는 아무런 유인책이 없었다. 대신에 그들의 당면 과제는 사람들을 그리스도가 재림하기 전에 '구원하는' 것이었다. 그렇지 않으면 나머지 사람들은 영원히 지옥으로 떨어질 것이기 때문이다. 하지만 이런 성령운동의 내세 지향적 성향은 바뀌고 있다. 요즘 새롭게 출현하고 있는 성령운동가 집단은 통전적이고 전인적인 복음을 추구하고 있다. 그들은 예수가 사람들의 실질적 필요를 채워주면서 동시에 천국에 대해 설교하였다는 사실을 간파한 것이다. 우리는 이 같은 변화가 부분적으로는 성령운동가들이 사회적으로 신분 상승을 이룩한 결과가 아닌가 생각한다. 이들은 이 세상을 더 살기 좋은 세상으로 만들어야 하는 이유를 생각하게 된 것이다. 교육 수준이 높은 성령운동가들은 사회적 이슈들을 깊이 있는 시선으로 바라보고 있다. 예를 들어 의료 문제에 대해서는 공공 보건의 관점에서 문제를 살펴보면서 한층 구조적이고 체계적으로 접근하고 있는 것이다.

성령운동에 관한 고정관념을 수용하면 여러 가지 측면에서 언론가들이나 사회과학자들의 일이 쉬워진다. 그들은 종교란 사람들의 욕구 – 경제적 박탈, 죽음에 대한 불안감, 불안정한 세계에서의 안전에 대한 추구 등 – 에 기초한 것이라고 말함으로써 성령운동의 성장을 쉽게 설명하려 한다. 칼 맑스(Karl Marx)는 종교를 인생의 고통을 씻어주는 일종의 '아편'으로 보고 있다.[23] 지그문트 프로이트(Sigmund Freud)는 종교를 안정을 필요로 하는 유약한 사람들이 만들어낸 환상적인 도피 메커니즘으로 보고 있다.[24] 에밀 뒤르케임(Emile Durkheim)은 종교적 의례란 특별히 '원시적' 사람들이 집합적 질서를 유지하는 수단이라고 믿었다.[25] 이런 이론들은 전부 모종의 박탈 이론에 뿌리를 둔다. 그리고 이것들은 성령운동의 성장의 일부분을 설명할 수 있다.[26] 그러나 종교를 순전히 기능적 관점으로 바라보는 것이 과연 적합한 것인지 생각해볼 필요가 있다.

성령운동의 성장에 대한 설명

성령운동 교회들을 방문하고 성령운동에 대한 문헌을 읽어보면서 우리는 성령운동의 성장을 설명하는 기능적 관점과 본질적 관점 모두를 접할 수 있었다. 기능적 관점은 종교를 삶의 곤궁과 고통에 대한 보상으로 생각하는 박탈 이론과 잘 맞아 떨어진다. 그러나 본질적 관점은 이것보다는 덜 환원적인 설명의 틀을 제시한다. 우리는 이 두 가지 유형의 설명 모두가 나름대로의 의의를 갖고 있다고 본다. 결국 인간이란 특정한 문화적 맥락 속에서 의미를 추구하는 물질적 존재이다. 그리고 삶은 문제로 가득 찬 공간이며, 특히 하루에 1달러도 안 되는 돈으로 살아가는 10억 명 이상의 사람들에게는 더욱 그렇다.

따라서 성령운동은 종종 사회학자들이 아노미(anomie, 무규범)라고 부르는 것의 고통을 받는 사람들에게는 매력적이다. 그들은 시골에서 도시 지역으로 이주하였다. 출생지에서 그들의 삶은 질서정연하고, 안정되었으며, 사회적 규범은 깨끗했고, 관계는 잘 수립되었다. 그리고 사회적 규범을 어기면 고립, 신체적 처벌, 기타 사회적 불이익을 받는 식으로 직접적인 제재가 가해졌다. 그러나 대규모 도시 지역에서 상황은 매우 다르다. 이곳에서는 고독과 무규범이 현실적인 문제이다. 고용은 종종 불안정하고, 주거가 불안하며, 도박, 매춘, 마약 및 알코올 같은 악덕이 무성하다. 이 같은 상황에서 성령운동의 매력은 확실하다. 왜냐하면 성령운동이 불안한 삶을 살고 있는 사람들에게 질서, 안정 및 희망을 제공하기 때문이다.

성령운동 교회들은 모종의 확대 가족(extended family)으로 기능하는 장점이 있다. 전형적으로 대형교회들은 셀 그룹이 존재하여 구성원과 구성원의 가족들을 서로 돌보아준다. 이런 교회에서 사람들은 자기가 소중하고 필요한 존재라는 식의 사회적 역할과 정체성을 갖게 된다. 일부 성령운동 교회들, 특히 대형교회들은 도움이 필요한 사람들을 도와주는 공식적 프로그램들이 있다. 어떤 사람이 응집력이 강한 교회의 성도일 경우 아노미의 문제는 적어도 부분적으로나마 해소된다.

대개 가족 구성원 중 가장 먼저 개종하는 것은 엄마다. 그 다음에 아이들이 개종하고 그 후에 남편이 개종한다. 교회는 일종의 '고립된 영토'(enclave)로서 그 안에서 사회적 질서가 자리 잡는다. 만일 어떤 부인의 남편이 음주, 외도, 도박을 중단하면 여러 가지 반사적인 사회적 이익이 발생한다. 예를 들면 물질적으로는 가정의 수입이 늘어나고, 남편이 아이 양육의 책임을 공유하며 배우자 학대가 줄어들고 전체적으로 집안 폭력이 감소한다. 이런 경우에도 가난은 여전히 지속될 수 있지만, 적어도 삶이 예전보다 한층 질서있게 된다. 그 질서란 유대가 강한 교회의 구성원이 되고, 어떤 역할과 책임을 갖게 되고, 삶의 방향과 목적을 제시하는 일련의 믿음을 갖게 된다는 것이다.[27]

그러나 성령운동으로 개종한 사람들에게 종교는 질서 잡힌 공동체 이상의 것을 제공한다. 성령운동의 추동력은 예배이다. 천정에 흔들리는 형광등이 있는 길거리의 점포에서든, 정교한 음향 시스템을 갖춘 극장에서든 성령운동의 핵심은 음악이다. 그것은 인간의 감정을 자극한다. 음악은 음질과 연주의 기법에서 대중적이다. 음악의 가사는 고통, 기쁨, 새로운 삶을 위한 희망 등을 표현한다. 실제로 우리와 같은 중년의 연구가들도 성령운동 교회의 예배에 참여하면 발을 바닥에 두드리며 리듬을 느끼지 않을 수 없다. 그렇지만 우리는 다른 예배 참석자들처럼 공중에 손을 높이 든다든지 칠레 산티아고의 한 교회에서 어린이들이 했던 것처럼 음악에 맞추어 공중으로 뛰어오르는 것은 차마 하지 못하였다. 이런 것들이 심리적 보상인가? 아니면 모든 사람이 동경하는, 몸으로 직접 느끼는 황홀경이란 말인가?

그러나 성령운동의 예배는 음악 이상의 것이다. 앞에서 지적하였듯이, 치료는 종종 예배에서 일어난다. 성령운동의 예배는 때때로 극적이며 일정한 양식에 맞추어져 있지만, 그보다는 조용하고, 경건하며 심오한 편이다. 우리는 얼마나 자주 초자연적 치유가 일어나는지 알 수 없다. 분명히 치유는 때때로 '플라시보효과'의 산물이다. 그러나 분명한 것은 신께서 직접 고쳐주신 것이라 해석하는 사람들이 많다는 것이다. 그들에게 이것은 기독교가 진리라는 '증거'이며, 기독교에 영적 헌신을 해야 한다는 확증이기도 하다.

사람들은 성령운동 교회에서 이웃 사랑이 공식적으로 때로는 비공식적으로 표현되는 것을 보고 매력을 느끼게 된다. 성령운동의 새로운 얼굴은 사회봉사 사역이다. 현재 성령운동 교회들은 기독교 신앙에 대한 총체적 이해에 입각하여 사회봉사 사역을 시작하고 있다. 대개 자비와 동정을 베푸는 행위는 새로운 신자들을 끌어들이려고 의도된 것은 아니지만, 이런 사역은 성령운동의 정체성에 대한 외부인의 인식에 영향을 주고 있다. 어떤 성령운동 교회에서는 '사람을 구별하지 않는 친절의 행위'를 베풀고 있는데, 예수가 무조건적인 사랑의 윤리를 가르쳤다고 믿기 때문이다. 다른 성령운동가들은 사회봉사 사역을 시행할 때 한층 더 체계적이고 전략적이다. 그 어떤 것이든, 많은 비신자들이 이타적으로 살고 있는 사람들의 교회로 개종하고 있다.

성령운동의 성장에 대한 또 다른 설명은 샤머니즘적인 전통 문화에서 성장한 사람들과 문화적으로 잘 공명한다는 것이다. 왜냐하면 성령운동가들도 영적 세계의 존재를 믿기 때문이다. 실제로 사람들은 성령운동과 애니미즘(animism) 사이에 수많은 기능적 유사성을 찾을 수 있다. 예를 들어 성령운동과 애니미즘 모두 의례를 시행하면서 악귀가 추방되고, 사람들이 치유되며, 신들림을 경험한다. 성령운동에서는 주술적 수단을 통하여 판테온(pantheon, 모든 신)을 달랠 필요가 없다는 점을 제외하고는 성령운동의 세계관은 애니미즘적 세계관과 크게 다르지 않다. 사실 성령운동과 애니미즘 사이의 주요한 차이는 전자가 오직 '하나'의 영, 즉 성령이 존재한다고 강조하는 데 있다.

마지막으로 성령운동은 근대성(modernity)에 대한 직접적 반응이라는 주장이 있다. 이런 설명에 의하면 계몽주의는 건조한 유물론적 세계관을 초래하였다. 마술이 사라진 대신 모든 것이 경험적 입증을 통해서 합리적으로 설명되었다. 이런 철학이 과학적 혁명의 연속을 이룩해 냈지만, 인간의 영혼에는 제약으로 작용했다. 성령운동은 이런 근대적 세계관에 대한 반작용이다. 성령운동은 위로자인 성령을 일상의 영역으로 끌어오면서 삶의 '감정의 차원'을 회복시켰다.

성령운동이 우리가 사는 탈근대의 세계 속에서 하비 콕스(Harvey Cox)가 말하는 '엑스타시의 결핍'을 채우는 것이 가능하지만, 성령운동은 근대에 대한 저항이라기보다는 오히려 근 자체가 탈 근대적 현상이다.[28] 성령운동의 특정 측면 – 근대 이전의 세계관으로 돌아가려는 측면 – 은 외부인에게는 원시적인 것으로 여겨질 수도 있으나, 성령운동은 실제로 다방면에서 후기 계몽주의적 세계관과 결합되어 있다. 과학과 종교 사이를 구분하는 낡은 경계선은 많은 부분에서 도전을 받는다. 사람들은 성령운동가들이 무아경적 행위에 빠져들면서도 음향체계 같은 부문에서는 최신의 과학기술을 활용하는 것을 보고서 모순적인 행동을 보인다고 비판할지도 모른다. 하지만 이런 식의 비판은 과학과 테크놀로지에 대한 20세기적 관점에 사로잡혀 있는 '근대론자'들만이 하는 것이다.

성령운동의 유형

성령운동의 성장에 관한 여러 설명들은 성령운동의 다양한 줄기를 감안할 때 설명력의 미비한 점을 보충할 수 있다. 그 이유는 성령운동의 성장에 대한 설명들이 성령운동의 다양한 형태의 성장을 다 설명해주는 것이 아니기 때문이다.

우리는 이런 문제를 극복하기 위해서 성령운동의 다섯 가지 조직의 형태를 구분하고, 그 조직 형태를 가로지르며 존재하는 네 개의 지향점을 발견해 내었다. 우리는 가로 네 칸과 세로 다섯 칸으로 구성된 정교한 도표를 만들려는 유혹을 받았다. 하지만 이런 조직의 유형과 지향점들은 현실 세계에서는 그렇게 뚜렷이 구분되지는 않는다. 그래서 우리는 사람들의 종교적 실천을 물상화하려는 (reify) 사회학적 유혹을 피하는 데에 만족하고자 한다. 그러나 분석적 목적을 위해서 여기서는 성령운동 안에서 구분이 가능한 몇 가지 조직 유형을 제시하고자 한다.

첫째로, 독자들은 학자들이 고전적 성령운동이라고 명명하는 것을 반드시 고려해야 한다. 이것은 미국에서만 260만 명, 전 세계 191개국에서 4,800만 명의 구성원을 갖고 있는 하나님의 성회도 포함된다.[29] 하나님의 성회 교단은 1800년대 후반의 종교적 부흥이 뿌리이지만, 특히 1901년 벧엘 성서학교에서 개최된 기도회에서부터 기원하였다. '성령 세례'의 경험이 미주리(Missouri)와 텍사스, 그리고 캘리포니아와 아주사 거리 부흥운동으로 전파됨에 따라, 1914년에 아칸사스(Arkansas) 주의 핫 스프링스(Hot Springs)에서 열린 총회에 참석하기 위해 20개의 주와 수많은 나라에서 약 300명의 목회자와 평신도들이 모이게 되면서 성령운동은 더욱 힘을 얻게 되었다. 1916년 총회는 '근본적 진리에 대한 강령'(Statement of Fundamental Truth)을 승인하였고, 이로부터 미국에서 현재 12,000개 이상의 교회와 전 세계에서 25만 개 이상의 교회를 갖고 있는 이 교단이 시작되었다. 오늘날 하나님의 성회 교단에는 국제 포스퀘어 교회(International Church of the Foursquare Gospel), 하나님의 교회(the Church of God)(Cleveland), 예수 하나님의 교회(the Church of God in Christ)(COGIC), 그리고 수많은 작은 성령운동 교단들이 함께 들어와 있다.

성령운동의 두 번째 유형은 북미와는 연관이 없는 토착적인 성령운동 교파이다. 예를 들어 1983년에 나이지리아에서 위너스 채플(Winners' Chapel)이 시작되었고, 이것은 2000년까지 38개 아프리카 국가로 전파되었다. 2001년에 이 교회는 세계에서 가장 큰 성전을 소유한 교회로 기네스북에 오르기도 했다. 나이지리아의 라고스(Lagos)에 있는 그 교회는 무려 50,400개의 좌석을 갖추고 있다.[30] 토착적 교파의 다른 예는 브라질의 리오데자네이로에 설립된 '천국 보편 교회'(the Universal Church of the Kingdom of God)이다. 이것은 브라질 전역뿐 아니라 아프리카와 북미를 포함하여 세계 여러 곳에 퍼져나갔다.[31] 이런 독립 교파들은 자생적으로 발전하였고 식민지적 선교의 결과가 아니다. 우리는 바야흐로 이른바 '역'(逆) 선교 현상을 목도하게 될지도 모른다. 역(逆)선교 현상이란 남반구에 있는 토착 교회의 성도들이 서구인들을 전도하기 위해 북반구의 세속적인 서구 국가로 들어가는 것을 일컫는다. 누가 이교도인지를 정하는 틀이 상대적으로 짧은 시기 동안 뒤바뀌게 되었다.

성령운동의 세 번째 형태는 독립적인 신 성령운동 교회들이다. 이들은 하나 혹은 그 이상의 분파들을 낳았지만 교단을 구성할 만큼 발전하지는 않았고, 실제로 그런 교단 형성의 흐름에 저항해왔다. 이런 교회들은 현재의 종교 시장에 대해서 여러 가지 이유로 만족하지 못하는 경영인들에 의해 설립된 경우가 많다. 전형적으로 이런 교회의 목사들은 상대적으로 교회를 좋아하지 않는 가정에서 성장하였다. 그들은 개인적으로 삶이 바뀌는 극적 종교적 경험을 하였고, 자신의 비전을 성취하기 위한 도구가 헛되고 융통성이 없다고 본다. 한편 이런 카리스마적인 목회자들은 그 교회에서 성장한 사람이 아니며, 대개 신학교를 나오지 않거나 기타 공식적인 신학 교육이 결여되어 있다. 하지만 다른 한편으로 그들은 시장에 민감하기 때문에 종종 매우 큰 교회를 성장시킨다. 우리가 보기에 이런 독립적인 신 성령운동 교회들은 성령운동의 최첨단을 걷고 있다. 왜냐하면 이들은 성령의 실재를 인정하면서도, 문화적으로 민감한 10대와 청년들에게 맞는 방식으로, 그리고 성령운동의 전통에서 성장하지 않았으나 사회적 신분 상승을 이룩한 사람들에게 맞는 방식으로 종교를 잘 소개하기 때문이다.

성령운동의 네 번째 유형은 카리스마적 갱신 운동이다. 이 운동은 캘리포니아의 밴 누이스(Van Nuys)에 있는 성 마가 성공회 교회(St. Mark's Episcopal

Church)에서 출발한 것으로 보통 생각한다. 이 교회에서는 1960년에 방언이 터진 사건이 있었다. 그로부터 몇 년 이내에 예일, 다트머스 및 스탠포드 대학 등의 캠퍼스로 전파되어 나갔다. 1960년대 중반에 이 운동은 가톨릭교회에도 전해졌으며, 1969년에 450명의 가톨릭 카리스마 운동가들이 함께 모이기도 하였고, 그 안에는 25-30명 정도가 사제들이었다.

5년 후에 3만 명의 가톨릭 카리스마 운동가들이 노틀담에서 모였고, 1975년에는 로마에서 1만 명이 모였다.[32] 개신교와 가톨릭 진영 모두에서 카리스마 운동은 사람들에게 기도와 감사를 통해 하나님과 친밀한 교제를 나누게 함으로써 예배를 갱신시키고, 그를 통해 부흥을 가져오려는 운동이다. 당대에 유행했던 '신은 죽었다'(God is Dead)는 운동에 도전하여 카리스마 운동은 신유와 안수를 통해 신이 역사하고 있음을 증명하려 하였다. 카리스마 운동에서 사람들은 방언하고, 예언하고, 때로는 귀신을 쫓아내었다. 그러나 카리스마 운동은 성령운동의 표준적 형태와는 다른 느낌을 갖고 있었다. 예를 들어서 빈야드 연합교회(Vineyard Christian Fellowship) 소속의 교회들에서 성령운동은 '부드러운' 크리스천 록 음악, 따뜻한 포옹, 부드러운 접촉을 통해 은은한 느낌을 나타내고 있다. 이것은 대중 도시문화에서는 매우 희귀한 경험이다.[33]

끝으로 성령운동 교회나 카리스마 교회에 속하지 않은 수많은 사람들이 성령운동의 전통의 일부를 수용하고 있음을 인식하는 것이 중요하다. 그래서 우리는 '원초적 카리스마 크리스천'(proto-charismatic Christians)이라고 불리는 다섯 번째 범주를 제시하고자 한다.

이런 사람들은 대개 전통적 성령운동에 뿌리를 갖고 있지 않고 자신을 카리스마적 교인이라고 생각하지도 않는다. 하지만 그들은 성령운동 교인들과 카리스마적 교인들이 삶의 중심이 된다고 믿는 경험의 대부분을 - 비록 전체는 아니더라도 - 긍정한다. 그들은 방언을 할 수 있지만 이런 행위를 개인기도 시간이나 소그룹 모임에서만 한다. 그들은 기적을 믿지만 신적 개입을 상대적으로 조용히 요구한다. 그들은 대개 꿈과 비전을 통해 신이 말씀할 수 있다는 점에 대해서는 열려 있지만, 그런 일이 예배의 일상적 경험은 아니다. 많은 원초적 카리스마 크리스천들은 기독교의 탈 교단적 표현에 익숙한 사람들로서 다시 말해 교단을 구별하는 일에는 관심이 없다. 그들은 성령의 역사로 충만했던 예수와 초대교회의 모델을 따르려고 노력할 뿐이다.

성령운동 내부의 지향점들

앞에서 설명한 5가지의 성령운동의 유형을 가로지르는 것이 서로 다른 4개의 지향점이다. 예를 들어서 일부 성령운동 교회들은 율법주의적이고 타계주의적이다. 하나님의 성회 교단의 목회자들과 토론하면서 우리는 분명한 구분이 존재함을 발견했다. 그 구분은 교인들에 대한 금기(예를 들어 여성들에게 긴 소매 드레스를 입도록 강요하는 것, 보석, 화장, 사교 댄스, 술을 금하는 것 등)를 강조하는 율법주의적인 성향의 사람들과 다른 한편으로 이런 율법주의적 태도는 세상으로부터 자신을 분리해야 했고, '세속'의 일들을 감당할 수 없었던 이전 세대의 낡은 유산일 뿐이라고 생각하는 사람들 사이의 구분이다. 오늘날에는 하나님의 성회와 다른 교단 내부에 율법주의로 치우치지 않고 현대 문화의 많은 요소를 수용하면서도 문란한 성도덕, 부패한 기업문화, 정치적 술수 및 기타 불법적 행동을 삼가는 선진적 요소가 존재한다.

둘째로, 성령운동 내부에서 가장 빠르게 성장하고 있는 운동은 '번영의 복음'(Prosperity Gospel) 혹은 '건강과 부의 교회'(health-and-wealth church)이다.[34] 때때로 이들은 전통적인 성령운동 교파들에 속한 교회들 속에 침투했다. 하지만 대개 독립교회와 토착적 교회들에게서 이런 유형이 많이 나타난다. 이런 교회들은 하나님은 인간이 도저히 고칠 수 없는 질병을 치유하며 교회의 사역을 열심히 돕는 사람을 부자로 만들어 준다는 메시지를 통해 가난한 지역에서 특히 부흥했다. 이런 교회들은 미국의 TV 전도자들(케네스 해긴이나 베니 힌 등)의 영향을 받기도 했고, 어떤 때에는 자발적으로 건강과 부에 대한 강조가 출현하기도 했다. 외부 관찰자들에게 이들은 종종 주술적 사고와 심리적 조작을 제공하는 것처럼 보인다. 하지만 이런 교회들은 사람들에게 삶이 달라질 수 있다는 생각을 불어넣는 능력이 있다. 때때로 이런 교회의 목사들은 교인들에게 돈을 모으는 방법과 작은 사업을 시작하는 방법에 대한 실질적인 이야기를 해주기도 한다. 그러나 이런 교회를 개척한 목사들은 때로는 교인들 중 가난한 사람들의 희생 위에서 자신들만 번영하는 복음의 열매를 즐기는 경향도 있다.

성령운동 내부의 세 번째 흐름은 이 책이 주목하는 바로서 신학자들이 '통전적' 복음이라 일컫는 것이다. 우리가 선진적 성령운동이라 인식하는 이 운동은 성령운동이 출범한 이래 줄곧 주변적 존재였으나 1990년대에 뚜렷이 출현하기 시작하였다. 성령운동가들이 사회적 상향 이동을 하게 되고, 고등 교육을 받게 되고, 생활이 더 윤택해짐에 따라 세상을 바라보는 관점이 변화되기 시작하였다. 성령운동가들은 이 세상을 탈출해야만 하는 곳으로 바라보지 않는다. 더 이상 폐쇄적이고 종파적인 관점을 취하지 않는다. 대신에 그들은 세상을 더 나은 곳으로 만들고자 한다. 성령운동가들은 이런 관점에서 성경을 읽으면서 예수가 다가오는 천국에 대해서 설교하면서도 동시에 사람들을 치료하고 사회적 필요를 채워주는 일을 수행했다는 것을 알고, 예수의 사역에 따라 자신의 행동을 변화시키기 시작하였다. 그 결과 현재 성령운동가들 중 적지 않은 수의 사람들이 신앙을 실질적으로 실천하는 일에 매진하고 있다. 의료 센터 설립, 고아와 과부를 돌보는 일 등을 수행하는 것이다. 성령운동가들의 사역은 각 지역적 상황에서 직면하는 사회적 필요에 따라서 국가별로 다르고 그 종류도 다양하다. 물론 선진적 성령운동가들이 전통적 교단 안에서도 출현할 수 있지만, 예배 스타일과 조직 구조는 물론 사회봉사 사역에서도 혁신적이고 앞서가는, 독립적인 신(新)성령운동 교회들에서 빈번히 출현하고 있다.

우리의 유형론을 완성해 주는, 성령운동 내부에서 나타나는 마지막 경향은 일상화된 성령운동이라 말할 수 있다. 이 범주의 교회들은 과거의 종파적 성향을 떨쳐내고 세속적인 음악의 멜로디와 리듬을 포함하여 현대 문화의 많은 요소를 수용하고 있다. 그렇지만 다소 제한된 방식으로라도 성령 중심의 예배를 고수하고 있다.[35] 사람들은 찬양할 때 손을 들지만 공적 예배에서 성령에 취해 뒤로 넘어지는 일은 거의 일어나지 않는다. 그들은 기도의 힘을 믿지만, 극적인 치유는 그들이 물려받은 유산일 뿐 실제 현실에서 일어나는 일은 아니라고 생각한다. 공공 예배에서 예언은 심하게 통제를 받아 지금은 거의 사멸된 상황이다. 예배 중의 방언은 성령의 임재를 즉각적으로 표현하는 생동감보다는 잘 조직된 의례 행위와 같은 느낌이다. 게다가 이런 교회들 중 일부는 젊은이, 미혼자, 이혼한 부모, 기타 집단을 위한 다양한 프로그램을 가진 초대형 교회의 유형을 따른다. 이런 교회들을 무능한 교회로 치부하지 않는다면, 이들은 상당한 힘과 비전을 갖고 있고 선진적 성령운동의 발전을 위해서 거대한 자원이 될 수 있을 것이다. 물론 사회봉사 사역을 수용하는 것은 일상화의 과정의 자연스러운 진행이라고 주장할 수도 있다. 그렇지만 이런 시각이 이 책에서 기술한 선진적 성령운동의 등장을 완전하게 설명하지는 못한다.

성령운동과 사회적 변혁

이 책의 중심적 질문은 다양한 형태를 띠고 있는 성령운동이 우리가 살고 있는 세계, 특히 개발도상국이 직면한 많은 문제들에 영향력을 행사할 수 있는지의 여부이다. 이 문제에 대한 우리의 대답은 조건부 '긍정'이다. 완전한 긍정이 아닌 조건부 긍정을 하는 이유는 성령운동의 일부 분파는 사회적 변혁을 지체시킬 수도 있음을 인식한 결과이다. 예를 들어 율법적인 경향의 성령운동 교인들이 자신의 영혼을 구원하는 것 이상의 일을 할 가능성은 희박하다. 아마 이런 평가는 그들에게 너무 가혹할지도 모른다. 왜냐하면 그들은 전형적으로 올바른 시민, 성실한 근로자, 정직한 기업인이기 때문이다. 종종 고객들은 율법적 성령운동가들을 다른 경쟁자들보다 선호하는데 왜냐하면 보수적 크리스천들은 저울을 갖고 장난치지 않는다는 것을 알기 때문이다. 더욱이 동료 신앙인이 어려운 상황에 처했을 때, 심지어는 비 기독교인이 그런 일을 당해도 그들은 돕는 일에 앞장선다. 그러나 그리스도의 임박한 재림을 강조하기 때문에 그들의 사회 참여는 계획적이고 장기적인 형태를 띠기 어렵다.

또한 건강과 번영의 복음을 강조하는 교회들이 지역사회에서 진정한 변화의 동력이 될 가능성은 크지 않다. 이런 교회들은 너무나 자주 대부분의 에너지를 대형 집회, 부흥회, 치유 모임을 하는 데에 투입한 나머지 지역사회의 필요를 채워주는 일을 할 시간이 부족하다. 그러나 번영의 복음에는 종종 간과됐던 정치적 함의를 갖는 차원이 존재한다. 이런 교회들은 미래의 달콤한 천국보다는 이 세상에서의 성공을 증진시킨다. 그리고 더 나은 삶에 관한 사람들의 기대가 높아지면, 그런 기대들을 이미 만들어진 종교적 가짜 약을 갖고서 만족시키기란 매우 어렵다. 만일 아이가 치유되지 않거나 교회에 희생적으로 헌신한 뒤에도 힘든 가난이 계속된다면, 교인들은 고통을 경감시키기 위해 정치적 수단을 선택하고픈 유혹을 받게 될 것이다. 맑스주의 사회 이론에 따르면 소작농들이 반란을 일으키지 않는 이유는 그들이 아무런 희망도 갖고 있지 않기 때문이다. 그러나 가난한 사람들이 삶이 나아질 수 있다는 희망을 갖게 되면, 종교가 그것을 성취시키지 못할 때 정치를 통해서 그 일을 하려고 할 것이다. 정치 이외의 다른 가능성은 번영의 복음을 믿는 교인들이 마침내 지역사회의 사회적 필요를 구체적으로 채워주는 선진적 성령운동 교회로 밀려들어오는 것이다. 번영의 복음을 강조하는 교회에서 이탈한 신자들의 숫자에 대한 연구는 없지만, 일부 교인들이 안정된 조직 형태를 찾아 이탈했다는 이야기는 많이 들린다.

그러나 번영의 복음을 강조하는 교회와 우리가 정의한 선진적 성령운동에 들어맞는 교회들 사이에 너무 경직된 구분선을 긋지 않는 것이 중요하다. 세상은 흑백논리로 파악되지 않으며, '이것 아니면 저것' 식의 이분법이 통하지 않는다. 현실은 이런 두 가지 요소의 혼합이다. 번영의 복음을 강조하는 일부 교회는 한편으론 치유 집회를 갖고 풍요로운 하나님을 외치면서도 다른 한편으로는 교인들을 위한 사회적 사역을 발전시키고 있다. 번영의 복음 설교자들은 종종 매우 실용적 측면을 갖고 있다. 설교자들의 이런 측면은 교인들이 경영적 자질을 개발하여 교회에 더 많은 헌금을 하도록 기능하고 있다. 우리는 이런 목사들이 교인들에게 어떻게 재산을 배가시키며 어떻게 투자할 것인지에 대해 이야기하는 것을 여러 번 목도했다. 번영의 복음을 외치는 많은 교회들은 한편으로 사람들을 치유하고 삶을 윤택케 하는 신의 능력을 주장하는 것과, 다른 한편으로 진료소를 세우고 학교를 건립하는 일을 하는 것 사이에 아무런 모순을 느끼지 않고 있다.

우리는 성령운동이 적어도 3가지 방식으로 사회적 변혁을 일으킬 수 있는 잠재력이 있다고 본다. 첫째는 칼 맑스의 주장을 따른다. 맑스에 의하면, 종교는 내세의 더 나은 삶을 약속함으로써 현세의 빈곤과 인권 침해의 고통을 달래주는 능력이 있다.[36] 맑스의 관점에 따르면, 인민은 빈곤의 고통을 실제로 느낄 때에만 압제자에게 저항한다. 만일 그들이 하늘에서의 보상이 이 세상에서의 고통과 반비례하는 것이라고 생각하면 - 이것이 맑스가 산상수훈과 예수의 다른 가르침을 해석한 방식인데 - 종교는 인민으로 하여금 억압의 근원을 타도하도록 하기보다 이들을 달래는 효과만 가져올 것이다. 이 점이 우리가 인도에서 인터뷰한 한 급진적 가톨릭 신부에게서 여실히 나타났다. 그는 예전에 카리스마적인 부흥운동에 깊이 심취하였다. 그러나 그는 결국 이것이 사람들을 오랜 세대에 걸쳐 극심한 가난에 몰아넣은 카스트 제도를 바꾸는 데는 무기력하다고 결정하였다. 그는 사람들의 삶을 바꿀 수 있는 더 좋은 수단으로 정치적 조직화를 선택하게 된 것이다.

두 번째 가능성은 성령운동이 사람들의 사회복지를 증진시킬 수 있다는 점이다. 여기에는 성령운동과 연관된 '사회적 상승 이동'의 실질적 증거가 존재한다. 구체적으로 성령운동가들은 술, 마약, 도박 및 외도를 반대하는 도덕적 규칙 때문에 다른 이웃보다 높은 경제적 경쟁력이 있다(이 책의 6장을 보라). 이런 사회적 악덕 없이 신앙인들은 높은 수입을 올리게 되고, 나머지 잉여분을 사업, 가족의 교육과 복지에 투자하게 된다. 성령운동을 하는 젊은이들은 성적인 경험을 늦추도록 요구받음으로써 더 오랜 기간 교육을 받게 되고, 이것은 특히 여성들에게 좋은 경험이 된다. 여기에 덧붙여 성령운동과 연관된 사회적 연결망은 구성원들의 사회적 복지를 증진시키는 공동체의 역할을 한다는 주장이 있다. 사람들이 어려울 때만 서로 돕는 것이 아니라, 서로의 상점에 고객이 되어 주고, 사업에 필요한 돈을 서로 빌려준다. 그래서 성령운동은 자본주의와 우호적 관계에 있고, 이것은 적어도 일부 구성원들에게는 상승적 사회 이동을 초래한다.

성령운동의 세 번째 잠재적인 사회적 영향은 인권에 대한 강조이다. 모든 사람은 신의 형상으로 만들어졌다. 그리고 성령운동가들에 따르면, 모든 사람은 신의 관점에서는 동일한 가치를 지닌다. 성령운동은 그 뿌리에서부터 인민의 종교이다. 다른 말로 하면 모든 사람은 성서를 스스로 해석할 권리를 갖고 있다. 사람들은 성직자 계급에 의존하지 않는다. 신앙인들은 어떤 중재자를 필요로 하지 않고 신에게 직접 접근한다. 그리고 모든 사람은 사회적 계급, 인종, 종족 및 가족 혈통에 상관없이 그리스도의 몸 안에서 어떤 역할을 갖고 있다. 이런 신학적 관점이 갖는 사회적, 정치적 함의는 매우 급진적이다. 이것은 모든 사람이 동등하다는 민주적 통치의 기초를 이룬다. 민주적 통치 내에서 각 개인은 한 커뮤니티의 구성원으로서 투표할 권리를 갖는다. 그리고 민주적 통치 안에서 사람들이 성서에 대한 개인적 해석을 시도할 때 기존의 권위들을 의문시할 수 있다. 과거 일부 사람들은 정치적으로 억압적인 체제들과 성령운동/카리스마적 교회들 사이의 연대의 증거가 존재한다고 비판하기도 했다. 이들은 성령운동은 본질적으로 보수적인 것이라고 보았으나, 이것이 성령운동에 관한 모든 설명이라고 볼 수는 없다.[37] 실제로 우리는 성령운동이 전복적인 정치적 세력이 될 수도 있다고 본다. 특히 스스로를 신과 비슷한 지위를 갖는다고 주장하는 중앙집중적 독재자가 다스리는 정부 내에서 그렇다.

어떤 측면에서는 앞에서 지적한 성령운동이 일으키는 사회적 변혁의 3가지 형태는 모두 종교의 '간접적' 결과들이다. 다시 말해서 이런 것들은 성령운동의 뚜렷한 목표는 아니지만 잠재적인 결과물로서 나올 수는 있다는 것이다. 이와 대조적으로 선진적 성령운동가들은 지역의 사회 문제에 대한 자신들의 책임이 신의 명령에서 기인한 것으로 생각한다. 나 자신을 사랑하는 것처럼 이웃을 사랑하라는 명령에는 잠재적이거나 간접적인 요소가 있을 수 없다. 선진적 성령운동가들은 사회적 행위를 크리스천으로서 자신의 정체성을 표현하는 당연한 일로 본다. 내적 순결과 비신자 전도에만 초점을 모으는 것은 그들이 볼 때 기독교 복음의 절반밖에 되지 않는다.

세속화 이론과 성령운동

우리는 연구를 수행하면서 왜 여러 해 동안 성령운동 교회들을 방문하고 있는지 의구심을 드러낸 학계의 동료와 친구들로 인해 수세에 몰린 적이 많이 있다. 때로 그들은 성령운동과 이슬람 근본주의가 동일한 사회적 근원을 갖고 있다고 가정하면서 이치에 맞지 않게 이슬람 근본주의의 발흥을 언급하였다. 때로는 그들은 한 번도 들어보지 못한 성령운동에 관한 정의를 물어왔고, 우리가 신유나 방언에 대해 무언가를 이야기하면 그들은 성령운동을 사회적으로 퇴보한 운동으로 바라보았다. 사실 우리의 자유주의적인 개신교 친구들이 가장 최악이었다. 그들이 생각할 수 있었던 모든 것은 성(sex)이었다. 그들의 관점에서는 게이 성직자의 안수와 같은 쟁점을 갖고서 교단을 분열시키고 있는 것은 개발도상국의 성령운동/카리스마적 크리스천들이었다. 이 정도가 되자 대화를 통해 성령운동가들이 자유주의적인 크리스천들보다 한층 더 선진적이라는 것을 - 특히 교회 조직과 현대적 예배의 형태에서 - 지적하는 것은 별 의미가 없어 보였다. 이것이 그들을 판단하는 태도인지는 몰라도, 우리가 보기에 많은 우리의 친구들은 근대적 세계관의 감옥에 갇혀서 현실의 탈근대적 요소를 보지는 못했다.

19세기 후반과 20세기 초에 많은 사회학자들은 종교가 마지막 단계에 와있다고 믿었다.[38] 이 같은 생각은 20세기의 마지막 약 30여 년 동안 상대적으로 거의 도전받지 않은 채 지속되었다. 그것의 전제는 계몽주의 이념으로서, 계몽주의는 과학이 신화에 기반한 종교의 비합리주의보다 우월한 것이기 때문에 종교를 대체할 것이라는 믿음에 기반해 있다. 계몽주의가 볼 때 종교란 인간의 속성을 가상적 신에게 투사함으로써 문제를 해결하려는 환상적이고 주술적인 것이다. 세속화 이론이 내포하는 다른 측면은 종교는 점점 개별화되고, 삶의 사적 영역으로 후퇴함으로써 공적인 영향력이 사라질 것이라는 주장이다. 그래서 사람들은 그저 출생, 죽음, 결혼과 관련되는 통과의례를 위해서만 종교를 붙들 것이며, 이런 모습은 공공 정책이나 기업 윤리, 의료 연구, 기타 다른 공적 영역에 아무런 영향력을 미치지 못할 것이다. 결국 신비적이고 초월적인 경험들은 근대성에 물들지 않는 광야의 수도자들만이 즐기는 영역일 뿐이다.[39]

그러나 지난 20세기의 마지막 시기에 사회학자들은, 비록 서유럽 국가의 일부에서는 종교가 주변부에 밀려나 있지만, 그래도 종교가 아직 사라지지 않았다는 것을 인식하기 시작했다. 세속화 이론의 예상과는 달리 기술발전의 최첨단을 달리는 나라의 일부에서도 새로운 종교운동이 출현하였다. 미국에서 교회 출석률은 아직도 매우 높다. 그러나 더 놀라운 것은, 현재의 정치 운동이 정부와 종교, 공공 정책과 도덕적 가치 - 영적인 부분을 포함한 도덕적 가치 - 사이의 관계를 재구축하기 시작하였다는 점이다.[40] 세계의 많은 나라에서 종교가 중요하게 취급되고 있다. 역설적으로 가장 세속화된 교파인 자유주의적 개신교인과 개혁적 유대인들은 감소하고 있는 반면, 초월을 믿는 보수주의적인 교파들은 성장하고 있다.[41]

종교의 번영을 설명하려는 새로운 이론적 패러다임이 출현한 것은 어찌 보면 당연하다. 세속화의 낡은 패러다임 속에서 종교적 다원주의는 무신론을 낳았다. 궁극적 진리에 대한 수많은 주장들이 난무할 때 누가 하나의 궁극적 진리를 믿겠는가?

새로운 패러다임 아래에서는 종교적 경쟁은 틈새 시장을 창조하고, 종교적 독점은 주류 종교 전통의 외부에서 일하는 근면하고 혁신적인 종교적 기업가들에 의해서 도전받게 된다. 그리고 균일하고 동질화된 종교적 상품은 많은 이익을 남기는 데 실패한다. 새로운 패러다임의 이론가들은 종교적 시장은 실제로 더 나은 종교적 상품, 혹은 적어도 사람들의 필요에 더 잘 맞는 종교적 상품을 창조한다고 주장한다.[42] 그렇다고 종교가 결코 저급한 욕구에 반드시 영합하는 것은 아니다. 물론 일부 사례에서는 종교가 저열한 욕망에 발맞출 수도 있지만, 많은 사람들은 종교적 믿음과 실천이 인간의 의미에 대한 가장 진지한 욕구를 개발하는 잠재력을 갖고 있다고 인식한다. 일부 사람들에게 이런 종교적 믿음과 실천은 타인에 대한 섬김, 사회 정의의 추구, 무조건적 사랑이다.

이 같은 새로운 종교적 시장의 맥락 내에서 성령운동은 모든 표준적 세속화 이론과는 정반대로 성장의 부흥을 경험하였다. 신비적인 몰아적 종교에 매력을 느끼는 것은 하층 계급이라고 기대할 수 있다. 그러나 왜 성령운동이 중간 계급 가운데서 세(勢)를 얻고 있을까? 세속화 이론에 의하면, 초자연적인 치유는 의학에 의해서 대체될 것이다. 그러나 사람들은 다양한 형태의 대체의학을 채택하는 것과 같이 교회의 치유 집회에 몰리고 있다. 더 나아가 세속화 이론은 종교적 경험이 점점 사적인 성격을 띨 것이라 예측하지만, 가장 빠르게 성장하고 있는 교회들은 집합적인 종교적 경험을 가진 사람들로 채워지고 있다. 그리고 성령운동 교파의 분할이 운동의 성장을 저해하지 않으며, 오히려 주류 교단과 가톨릭 교회가 놓친 틈새시장을 파고들어 성장에 기여하는 것으로 보인다.

우리가 보기에 선진적 성령운동가들의 출현은 세속화 이론이 사망했다는 것을 잘 보여주는 또 다른 방증이다. 통상 피안적 종교의 전달자로 받아들여지는 성령운동가들이 어떻게 초자연적인 역사를 일으키면서도 동시에 지역사회 발전에 참여할 수 있을까? 왜 성령운동가들은 협소한 자기 영역에 갇힌 채 세상의 종말을 기다리며 자신의 영혼을 구하는 일만 하지 않고 그 이상의 일을 하는 걸까?

이런 질문들에 한 가지 대답은 선진적 성령운동이 카리스마의 일상화라는 종착지로 향하는 길에 놓인 하나의 정거장이라는 것이다. 달리 표현하면 만일 어떤 사람이 전통적 성령운동에서 일어나는 '기적'을 믿지 않게 된다면, 그럼에도 그가 오순절 전통에 남아있기를 원한다면 그가 할 일은 자신의 소매를 걷어 올리고 근대적 수단을 사용하여 사람들을 먹이고, 입히고, 재워주고, 치료하는 일을 찾는 것이라는 설명이다. 그러나 이런 설명은 냉소적이다. 이런 설명은 선진적 성령운동가들이 크리스천의 도덕적 책무에 대해 생각하는 방식을 설명하지 못한다. 즉 선진적 성령운동가들은 성서에 근거하여 자신의 행위를 펼쳐 나간다. 그래서 그들은 성서를 계속 읽어야 한다. 그리고 세속화된 성령운동가들은 일하기에 바빠서 기도하지 않지만, 선진적 성령운동가들은 기도하면서 일한다. 세속화 가설에 대한 가장 강한 반론이 되겠지만, 선진적 성령운동가들은 성령이 직접 자신에게 말씀하시기 때문에 지역사회의 봉사에 참여한다고 한다. 그러므로 사회운동을 이해하기 위해서 사회이론가들은 반드시 영적인 영역을 언급해야 한다는 설명이 가장 깔끔한 설명이 될 것이다. 아마도 사회운동을 이해할 때 인종, 계급, 종족, 사회적 위치와 같은, 인구학자들이 주로 사용하는 변수들은 적합하지 않다. 우리들의 인터뷰에 기초하여 볼 때, 성령운동 교회에 들어오는 사람들의 주된 동기는 성스러운 것과의 만남인 것처럼 보인다. 이 때 여타 요소들은 단순히 주변적이고 상황적인 변수일 뿐이다.

물론 우리는 이런 대담한 생각을 대학의 동료들에게 표현할 수는 없었다. 많은 사람이 동의하지 않는 이념을 고집한다고 해도 대학교수의 종신 재직권이 있다면 학계에서 보호받을 수 있다. 하지만 자기의 의견을 표현하지 않는 것이 상황을 좋게 만드는 것은 아니다. 그래서 현 시점에서 우리는 사람들에게 동기부여하는 것이 무엇인지를 이해하고자 할 때 성령의 역할을 심각하게 받아들여야 하는 것은 아닌지 문제제기를 하고 싶다. 성령이 중심적인 역할을 하는 종교운동을 연구할 때 반드시 초월적인 부분을 다루어야 한다. 그러나 우리는 앞으로 진행되는 장들에서 성령을 따로 떼어내어 주된 설명 변수로 삼지는 않을 것이다. 우리는 단지 종교처럼 복잡한 현상을 이해할 때 필요한 다른 변수들과 함께 성령을 다룰 예정이다.

제2장

그들의 다양한 사회참여 사역, 신념, 그리고 동기

제2장

그들의 다양한 사회참여 사역, 신념, 그리고 동기

플로렌스 무인디(Florence Muindi)는 이디오피아의 아디스 아바바의 극빈촌에서 일하는 의사이다. 이 마을에 사는 400개의 가정은 주변의 쓰레기 처리장에서 음식을 주워 모으거나, 도시 중심부에서 구걸을 하거나, 구호 단체에 의존해서 근근이 생활하고 있다. 플로렌스가 처음으로 아디스 키단 침례교회(Addis Kidan Baptist Church)에 출석했을 때, 그 마을 아이들의 80%가 회충이 있거나, 피부에 옴이 있거나, 눈에 전염병을 갖고 있는 등 많은 질병을 앓고 있었다. 플로렌스는 만약 그녀가 진료소를 세운다면, 이런 질병들을 영원히 근절시킬 수 있을 것이라고 생각했다. 왜냐하면 그런 질병은 허약한 공중위생 때문에 생겨나기 때문이다. 공중 의학을 공부했던 경험을 살려서 그녀는 일군의 '의료 선교사들'(health evangelists)들을 훈련시켰다. 그들은 지역에서 선출된 자문위원들과 함께 일하면서 1년 안에 아이들의 건강을 크게 향상시켰다. 이 의료 선교사들은 모든 집을 정기적으로 방문하면서 아이의 부모들과 함께 공중위생 환경을 개선하려고 노력했다. 그 과정에서 그 지역 주민들은 더 끈끈한 관계로 엮여졌고, 사람들은 공동의 문제를 해결하기 위해 협력했다.

아디스 키단 침례교회는 단순한 자선사업에서 벗어나 지역을 재구조화하고 발전시키는 방향으로 사회 참여의 노선을 바꾼 수많은 오순절 교회를 대표한다.

건강과 위생의 문제 뿐 아니라 그 교회는 소규모 사업자들을 위한 대출 사업도 알선하여 지역 주민들이 경제적으로 자립할 수 있도록 하고 있다. 그리고 외부의 비정부기구(NGO)들과 협력하여 아이들의 교육 문제도 해결하고 있다. 우리가 인터뷰를 해본 결과, 의료 선교사들은 자신의 기독교적 신앙과 지역사회를 위한 봉사는 서로 구분할 수 없는 문제라고 강조했다. 그들은 자신의 말이 아니라 타인을 향한 사랑의 행동으로 기억되기를 원했다. 그들은 예수님이 병자를 고치고, 창녀들을 돌보며, 눈먼 자를 보게 하러 오셨다고 말했다. 그러므로 기독교인의 과제란 사람을 전인적으로 변화시키는 것인데, 사람들의 영적 문제뿐 아니라 육체적인 문제까지도 돌보아야 한다는 것이 그들의 주장이었다. 그들은 자신의 역할은 이 세상에서 예수 그리스도의 대리인이 되어 예수가 세웠던 사역의 모델을 따르는 것이라 굳게 믿고 있었다.

우리가 플로렌스 무인디에게 왜 이런 일을 시작하게 되었느냐고 물어보았을 때, 그녀는 이디오피아에 엄청난 기근이 불어 닥쳤던 1984년의 경험을 회상했다. 케냐의 한 대학에서 학부 과정을 이수하던 어느 날, 그녀는 3명의 각기 다른 사람을 환상 속에서 보았다. 그런데 그녀는 그 환상 속에서 그 누구에게도 도움을 줄 수 없었다. 첫 번째 사람은 굶주림으로 죽어가고 있었고, 두 번째 사람은 심각한 질병에 시달렸으며, 세 번째 사람은 전혀 말을 할 수 없는 상황이었다. 그리고 그녀는 텔레비전에서 이디오피아 지역의 기근의 심각성을 알게 되었는데, 그 때 의과대학으로 진학해야겠다는 강한 소망이 생겼다. 그런데 놀랍게도 의과대학에 수월하게 합격했다. 수련의 과정을 마친 후에 영국으로 가서 공중의학 석사 과정을 공부했다. 그러나 의학 수업을 받던 9년 동안 이디오피아에 있는 이웃을 위해 자신을 헌신하여 봉사해야 한다는 소명의식이 사라지지 않았다.

소외된 이웃을 위해 일하고 있는 자신의 활동을 신학적으로 성찰하면서 플로렌스는 이렇게 말했다. "우리는 예수 그리스도의 손입니다." 그녀가 보기에 기독교인은 이 세상에서 하나님의 도구이다. 다시 말해 하나님이 가난한 자와 궁핍한 자를 도우시는 일에 도구로 사용되는 것이다. 그런데 문제는 이것보다 더 복잡하다. 바로 가난하고 소외된 이웃을 돌보는 일을 통해서 우리는 예수님을 만난다는 사실이다. 마태복음 25장 40절을 조금 바꾸어 표현하면서 플로렌스는 이렇게 말했다. "너희가 여기 내 형제 중 지극히 작은 자 하나에게 한 것이 곧 내게 한 것이니라." 그녀는 이 구절을 해석하기를, 예수 그리스도가 가난한 자와 사회 주변부에 뒤쳐진 자들 속에 현존한다고 믿는다. 물론 예수님이 가난한 자들과 문자적으로 함께하시는지, 아니면 상징적으로 함께하신다는 것인지는 각자의 신학체계에 의해 결정될 것이다. 하여튼 그녀는 자신의 관점을 이렇게 요약하였다. '교회는 고통당하는 세상 한복판에서 예수 그리스도의 대리인으로서 존재한다.' 그녀가 보기에 만약 기독교인이 사회에서 뒤쳐진 사람들을 향해 무한한 동정을 품으셨던 예수 그리스도의 본을 따르기로 결심했다면 가난한 자들을 돕는 것은 피할 수 없는 과제이다.

우리는 플로렌스에게 왜 자신의 의학 기술을 교회 기관을 통해서 펼쳐 나가려고 하는지 물어보았다. 그녀는 UN에서 제시한 고소득의 일자리를 거절한 경험이 있다고 귀띔해 주었다. 그녀가 보기에 세속적인 비정부기구 단체들은 나름대로의 자리와 기능이 있지만, 그것들은 있다가도 사라지는 한계가 있다. 그러나 교회는 지역사회에 깊이 뿌리박힌 영속적이고 안정된 조직이다. 세속적인 비정부기구들은 대개 지역사회의 외부에 존재하는 기관으로서, 그들이 다루는 의제는 지역 외적인 경우가 많고, 해당 지역에 살지 않는 사람들이 운영하는 사례가 허다하다. 지역사회를 조직하고 지역주민들에게 권한을 실어주는 공중 의학의 모델을 놓고 보았을 때, 그녀는 교회야말로 지역사회에서 장시간에 걸쳐 유효한 변화를 일으키기에 매우 좋은 조건을 가지고 있다고 믿고 있다. 그러나 더 중요한 점은 '이 세상에서 그리스도의 손과 발이 되는 것'이 교회의 사명이라는 사실이다.

전인적 사역의 유형들

플로렌스 무인디는 우리가 만난, 사회 변혁에 헌신한 성령운동가들의 여러 요소들을 몸소 체험하고 있다. 예를 들어 그녀는 일종의 신(神) 현현(顯現)의 체험을 했는데, 신학자들은 그것을 보통 '소명체험'이라고 부른다. 그녀는 그 체험이 하나님으로부터 온 것이라 해석했고, 이것은 그녀의 삶의 방향을 결정적으로 뒤바꾸어 놓았다. 플로렌스에게 이와 같은 신체험은 꿈을 꾸는 것 같은 상황에서 일어났는데, 우리가 인터뷰한 다른 사람들은 이것보다 덜 극적인 방식으로 신체험을 하기도 했다. 그녀는 또한 매우 구체적인 필요에 대처했으며(예를 들어 이디오피아의 기근), 이 구체성은 하나님의 효과적인 도구가 되기 위해서 의학 기술을 습득하도록 하는 동기가 되었다. 플로렌스는 개인적 돌봄의 차원으로부터 지역사회에 기반한 사회 참여의 사역으로 빠르게 옮겨갔다. 이것이 다른 성령운동 교인들과 그녀가 다른 점이다. 사회참여를 하고 있는 성령운동가들의 많은 수는 일차적으로 급한 불을 끄는 구호 사업에 매달리고 있다. 예를 들어 사람들에게 음식과 옷과 집과 같은 기본적인 것을 제공하고 있다. 그러나 플로렌스는 자신의 사역에 공중 의학의 개념을 도입함으로써, 전 지역사회의 변화를 꾀하고 있다. 공중위생의 문제와 같은 구조적인 문제를 해결하지 않고 미봉책을 쓴다면 그것은 영원히 해결되지 않을 것이다. 지금까지 그녀는 사회정책을 바꿈으로써 가난의 원인을 제거하는 식의 정치적 활동을 하지는 않고 있다. 이런 식의 정치적 활동은 성령운동 교인들에게는 다소 생소한 것이다. 물론 우리는 가난을 생성하는 경제구조의 문제에 맞설 뿐 아니라 정치적 부패를 척결하기 위해 교인들을 동원하는 소수의 오순절 교회 목회자들을 만나기도 하였다.

우리는 연구를 수행하면서 성령운동 교인들이 펼치는 매우 다양한 사회참여의 형태를 관찰할 수 있었다. 이 장에서는 성령운동가들의 사회봉사 사역을 기술함과 동시에 다양한 사회참여 사역을 구분 짓는 이론적 범주를 제시하고자 한다. 우리가 연구 중에 맞닥뜨린 성령운동 교인의 사회참여 유형들은 다음과 같다. 음식과 옷 그리고 주거지의 제공, 마약 재활 프로그램, 에이즈 방지와 의료 봉사, 소규모 사업에 대한 대부 사업, 직업 훈련, 교도소 사역과 수감자의 가족을 위한 지원 사역, 이혼 방지 및 부모-자녀 관계의 회복, 임신 상담, 윤락 여성에 대한 사역, 치의료 사역, 노인과 장애인과 편부모에 대한 봉사, 교회에 유치원을 세우는 것부터 아이들과 청소년들에게 학비를 대주는 교육 사역, 거리의 아이들과 고아들을 위한 주거지 제공, 인종 차별과 기타 차별에 대한 방지 사역 등이다. 우리가 방문했던 몇몇 교회들은 이런 사회봉사 프로그램을 오직 한두 개 정도만 수행하고 있었고, 다른 교회는 거의 모든 것을 실행하고 있기도 했다.

다소 현기증이 날 정도로 다양한 사역 프로그램은 다음의 8가지 유형으로 분류할 수 있다.[1]

1. 긍휼 사역(음식과 옷과 주거지를 제공하는 것)
2. 긴급 비상 사역(홍수와 기근과 지진에 대처하는 것)
3. 교육 사역(아이들을 돌보고, 학교를 설립하고, 학비를 보조하는 것)
4. 상담 사역(중독자와 이혼자, 낙심자들을 돕는 것)
5. 의료 지원 사역(진료소와 치과를 세우고, 심리적 지지를 제공하는 것)
6. 경제개발 사역(소규모 사업 대부, 직업 교육, 주택 제공)
7. 예술 사역(음악, 춤, 드라마 교육)
8. 사회 정책 변화 사역(부패를 막고, 부정선거를 감시하며, 최저임금제를 지지하는 것)

8가지 사역을 분류해보면 한 극단에는 단순한 구제 사역에 관련된 프로그램이 존재하고, 다른 한 극단에는 사회의 체계적 변화를 꾀하는 프로그램이 존재한다. 이 스펙트럼을 관통하는 또 다른 기준이 있다. 그것은 개인을 향한 사역이냐, 아니면 지역사회의 공동체적 삶을 규정하는 조건들을 변화시키려는 공동체적 사역이냐 하는 기준이다. 각 사역들의 구성 요소들을 드러내기 위해서 우리는 그동안 조사하면서 얻었던 여러 사례들을 살펴보려고 한다. 이런 사례들에 대한 소개는 개인적인 자선 활동에 대한 검토로부터 시작하여 지역사회 개발이라기 보다 체계적인 성격의 사례 검토로 넘어갈 것이다.

구제와 개인적인 자선 활동

우리는 성령운동 교인들의 사회 참여는 한 극단에 개인적 자선 활동이 있고, 다른 한 극단에 지역사회 변혁이 있는 커다란 틀 속에서 파악될 수 있음을 알아보았다. 이 틀을 제시한 것은 결코 개인적 구제 사역이 상대적으로 가치가 떨어진다고 말하려는 것이 아니다. 앞에서 말했듯이 많은 성령운동가들은 자신의 에너지를 주로 직접적인 사회봉사 활동, 예를 들면, 사람들에게 음식을 주고, 옷을 입히고, 홍수, 지진과 같은 재난 상황에 가서 돕는 일에 쏟는다. 그리고 이런 식의 봉사 활동은 분명히 필요하다고 본다. 그런데 선진적 성령운동가들이 이상하게 생각하는 것은 다른 성령운동 교인들이 이면적인 동기를 가지고 사회봉사 활동을 하는 것이다. 다시 말해 수혜자들의 회심을 권장하는 설교나 기타 다른 강연을 들은 후에만 음식이나 주거지를 제공하는 식의 봉사는 선진적 성령운동가들의 눈에 모순적으로 보인다.

우리는 브라질의 상파울로에 위치한 레네서 교회(Renascer Church)가 극장을 빌려 밤마다 모여 드리는 여러 예배들에 참석한 후에 그 교회가 하는 사회봉사 사역을 조사하고 싶은 마음이 들었다. 그 교회는 여러 대의 버스를 소유하고 있었다. 저녁에는 매일같이, 그리고 정오에는 매일은 아니지만 자주 교회의 자원봉사자들이 버스를 타고 인근 지역의 극빈층에게 가서 음식을 나눠 준다. 12명 정도의 교회 신자들과 교회에서 몇 블록 걸어간 후에 우리는 낡은 버스에 올라탔다. 그 버스는 내부를 개조한 차량이었다. 안에 회전의자를 몇 개 두어 카운터 주변으로 사람들이 빙 둘러앉아 음식을 먹을 수 있게 했고, 버스 뒤편에는 음식을 준비하고 보관하는 공간을 마련했다. 우리가 도착할 때 즈음에 어떤 사람이 큰 통에 뜨거운 수프를 끓여 뚜껑을 덮은 채 버스 바닥에 놓아두었다. 나머지 공간에는 이불을 담은 박스와 플라스틱 물통이 놓여 있었다. 자원봉사자들이 서로 나누는 농담은 매우 정겨웠고, 버스는 어느덧 연석(緣石)에서 벗어나 상파울로의 상업 지구로 향하고 있었다. 15분 후에 우리는 과일과 채소를 도매로 파는 시장에 도착했다. 비록 어두운 밤이었지만, 사람들이 북적대고 있었고, 다음날 우송될 농산물을 쌓아놓고 있었다. 그러나 바깥에는 수십 명의 남자들이 길가 보도에 앉거나 누워 있었다. 그들은 대개 마분지로 만든 박스 안에 들어가 자신의 몸을 보호하고 있었다. 분명히 그곳은 사람들이 밤은 물론이거니와 낮에도 감히 접근하기 꺼리는 지역임에 틀림없었다.

　노숙자가 가장 많이 몰린 지역에 도착했을 때, 버스는 섰고, 자원봉사자의 한 사람인 시실리아(Cecilia)가 손에 성경을 들고 뛰어 내렸다. 거의 즉각적으로 4명에서 5명의 사람이 그녀 주변에 모여 들었다. 그녀는 성경의 짧은 구절을 읽어주었고, 권면의 말을 건네주었다. 곧 우리 위에 있는 버스의 창문이 열렸고, 자원봉사자들은 수프를 담은 플라스틱 컵을 내려 주었다. 우리는 그것을 길게 줄을 서 있는 남자들과 거리에서 방황하는 소수의 여자들에게 나눠주었는데, 그 줄은 계속 길어지고 있었다. 점점 늘어나는 사람들을 보며 혐오감을 느끼지 않고, 자원봉사자들은 사람들을 존중하고 있었고, 심지어 매우 친절하게 돌아보았다. 이런 자선 행위가 정기적으로 일어나고 있었음을 이내 눈치 챌 수 있었다. 왜냐하면 수프를 나눠주면서 자원봉사자들은 사람들과 대화를 주고받았기 때문이다. 거기에는 어떤 설교도 없었다. 대신 자원봉사자는 사람들에게 깊은 관심과 배려를 보이고 있었다. 이내 사람들은 물을 달라고 요청했다. 깨끗한 식수는 이런 빈민들에게는 매우 희귀한 것이고, 물을 담은 코카콜라 병은 매우 인기가 있었다. 30분 정도 지난 후에 우리는 가져온 군용 양모 이불을 나눠주었다. 우리는 마분지 박스에 들어가 우리가 남겨준 이불을 덮는 사람들의 모습을 뒤로 한 채 그 지역을 떠났다.

이 지역에서 벗어나 몇 마일을 운전하여 고가 도로에 도착했다. 거기에는 많은 여성과 아이들이 모여 있었다. 몇몇 가정은 이곳이 그들의 거주지인 것처럼 보였다. 그들은 침구와 의자와 임시 탁자와 옷가지들을 위로 쌓아 놓고 있었다. 우리가 마지막 장소에 도착했을 때 버스 안에서 수프를 밖으로 나눠주던 자원봉사자들이 이번에는 밖으로 뛰어 나왔다. 그리고 같은 일이 반복되었다. 먼저 수프가 배분되고, 나중에 이불이 배포되었다. 우리는 자원봉사자들 중 한 여성이 그녀 주변에 모인 사람들과 기도하는 것은 목격했지만, 여전히 설교는 없었다. 그 시간 동안 우리는 어머니가 따뜻하게 옷을 잘 입힌 1살배기 아이와 놀고 있었다. 이 가족은 시골에서 도시 지역으로 이사해서 직장을 구하고 있었다. 게다가 이 고가도로는 마약 중독자나 정서적 문제를 안고 있는 사람들이 모이는 지역이었다. 특히 어떤 여성은 심한 환각에 빠져 있었다.

우리가 교회로 돌아오는 길에, 이 자원봉사자 그룹의 대표인 30대의 한 젊은 이는 배분된 수프, 물병, 이불의 숫자를 계수하여 보고서를 쓰고 있었다. 자원봉사자들은 매우 편안하게 서로 대화하였으며, 거기에는 자신들의 선행에 대한 일말의 자축의 분위기도 없었다. 그들에게 이런 구제 활동은 기독교 신앙의 자연스러운 표현이었다. 이런 봉사 활동에는 어떤 선전이나 신문 보도나 정치인의 참여가 없었다. 나중에 교회의 유급 직원과 이야기하면서 이 교회가 매일 밤 2,500명에게 음식을 나눠준다는 이야기를 들었다. 이 사역을 위한 자금은 헌금에서 오지만, 때로 교인들은 과일, 쌀, 콩이나 기타 다른 음식을 가져와서 가난한 자들에게 나눠준다.

우리가 돌아본 많은 오순절 교회들은 사람들에게 음식을 주는 일을 하고 있다. 칠레의 산티아고 지역에서 우리는 '부활 2000' (Resurrection 2000)에서 후원하는 점심식사 제공 프로그램을 보게 되었다. 일요일을 제외하고 매일같이 200명에서 250명의 사람들에게 앉아서 먹을 수 있는 간단한 음식을 제공하고 있다. 하나의 규정이라고 한다면 어른들이 아이를 함께 데려와야 한다는 것이다. 식당은 교회에 딸려 있고, 대략 75명의 어른들을 앉힐 수 있다. 대개 점심 식사 시간에 음식을 나눠주는데 우리는 거기에 있는 몇 가정의 가장들과 격의 없이 대화할 수 있었다. 한 사람은 자영업 목수이며, 다른 사람은 농장 노동자였다. 그 교회에 등록했는지의 여부와 상관없이 배가 고픈 사람은 와서 먹을 수 있었다. 더 나아가 점심시간에 설교는 없었다. 사역을 위한 재정은 '부활 2000'에서 라디오를 통해 모금되기도 했지만, 대개 '부활 2000'의 회원들이 노동의 '첫 열매'의 무려 40% 정도를 기부하고 있었다.

다른 교회는 식료품 저장소를 소유하고 있다. 예를 들어 케냐 나이로비의 한 오순절 교회는 옥수수와 콩을 계속해서 저장소에 쌓아놓고 이것을 나눠주고 있다. 나이로비의 슬럼가의 사람들은 식량이 떨어지면 교회에서 원조를 받을 수 있다는 것을 알고 있다. 교회는 돈을 나눠주는 것을 삼가는데, 왜냐하면 그 돈이 마약이나 술 소비로 이어질 것을 염려하기 때문이다. 옷도 교회의 성도들이 기부한 것에서 배포되고 있다. 때로 사람들이 강제 퇴거의 위험을 겪을 때는 집세를 내주기도 한다.

우리가 방문한 교회들 중에 자선 사업을 하면서 설교 시간을 갖는 교회는 소수에 불과했다. 예를 들어 상파울로의 브리실 파라 크리스토(Brisil para Cristo)에서는 사람들에게 나눠주는 음식에 대해서 돈을 낼 필요가 없다고 이야기한다. 그러나 사람들은 교회에서 짠 프로그램에 하루는 참석해야 하는데, 그 프로그램에는 예배가 포함된다. 8명의 여성들이 예배 시간에 간증을 했고, 간증 중간에 찬양대의 찬양이 곁들여졌는데, 찬양대를 이끄는 리더는 쉬는 날 자발적으로 음식 봉사에 참여하고 있는 간호사였다. 그 교회 목사는 사람들에게 음식을 먹이지 않으면 전도하기 어렵다고 아주 당당하게 말했다. 그의 의도가 신실하지 않다는 것이 결코 아니다. 자원봉사자들의 굳은 신념은 예수 그리스도에 대한 신앙이 있을 때 가난에서 탈출할 수 있다는 것이다.

음식을 나눠주는 사역은 일부 오순절 교회에서는 광범위하게, 그리고 상당히 일상화되어 진행되고 있다. 예를 들어 우리는 남아프리카 공화국의 요하네스버그에 위치한 레마 교회(Rhema Church)와 연관된 '자비의 손길'(Hands of

Compassion)이라는 단체를 방문한 적이 있다. 이 교회는 인종차별 정책이 선포된 이후에 인종 간 통합을 위해 열심히 노력했으며, 그로 인해 현재 백인과 흑인의 비율이 50대 50이 되었다. 자비의 손길은 남아공 전역에 82개의 수프를 나눠주는 부엌을 만들어 한 달에 20만 명의 사람들에게 음식을 제공하고 있다. 우리가 방문했던 농장은 매우 아름다운 장소에 위치해 있고, 중독자들을 치유하는 사회복귀 시설로 활용되고 있었다. 사람들은 6개월 정도 거기에 머무르며, 그곳의 직원들로부터 직장을 구하는 일에 도움을 받는다. 그들은 또한 인근 지역 사람들에게 많은 음식을 나눠주는데, 빵집에서 구운 빵, 농장에서 기른 닭고기, 조밥 등이 그것이다. 그들은 의도적으로 사람들의 모든 필요를 채워주는 일은 하지 않는데, 왜냐하면 그렇게 되면 나쁜 성격의 의존성을 키울 위험이 있기 때문이다. 그러나 영양실조는 많은 사람들에게 큰 문제이기 때문에 교인들은 그런 사람들을 돕는 일을 기독교인의 책임이라고 보고 있다. 비록 음식을 나눠주기 전에 1시간 정도 사람들에게 설교를 하기는 하지만 말이다.

사람들을 섬기는 긍휼 사역의 또 다른 형태는 자연 재해를 당한 사람들을 돕는 것이다. 예를 들어 우리가 처음으로 베네주엘라의 수도 카라카스(Caracas)에 도착하기 조금 전에 홍수가 일어나 수천 명의 사람의 목숨을 앗아 가고, 30만 명의 사람들이 집을 잃었다. 우리는 한 오순절 교회의 신자와 함께 체육관에서 임시로 살고 있는 가족들을 방문할 수 있었다. 생존자들은 이곳에 모여 체육관의 외야석이나 복도에 임시 거처를 만들었다. 그 곳은 집 같은 아늑함은 거의 없었지만, 적어도 머리 위에 지붕은 존재하고 있었다. 교회는 학생들을 위해 성경 학교를 열고 있었고, 음식을 나눠주고 있었다.

일반적으로는 긍휼 사역의 최고의 수준을 마더 테레사로 보는 경향이 있다. 비록 이것이 오순절 교회에 정확히 들어맞지는 않지만, 우리는 인도의 캘커타에 있는 '죽어가는 자의 집'(House of the Dying)을 방문할 수 있는 기회를 잡았다. 그곳에서는 뼈만 앙상히 남은 남성과 여성들이 치료를 받기 위해 모여 있었다. 그 건물로 가는 길에는 오늘 들어온 사람들의 숫자, 나간 사람들의 숫자, 죽은 사람들의 숫자를 칠판에 적어 놓았다. 이 모든 것은 그 날 수녀들이 돌보아야 할 사람들의 고통과 아픔을 적어 놓은 것이나 마찬가지였다. 우리가 '죽어가는 자의 집'의 중심인 '어머니의 집'(Mother House)에서 일하는 조비타(Jovita) 수녀와 크리스티(Christy) 수녀를 만나 인터뷰했을 때, 그들은 자신들의 목적을 털어놓았다. 바로 사람들이 품위 있게 죽도록 돕는 것, 다시 말해 '마지막 순간까지 최선의 것을 사람들에게 제공하는 것'이 그들의 목적이었다. 그 말 속에는 가난의 문제는 자신들이 어떤 구조적인 변화를 일으켜 해결하기에는 너무 크다는 뉘앙스가 담겨 있었다.

그와 동시에 그곳에 온 사람들 중에 생존 가능성이 보이는 사람을 위해서는 약물치료나 병원 입원 등을 도와준다. 또한 그곳의 수녀들은 나병 환자들에게 무역과 거래를 가르쳐서 자립할 수 있도록 돕기도 한다. 우리가 조비타와 크리스티에게 왜 이런 일에 헌신하게 되었냐고 물어보자, 그들은 하나님의 사랑이 자신들을 강권했다고 고백했다. 그리고 기독교인이 아니더라도 이곳에서 자발적으로 봉사하는 사람들을 하나님께서 찾고 있다고 말했다.

마더 테레사의 프로그램을 언급한 것은 이것이 심각한 비판에 노출되어 있기 때문이다. 부정적으로 말하는 사람들은 이런 접근법으로는 가난의 문제를 해결할 수 없다고 말한다. 구조적인 문제의 희생양들을 돌봄으로써 오히려 가난의 현실을 영속화한다고 비판하는 것이다. 분명히 이와 똑같은 주장이 개인적 형태의 자선 사업에 치중하는 오순절 교회에도 적용될 수 있다. 성령운동 교인들은 다친 자의 상처를 싸매어 줌으로써 부패한 정치가와 다국적기업이 사회의 가장 연약한 자를 계속 착취하도록 돕는 역효과를 내고 있다.[2] 다른 한 편으로 본다면 분명 이런 식의 긍휼 사역은 굶주리고 아픈 사람들의 삶 속에서 나름대로의 역할이 있다. 그러나 이런 모든 노력은 사람들에게 습관적인 의존성을 고착시킴으로써 그들의 자존심과 삶의 주도권을 앗아가는 우를 범해서는 안 될 것이다.

개발과 원조(援助)

비록 오순절 교회의 많은 사회참여 사역이 자선 활동으로 분류되지만, 어떤 교회에서는 개발지향적인 사회참여를 추구하고 있고, 우리가 이디오피아의 플로렌스 무인디의 경우에서 본 것처럼 지역사회를 재조직화하려는 교회의 사례도 몇몇 발견된다. 예를 들어서 우리는 아르헨티나의 한 은사주의적인 침례교회를 방문했는데, 그 교회는 사회참여 사역에 대한 개념을 완전히 뒤바꾸고 있는 중이었다. 몇 년 동안 이 교회는 지역사회에서 매우 성공적으로 평가받고 존경받는 진료소를 재정적으로 지원하고 있었다. 그러나 그 교회 목사는 세계화의 영향을 고려할 때 새로운 패러다임의 사회봉사 사역이 필요하다고 말했다. 그는 가난한 사람들에게 필요한 것은 원조가 아니라 일자리라고 힘주어 이야기했다. 이 교회에는 많은 숫자의 실업자들이 있어서 교회 안에서 먼저 이런 프로그램을 실행하기로 결정했다. 바로 그 교회 목회자가 말한 바, 개인적인 원조가 아니라 경제개발에 초점을 둔 새로운 형태의 사회봉사 사역을 실험하는 것이다.

캘커타에서 우리는 커다란 하나님의 성회 소속 교회에서 동일한 주제가 거론되는 것을 보았다. 그 교회 교인들은 교회 밖 길 건너편에서 매일 같이 12,500명에게 음식을 나눠준다. 이것도 매우 훌륭한 사역이지만, 이 교회와 연관되어 일하는 한 젊은 법률가는 이 교회가 주변 지역에 가난의 문화를 만들었다는 혐의로 충분히 기소될 수 있다고 말했다. 해가 갈수록 사람들은 이 교회에서 나눠주는 점심 식사를 주된 영양 공급원으로 여기고 있고, 그래서 이 교회로 자꾸 가난한 사람들이 모여드는 것이다. 교회 리더들도 이런 자선 활동이 건강치 못한 결과를 가져옴을 잘 알고 있지만, 선뜻 이것을 중단할 수도 없는 상황이 되어 버렸다.

이 교회에서는 또 다른 재미있는 주제의 대화가 무르익고 있었다. 그 교회는 주변의 홍등가에서 일하는 윤락여성들에 대한 사역도 진행하고 있었다. 얼마 동안 비정부기구에서 좋은 의도에서 돈을 주고 여성들을 구출해내기도 했다. 그러나 그들이 곧 깨달은 바는 이것이 오히려 윤락녀 거래 시장을 활성화시켜, 자신의 자녀를 윤락업소에 파는 태국의 부모들에게 제공되는 사례비의 액수를 높이고, 따라서 딸을 윤락업소에 넘기는 것이 더욱 매력 있는 일로 변하게 되었다는 점이다. 결국 많은 비정부기구들은 함께 논의하여 이런 일을 하지 않기로 결정했다. 그럼에도 불구하고 어린 여성들이 자신의 환경에서 탈출할 힘이 없다는 문제는 여전히 남아 있었다. 이 딜레마를 해결하기 위해 이 교회와 함께 일하는 몇 명의 개인들은 윤락녀들이 노동조합을 만들도록 도우면 어떨까 하는 생각을 하고 있었다. 노동조합의 조직은 윤락행위를 합법화하는 의미를 띠지만, 이것이 어린 윤락여성들로 하여금 자신의 환경을 통제하는 힘을 얻게 하는 유일한 길일지 모른다는 인식도 커져가고 있다.

자선 행위에 대한 일반적인 관념이 케냐에서는 깨지고 있다. 우리가 나이로비 바깥의 한 슬럼가에 위치한 곳에 교회를 개척한 목회자와 인터뷰를 나누면서 더욱 그런 느낌을 강하게 받았다. 그 목회자는 아이들에 대한 동정심에서 몇 명의 남자 아이들을 슬럼가에서 자신의 집으로 데려왔다. 그러나 최근에는 자신과 아내가 아이들을 어른이 되어서도 자신들에게 의존하도록 만드는 것이 아닐까 생각하고 있었다. 아이들은 이미 슬럼가에서 생존할 수 있는 능력을 점점 잃어버리고 있었고, 또한 목회자 부부가 그 아이들을 영원히 돌볼 수도 없는 노릇이기 때문이다. 그래서 이 목회자 부부는 슬럼가 안에서 어떤 프로그램을 시작할 것을 구상 중에 있었다. 비록 자신의 집과 같은 상대적으로 고급스러운 환경과는 거리가 멀지만, 슬럼가 안에서 아이들이 생존하고 지낼 수 있도록 훈련 프로그램을 실시하려는 것이다.

나이로비의 한 대형 오순절 교회의 담임 목회자와의 인터뷰에서도 유사한 점을 발견할 수 있었다. 그도 위에서 나온 것과 같은 방식의 사고의 전환을 경험하고 있었다. 얼마 동안 그 교회는 문제가 있는 가정의 아이들을 데려다가 교회에서 만든 목가적인 분위기의 농장에서 살도록 했다. 그러나 에이즈와 경제적인 뒤쳐짐 등이 연관된 이 문제의 광범위함을 보면서, 교인들은 이 아이들을 자신의 가정에서 자라게 하되, 그 가정에 학교 등록금이나 책, 교복을 살 돈을 제공하는 것으로 방향을 선회했다. 그리고 교회의 재정이 허락하는 한도 내에서 교인들은 부모들과 함께 작은 사업체를 일으켜서 그 자녀들이 그 곳에서 일하며 경제적으로 자립할 수 있도록 하는 일을 기획하고 있다.

위생 시설 개선에 대한 프로젝트에서도 우리는 외부 사람들이 와서 화장실을 짓거나 식수 개선 사업을 하는 것을 거부하는 교회 지도자들을 만날 수 있었다. 그들의 논리는 무엇이냐면, 외부 사람이 와서 화장실을 지어 준다면, 지역 주민들은 화장실을 청소하는 것도 외부 사람이 해줘야하지 않느냐고 생각할 수 있다는 것이다. 그러나 지역 주민 자신들이 화장실을 만든다면, 그것을 청결히 하고 유지하는 일도 자신의 일로 생각하게 된다는 것이다.

교회의 재정과도 관련하여 의존성의 문제가 제기되곤 하였다. 우리는 교회의 지도자들에게서, 특히 아프리카 지도자들 사이에서, 외부의 지원을 의심의 눈길로 보는 태도를 발견할 수 있었다. 식민지의 경험을 가지고 있는 상황에서, 교회는 서구 세계에서 지원되는 돈이 해결해내는 문제보다 오히려 만들어내는 문제가 더 많지 않을까 두려워하고 있다. 한 목회자는 이런 의존성의 문제가 새로 개척된 교회를 돕는 후원의 문제에서도 여실히 드러난다고 말했다. "만약 당신이 돈을 많이 지원한다면, 개척교회가 창조적으로 생각하고 자신의 여건 안에서 문제의 해결점을 찾는 능력을 파괴하게 된다." 따라서 활발한 교회 개척을 펼치고 있는 자생 교단의 교회들도 개척교회 목회자에게 얼마만큼의 지원을 해야하는지에 대해서 매우 조심스럽다. 모(母) 교회가 건축 자금의 일부를 제공할 수 있지만, 개척 교회는 목회자의 봉급을 스스로 감당해야 하고, 1~2년 사이에 완전한 재정 자립을 해야 한다.

의존적인 관계를 형성할 수 있는 위험 때문에 유보하는 부분도 있지만, 선진적 오순절 교회들은 비정부기구와 창조적인 협력관계를 구축함으로써 자신의 사역을 확장하는 기회가 많이 있다. 물론 선진적 오순절 교회가 내적으로 강하고 재정적으로 자립이 되어 있어야 이런 협동이 가능하다는 것은 두말할 필요가 없다.

비정부기구와 정부와의 협력 관계

우리가 연구한 오순절 교회의 많은 숫자는 Compassion International, World Vision, World Relief, 굶주린 자들에게 음식을(Food for the Hungry)과 같은 비정부기구와 손잡고 일하고 있었다. 대개 비정부기구에서는 아이들 후원의 명목으로 돈을 모금해서 공동체 전체를 위해서 돈을 사용한다. 이것은 아이들의 건강은 결국 아이들이 살고 있는 공동체 전체의 구조와 연관되어 있다는 인식에서 나온 행위이다. 우리는 많은 오순절 교회에서 소규모 사업장을 세우는 것을 보았는데, 특히 비정부기구와 연대해서 그렇게 하고 있었다. 많은 수의 비정부기구는 자신의 프로그램을 시행하기보다는 교회를 통해 일하기를 원한다. 왜냐하면 교회는 지역사회를 지탱하는 중심 기관일 뿐 아니라 지역 주민의 필요를 잘 알고 있고, 신실하지 못한 동기에서 도움을 달라고 하는 사람들이 누구인지도 잘 알기 때문이다. 그리고 교회에는 건물과 시설을 갖추고 있어서 인프라 구축에 드는 경비를 줄일 수 있는 장점도 있다.

어떤 경우에 비정부기구는 전도하지 말라고 하는 정부의 조건 속에서 일한다. 그래서 교회에 지급되는 모든 돈은 오로지 인도주의적 목적에만 사용되어야 한다는 조항이 있다. 그러나 이런 규칙이 비정부기구를 통해 교회가 지원하고 있는 아이들에게 종교 교육까지 금지하라는 뜻은 아니다. 이 조항은 단지 이런 목적에 외부의 자금이 투자되어서는 안 된다는 것을 의미할 뿐이다. 동시에 비정부기구로부터 교회에 주어지는 간접적인 유익이 있다. 교회는 비록 외부의 지원금으로 봉사 활동을 하더라도, 지역사회 안에서 사회봉사 서비스를 제공하는 곳이라는 좋은 이미지를 획득하는 이점이 있다. 또한 비정부기구는 보조금을 집행하는 직원들을 위해 자주 리더십 훈련을 제공하는데, 이 훈련은 교회 안에서 파장을 일으켜 새로운 아이디어와 실행 과정이 교회의 리더들에게 전달되는 통로가 되기도 한다.

비정부기구와 함께 일하는 과정에서 교회는 정부의 관리들과 접촉해야 하는 상황에 종종 직면한다. 그 결과 교회들이 시민 생활에 눈을 뜨게 된다. 그리고 공적 영역에서 감시 활동을 하는 것 뿐 아니라 비정부기구와 협력하여 자신의 사명을 감당하는 과정에서 지역의 정부 관리들에게 영향을 미치는 일도 하게 된다. 홍콩이나 싱가포르 같은 나라에서 교회는 장애인, 노인, 마약 중독자와 같은 사람을 돕는 일에 정부 기관이 입찰을 내기도 한다. 우리가 홍콩에서 본 프로그램의 경우, 노인을 섬기는 프로그램에 교회가 20%의 돈을 내고, 정부가 80%의 비용을 부담하고 있었다. 그리고 장애인을 위해 교회가 세운 센터의 경우 정부가 모든 비용을 부담하는 곳도 있다.

싱가포르에서 정부는 사회복지 프로그램을 정부가 지원하는 것에 대해 회의적이다. 사회복지는 종교가 책임져야 할 일이라는 생각을 갖고 있다. 그러나 정부는 사회복지 프로그램이 종교적 색채를 띠지 않는다면 사회복지를 수행하려는 종교 단체를 지원하려고 계획 중이다. 그 결과 사회복지를 수행하던 대부분의 교회들은 개별 교회의 사회복지 사역을 통합함으로써 개별 교회의 이름을 내세우지 않고 있다. 물론 사회복지 사역의 동기는 종교적이지만 말이다. 흥미롭게도 홍콩에서도 정부는 성 스데반 공동체(St. Stephen's Society)에서 운영하는 마약 치료 프로그램에 필요한 집을 지어주고 있다. 왜냐하면 비록 여기서의 프로그램이 종교적인 색채를 강하게 띠고는 있지만, 가장 효과가 높다는 평판이 있기 때문이다.

케냐나 우간다의 교회들은 거리의 부랑아들을 돕는 프로그램에서 정부의 재정적 지원을 받지는 않는다. 그러나 법률적 문제에서는 정부 관료와 긴밀히 일하고 있다. 교회가 거리의 아이들을 훔쳐간다는 고소를 당하지 않기 위해서 프로그램 담당자는 정부 관료에게 아이들을 교회가 보호하겠으니 놓아달라는 요청을 한다. 그리고 아이들이 기독교적 환경에서 양육될 것이라는 점도 명확히 전달한다.

가끔 우리는 교회적 환경에서 일하는 사람들이 자랑스럽게 하는 이야기를 듣는다. 그 내용은 다른 일반적 비정부기구에서 재정 지원을 하는 프로그램이 하는 것 이상의 돌봄과 지원을 아이들에게 주고 있다는 것이다. 사실 비정부기구와 관련해서 자주 들리는 비판은 비정부기구들은 기부자들에게 좋은 인상을 심어주는 것에 신경을 쓰는 나머지 그 지역 주민들에게 세심한 관심을 보이지 않으며, 장기적으로도 헌신하지 않는다는 것이다. 더 냉소적인 사람들은 비정부기구에서 일하는 외국인 직원들이 최신형 자가용을 몰고 다니는 장면이 너무나 자주 목격된다고 비판한다. 그리고 그들은 건물을 멋있게 짓는데 열중하고, 단지 건물 '구조'를 만드는 데에만 관심을 둘 뿐 관계를 만드는 일은 등한시한다는 것이다. 사실 이런 비정부기구들은 때때로 지역 교회에 해로운 영향을 미치기도 한다. 왜냐하면 그들은 교회가 감당할 수 있는 이상의 돈을 가져와서 재정 운영의 실패의 빌미를 제공하기도 하기 때문이다.

사회봉사 사역을 재정적으로 지원하는 대안적 방법은 영리 사업을 하는 것이다. 예를 들어 칠레의 산티아고에서는 교회가 매력적인 레스토랑을 세워서 자원봉사자들이 일하고 있다. 지역 주민들은 자신이 점심을 먹을 때마다 식당의 수익이 학대받은 여성들의 쉼터를 지원하는 일에 쓰이고 있다는 것을 알기 때문에 많이 이용하고 있다. 우리는 싱가포르에서 더 광범위한 크기의 사업을 보았다. 그 사업은 고등교육을 받은 기독교인들이 컨설팅 회사를 만들어서 거기서 나온 수익으로 교회를 돕는 것이다. 지난 10년 동안 약 40만 달러를 선교 사업에 헌금하였다. 그들은 캄보디아 같은 곳에 프랜차이즈 점을 세워서 그 지방 사람들을 고용하고, 기독교적 가치관에 걸맞는 엄격한 직장 윤리 속에서 회사를 운영하는 것을 전략으로 삼고 있다.

우리가 앞에서 말한 것들은 프로그램으로 시행되는 것들이다. 그러나 오순절 교회의 많은 사회봉사 사역은 지역 주민 사이에 널리 퍼져 있는 셀 그룹이라는 매우 비공식적인 채널을 통해 일어난다. 조직을 셀 그룹 중심으로 구성한 교회들은 모든 셀 그룹이 특정한 사회봉사 사역을 수행하기를 요구하고 있다. 어떤 때에는 그냥 주변을 돌면서 유리창을 닦아 주는 것 같은 선행을 하거나, 아니면 아무런 대가나 보상 없이 좋은 일을 하기도 한다. 다른 셀 그룹은 고아원이나 병원과 같은 곳에서 봉사 사역을 규칙적으로 하고 있다. 또 다른 그룹은 근처 아파트 주민들로부터 비상시에 자신을 도와주는 사람들이라는 명성을 얻고 있다.

기타 특징들

우리가 이번 장에서 펼쳐 보인 몇 가지의 구분들을 넘나드는 것들이 있다. 그것은 3가지의 변수들인데, 선진적 성령운동가들의 사회봉사 사역의 본질과 특징에 영향을 미치는 것들이다. (1) 교인의 숫자, (2) 목회자와 성도들의 신학적 관점, (3) 사회봉사 사역이 행해지는 나라의 정치적, 사회적 상황 등이 그것이다. 종교적 사상은 결코 홀로 서 있는 법이 없다. 그것은 종교의 사회적 위치, 예를 들어 종교를 전파하는 조직의 성격과 같은 것에 영향을 받기 마련이다.

교회의 크기는 분명히 변수로서 작용하지만, 별로 논의의 대상이 되지 못했다. 기껏해야 교회가 작으면 재정, 목회자, 평신도 지도자의 숫자가 작아져서 프로그램을 시행하고 관리하는 데에 제약이 있다는 정도였다. 그러므로 큰 교회가 더 다양한 종류의 사회봉사 프로그램을 제공할 수 있다는 것은 놀라운 일이 아니다. 신학적 변수는 더 복잡한데, 대개 교회가 어느 정도 종파적(sectarian) 색채를 띠느냐에 달려 있다. 만약 교회가 피안적이라면, 다시 말해서 예수 그리스도의 재림이 일어나야만 지상의 모든 것이 완벽하게 될 것이라고 믿는다면, 교인들은 자기들끼리만 서로 돌보고, 공공 정책이나 사회복지와 같은 거시적 주제에는 관심을 거의 기울이지 않을 것이다. 외부 상황에 관심을 기울이는 것은 자신들이 모여서 예배드릴 수 있는 권리를 확보해야 할 때 정도이고, 박해나 핍박이 일어난다면 그것을 신의 섭리로 생각해 버린다.[3]

사회적, 정치적 상황은 사회봉사가 행해지는 나라에 따라 매우 다양하다는 사실을 발견했다. 예를 들어 기독교인이 소수인 경우 그들이 할 수 있는 일에 제약이 따르고, 사회봉사 사역을 수행할 때 종교적 색채가 무뎌지는 경향이 있다. 다른 한편으로, 기독교인이 다수인 나라에서는 기독교의 다른 교파 사이에 갈등이 일어나기도 한다. 예를 들어 정부가 종파적 집단(예를 들어 오순절 교회)보다는 가톨릭에서 수행하는 프로그램을 선호하는 식으로 말이다.

이와 대조적으로 케냐나 우간다와 같이 종교적 자유가 많은 나라에서는 교인들이 정부의 부패를 비판할 수 있는 자유가 상대적으로 많다. 왜냐하면 기독교인들이 국민의 대다수이기 때문이다. 그러나 인도의 기독교인들은 힌두교인이나 무슬림들을 자극할 수 있는 어떤 종류의 정치적 활동에 참여하는 것에는 신중해야 한다. 우리가 이디오피아에 있을 때, 기독교인들이 이슬람교도에 의해 도전을 받았다. 일군의 기독교인들은 아디스 아바바의 축구 경기장을 빌리기를 원했고, 장소 대여료를 물어보았지만, 하루에 십만 '버르'(미화 약 12,000달러)가 든다는 이야기를 들었다. 그런데 그 경기장은 이슬람교도들이 최근에 무료로 빌린 곳이었다. 그리고 가끔은 신앙이 다른 사람들 사이에서만 갈등이 일어나는 것이 아니라, 같은 기독교 교파들 사이에서도 그런 일이 일어난다. 예를 들어서 아르메니아(Armenia)에서는 정교회가 인구의 90%를 넘는데, 오순절 교인들은 정치적 도전을 맞고 있기도 하다.

지역사회의 필요를 충족시키기

우리가 방문했던 모든 나라에서는 사회봉사 활동을 펼치고 있는 교회들이 매우 중요하게 생각하는 사회문제들이 있었다. 예를 들어 우간다에서는 에이즈 문제가 가장 큰 관심사였다. 필리핀은 가난이 커다란 문제이다. 남아공에서는 인종 차별과 에이즈, 가난이 복합적으로 나타나고 있다. 방콕은 윤락 여성 문제를 해결하려고 노력하고 있다. 아르헨티나와 칠레에서는 많은 프로그램이 가정 폭력과 기타 가족 관련 문제들에 관심을 쏟고 있다. 인도에서는 가난과 관련된 만연한 문제들, 특히 의료적인 주제들에 초점을 맞추고 있다. 이런 식의 일반화를 통해 그 나라에서 행해지는 봉사 활동을 정형화하고 고정시키려는 의도는 없다. 그것 보다는 오순절 교회에서는 사회봉사 프로그램을 시행할 때 주변 지역사회의 필요에 매우 민감하게 반응한다는 것을 말하려는 것이다.

구체적인 예를 들자면, 우리는 칠레의 한 오순절 교회가 10대 청소년을 부모와 연결시키는 '젊은이 만남 프로그램'(Youth Encounter Program)을 시행하는 데에 혁신적인 역할을 했다는 것을 알고서 놀랐다. 그 교회는 부부를 서로 친밀하게 하는 프로그램에도 강한 의욕을 보이고 있다. 그런데 그 때 우리는 칠레의 산티아고가 가정 폭력의 빈도에서 세계 3위를 차지하고 있다는 사실을 듣게 되었다. 그래서 우리는 왜 교회에서 그토록 열심히 가족의 하나 됨을 위해서 노력하고 있는지 이해하게 되었다. 이와 비슷하게 이디오피아의 많은 교회들이 굶주림의 문제를 해결하려고 노력하는 것도 별로 이상하지 않다. 우리가 이디오피아를 방문할 즈음 대략 8백만 명이 기아에 허덕이고 있었다.

수많은 사례들을 보았을 때, 교회의 사회봉사 프로그램은 오순절주의가 인식되는 이미지에 좋은 영향을 미치고 있었다. 특히 그런 활동이 지역사회의 당면 과제를 해결하는 것일 때 더욱 그러했다. 예를 들어서 베네주엘라의 카라카스 근처에 있는 한 지역에서는 우리가 방문하기 몇 년 전부터 몇십 명의 성도들만 나오던 교회가 있었다. 그 지역은 가톨릭교회가 득세하여 오순절 교회를 몰아내고 거부하고 있었다. 실제로 언젠가 누군가 오순절 교회 목사의 머리에 총을 대고 격발한 적이 있었다. 다행히 그 총에는 탄환이 없는 상황이었다. 더군다나 아이들이 주기적으로 교회 건물에 돌을 던진다. 그럼에도 불구하고 목회자는 회심한 사람들을 대상으로 목회하기보다는 지역 주민을 향해 나아갔다. 그는 아이들을 위해 농구장을 만들었으며, 아이들에게 예방접종 프로그램을 시행했고, 피임을 비롯하여 다양한 종류의 의료 지원 서비스를 실시했다. 그 교회는 음식을 나눠주는 일도 했고, 결혼 상담도 했으며, 길거리의 아이들에게 영화를 틀어주는 일도 했다. 그리고 그 교회가 속한 지역의 시에서 펼치는 축하 행사에도 후원을 하기도 했다. 이에 덧붙여 교회는 아이들이 공식적으로 정부에 주민등록을 할 수 있도록 힘을 써주어서, 그렇지 않다면 부모가 며칠 동안 일도 못하고 해야 할 짐들을 덜어주었다. 그리고 이것이 아마 가장 극적인 예가 될 것인데, 교회는 비정부기구를 출범시켜 사람들이 집을 수리하는 비용을 대출받게 하였다. 그 일을 위해서 교회 리더들은 민간 기술자와 건축가, 정부 관료들과 접촉하였다. 이처럼 다양한 사회봉사 활동을 나열한 후에 그 목사는 우리에게 거리에서 설교하는 것은 별로 효과가 없다고 말했다. 특히 사랑의 정신으로 행해지는 지역사회 봉사에 비하면 큰 효력이 없는 것이다.

카라카스의 다른 목회자는 이와 비슷하게 폭력적인 동네에서 사역한다. 그는 지역사회로부터 존경받는 것의 가치가 무엇인지 다소 재미있는 일화를 통해 보여준다. 그는 어느 날 저녁에 지역의 몇몇 아이들을 공원에 데려다 주고 집에 돌아오는 길이었다. 그는 집에서 잠을 곤하게 자고 있는데, 권총을 자신의 머리에 갖다 댄 사람들 때문에 잠에서 깨었다. 침입자는 교회 열쇠를 가지고 문을 열라고 협박했고, 거기서 도둑은 기타와 앰프를 가지고 어둠 속으로 사라졌다. 황당한 일에 놀라서 그 목사는 교회 밖에 서 있었는데, 5명의 젊은 건달들이 각자 총을 주머니에 넣은 채 나타나는 것이었다. 그들의 손에는 잃어버린 물건들이 쥐어 있었다. 그 건달들은 도둑이 기타와 앰프를 갖고 있는 것을 발견하고는 어디서 난 물건이냐고 물어보았다. 도둑이 교회에서 얻은 물건이라고 대답하자 건달들은 물건을 빼앗아서 목사에게 돌려준 것이다. 왜냐하면 그는 지역사회에서 사랑의 봉사로 존경받는 인물이었기 때문이다.

봉사의 동기

플로렌스 무인디가 말한 바 세상에서의 '주님의 손'이라는 개념은 우리가 수행한 인터뷰에서는 흔한 것이었다. 그리고 이것은 일상 속에서 가난한 자와 소외된 자들을 섬길 때 예수 그리스도를 만날 수 있다는 생각으로도 종종 연결되었다. 우리는 이집트의 카이로에서 이런 관점의 훌륭한 예를 발견할 수 있었다. 매기 고브란(Maggie Gobran)은 쓰레기통을 뒤져 먹고 사는 슬럼가의 어린이와 청소년을 위한 탁월한 프로그램을 실행하고 있었던 것이다.

매기는 카이로의 부유한 가정에서 태어나 이집트의 가장 좋은 대학의 교수와 결혼하였다. 카이로의 상위 계층이 베푸는 자선 행위의 일환으로 그녀는 1년에 한두 번 도시의 빈민가에 들어갔다. 거기서 그녀는 온몸을 이불로 두르고 거리에서 행상을 해서 식구들을 먹여 살리는 어떤 여성을 만나게 된다. 매기는 그녀에게 접근하여 대화를 시도했다. 그녀가 다른 자녀들을 돌보러 잠깐 자리를 비우게 되면, 딸이 대신해서 행상을 하였다. 매기는 그 아이가 불쌍해서 신발 한 켤레를 사주겠다고 말했다. 그런데 그 여자 아이는 어머니가 그 신발을 신었으면 좋겠다고 응답했다. 왜냐하면 어머니는 추운 날씨에도 신발 없이 거리를 다니기 때문이다. 매기가 그 소녀를 바라보았을 때, 그녀는 예수님의 눈이 자신을 보고 있는 것을 발견했다. 그리고 그 때 그 소녀가 자신의 딸일 수도 있을 뿐 아니라 자신이 소녀의 어머니일 수도 있음을 깨달았다.

이런 감동적인 체험 후 매기는 기독교인으로서 자신의 정체성이 변화되었다고 고백한다. 그녀는 예수 그리스도를 만나는 길은 가난한 사람들을 섬기는 것이라고 이해하게 되었다. 아이들은 매기를 엄마라고 불렀고, 매기는 한 때 누렸던 풍족한 삶을 스스로 버렸다. 우리가 그녀를 인터뷰했을 때, 그녀는 32개의 보육원과 연계되어 있었으며, 청소년을 위한 캠프도 운영하고 있었다. 그녀는 아이들과 부모 모두의 삶에 개입하기 위해 매주 아이들의 가족을 방문한다. 또한 매기의 직원들에게서 놀라운 점을 발견했는데, 그것은 예수 그리스도를 만나는 방법은 그리스도의 현존을 매개하는 듯한 눈을 가진 아이들을 끌어안는 것이라는 인식을 공유하고 있다는 점이다.

이런 식의 이미지가 매우 신비스럽게 보일지 모르지만, 하나님과의 관계가 사회의 가난하고 버려진 사람들을 통해 매개된다는 생각은 매우 현실적이다. 기독교인들이 가난하고 소외된 이웃을 섬겨야 한다는 것을 정당화하기 위해 성령운동가들이 즐겨 인용하는 성경 구절은 마태복음 25장 31절-40절이다. 하나님 나라와 관련된 비유들을 종합하면서 예수는 인자가 그의 영광으로 올 때 보좌에 앉을 것이며 모든 나라를 자신 앞에 모을 것이라고 말했다. 예수는 마지막 날에 양과 염소를 구분할 것이다. 의인과 악인을 구분 짓는 기준은 가난한 사람들에 대한 태도이다. "내가 주릴 때에 너희가 먹을 것을 주었고 목마를 때에 마시게 하였고 나그네 되었을 때에 영접하였고(마 25:35)." 이 비유에서 의로운 사람은 언제 자신이 그런 일을 했는지 질문한다. 그 때 대답은 이런 것이다. "내가 진실을 너희에게 이르노니 너희가 여기 내 형제 중에 지극히 작은 자 하나에게 한 것이 곧 내게 한 것이니라(마 25:40)." 하나님을 섬기는 것과 사회의 소외 계층을 섬기는 것을 동일시한 것이다.

우리는 인터뷰를 하면서 사회의 소외된 자들을 돕는 일을 뒷받침하는 다양한 성경 구절을 들을 수 있었다. 예를 들어 예수가 사회의 고위층보다는 창녀와 죄인들과 더 많이 어울렸다는 것이 자주 제기되었다. 인터뷰를 하는 사람들은 예수가 하나님 나라에 대한 그의 가르침을 병자를 치료하는 자비의 행위와 연관시켰다고 말했다. 그리고 예수의 가장 유명한 비유인 선한 사마리아인 비유(눅 10:30-37)는 고통 받는 이웃을 돌보기 위해서 종교적이고 문화적인 장벽을 뛰어 넘어야 함을 말한다고 했다. 이에 덧붙여 5천 명을 먹였던 예수 그리스도의 이야기는 우리의 인터뷰에서 자주 등장했다. 그곳에서 예수는 사람들에게 설교하지 않고 먹을 것을 주었다는 점이 강조되었다(막 6:32-44). 우리가 인터뷰한 사람들은 또한 초대 교회의 구성원들은 그들 중에 있는 과부들을 돌보는 일을 소홀히 하였다고 책망받기도 했다고 말했다(행 6:1). 구약성경도 가끔 인용되었는데, 구약의 예언자적 전통과 함께 지역사회의 가난하고 고통 받는 이웃을 돌보지 않은 채 드려지는 예배는 별 의미가 없다는 사실들이 제기되었다.

전인적인 사역

종파적 성격이 강했던 이전 세대의 성령운동가들이 개인의 순전함에 초점을 맞추었다면, 선진적 성령운동가들은 자신의 거룩함을 지키겠다는 생각에 일상의 삶과 기독교인의 삶을 억지로 분리시키지는 않는다. 대신에 그들은 예수 그리스도의 삶을 본받아 자신의 삶을 조직한다. 예수는 성스러운 세계와 속된 세계의 경계선을 모호하게 만드는 일을 계속하였으며, 종교 지도자들과 외적인 의로움에만 집착했던 사람들과 어울리는 것보다 더 많이 죄인이나 고통 받는 사람들과 어울렸다.

우리가 이디오피아에서 인터뷰한 목회자는 그의 생각의 변화는 성경을 새로운 방식으로 읽으면서 시작되었다고 고백했다. 그가 단순히 그리스도의 재림을 기다리는 한에서는 자신의 교회를 둘러싼 환경을 변화시키려는 노력이 의미가 없다. 그러나 그 때 그는 예수의 삶을 보기 시작했고, 예수가 사람들을 어떻게 대하였는지 주목하였다. 예수가 주변 사람들에게 행한 섬김은 그가 외친 도래하는 하나님 나라에 대한 메시지와 끈끈하게 연결되어 있었다. 사실 예수의 사역의 주된 특징은 세리와 죄인과 교통하면서 사회의 빈자와 주변화 된 사람들에게 보인 동정과 섬김이었다.

'전인적 사역'(holistic ministry)이나 '통전적 사역'(integral ministry)과 같은 용어는 전도는 사람들의 전인적 필요를 채우는 일과 분리되어서는 안 된다는 생각에서 발전한 것이다. 사실 싱가포르와 같은 곳에서 우리가 수도 없이 들었던 내용은 기독교인은 '아무런 대가없이' 지역사회를 섬겨야 한다는 것이었다. 싱가포르에서 교회가 가지고 있는 이런 식의 정책은 종교적 다원주의를 지향하는 정부의 노선과 잘 맞아 떨어지면서 동시에 하나님의 사랑은 조건 없이 펼쳐져야 한다는 깊은 신학적 통찰의 표현이기도 하다. 하나님의 사랑은 무조건적이고 우리의 선행과 관련 없이 주어지는 것이기 때문에, 기독교인들이 어려운 처지에 놓인 사람을 도울 때 그가 나중에 회심하거나 기타 다른 방식으로 보상을 줄 것이라는 기대를 가지고 돕는다면 기독교의 복음의 정신에 위배된다는 것이다. 사실 우리가 대담한 많은 사람들은 예수가 사람들의 영적 문제를 해결하기 전에 육체적 필요를 해소하였다고 말했다.

싱가포르에 있는 한 목회자는 하나님의 사랑을 실천할 때 어떤 조건을 붙이는 것에 대한 자신의 태도가 바뀌게 되었다고 털어놓았다. 어떤 사람이 자녀 중 한 명이 심각한 질병을 앓고 있다고 걱정하면서 목회자를 찾아왔다. 이 목회자는 만약 그가 기독교인이 될 것이라면 아이의 병 고침을 위해서 기도해줄 것이라고 말했다. 그날 밤 목회자는 잠을 이룰 수 없었다. 그는 성령이 매우 분명한 말로 하나님의 사랑에는 어떤 조건을 붙여서도 안 된다고 말씀하셨다고 고백했다. 그래서 다음날 그는 그 사람과 점심식사를 같이 하면서 사과했다. "내가 당신에게 기독교인이 되어야만 하나님이 아들을 고쳐줄 것이라 말한 것은 잘못이었습니다. 나는 하나님이 당신을 사랑하시기 때문에 당신의 이야기를 들을 것이고, 당신의 아들을 고칠 것이라고 말하고 싶습니다. 나중에 당신이 기독교인이 되고 안 되고의 문제는 별개의 문제입니다."

케냐의 나이로비에 있는 한 목회자는 전인적 사역을 설명하기 위해 비행기를 비유로 든다. 그는 비행기가 날기 위해서는 양 날개가 필요하다고 말한다. 하나의 날개가 다른 날개보다 더 중요하지 않다. 마찬가지로 구원의 메시지를 전하는 것은 힘들어 하는 사람들의 필요를 채우는 행위보다 앞서서는 안 된다. 때때로 그는 주변 사람들의 가난에 압도되어 그들에게 설교하는 것보다 물질적 필요를 채워주는 일을 먼저 할 수밖에 없다고 고백한다. 그러나 반대로 교회가 하나의 사회봉사 단체로 전락하는 것도 피해야 한다.

베네주엘라의 카라카스의 한 목회자는 처음에는 성령운동 교인들 사이에서 전인적 사역에 동참하는 것에 대한 반발이 있었다고 말했다. 왜냐하면 성령운동 교인들은 사회봉사 사역을 과거 '사회복음 운동'(Social Gospel movement)의 신학적 자유주의와 동일한 것으로 보는 경향이 있기 때문이다. 그러나 이 목회자는 예수의 모습을 보면서 자신이 마주치는 사람들의 필요를 채워주어야겠다는 강한 동기부여를 받았다고 고백했다. 오늘날 그의 교회는 광범위한 사회봉사 활동을 하고 있고, 고통 받는 사람들을 돌본다는 좋은 소문이 퍼지면서 교회도 크게 성장하였다고 말했다.

이 교회에 다니는 한 평신도는 새로운 신자들이 다른 오순절 교회와 이 교회를 바라보는 관점이 매우 다르다는 점을 발견했다고 말했다. 처음에 그들은 이 교회가 과연 오순절 교회가 맞는지 의심한다고 한다. 왜냐하면 오순절 교회에 대한 전통적인 관념에 의하면 여성 신도들은 화장도 하지 못하고, 머리를 짧게 자르지도 못하기 때문이다.

이 교회는 율법적으로 정체성을 확인하는 노력 대신에 사람들의 물질적, 심리적 필요를 채워주는 일에 집중한다. 사람들의 영적 필요를 돌보는 것보다 오히려 이런 필요를 더 채워주는 일에 초점을 둔다. 그는 이것은 1960년대와 70년대의 교회 모습과 정반대의 모습이라고 말했다. 이 평신도는 교회의 성도들과 직원들은 더 이상 사람들의 영혼을 구원하는 일에만 관심을 두지 않는다고 말했다. 물론 그들이 영적 가르침을 제공하기는 한다. 하지만 그들은 사람들을 배고픈 채로 돌려보내지는 않는다. 그들은 신자와 불신자 모두를 향해 봉사 활동을 한다. 종교를 가지고 사람들을 차별하는 것은 기독교적 사랑의 무조건성을 침범하는 것이라고 말한다.

많은 마약 재활 사역자들은 극단적인 형태의 무조건적 사랑을 실천하고 있다. 예를 들어 홍콩에서 마약 중독자들을 돕는 사역을 맡은 사람들은 중독자가 마약을 끊은 후에 24시간 동안 동행한다. 그렇게 하는 이유는 중독자들이 느낄 수 있는 공허감을 채워주고, 자존감의 결여라는 문제를 해소하기 위해서이다. 새로 마약을 끊은 사람은 처음 몇 주일 동안은 먹을 것이 주어지고, 마사지를 받고, 응석받이와 같은 대우를 받는다. 그리고 나서 1년이나 2년 정도 규칙적인 삶을 살게 된다. 이 때에 만약 제정신을 유지하지 못하면 다시 그가 속한 공동체로 들어와야 한다. 공동체가 그를 받아들여 주는 것은 매우 중요하다고 재활 프로그램을 맡은 사람은 말했다. 왜냐하면 보통 중독자의 아버지들은 중독자들의 모든 잘못에 대해 처벌하려고 하고, 그들 자신의 무기력감을 잊어버리려는 이유로 자녀들을 이유 없이 때리는 경우가 많기 때문이다. '성 스데반 공동체'(St. Stephen's Society)를 이끌고 있는 재키 풀링거(Jackie Pullinger)는 재활하고 있는 마약 중독자들을 손님이나 고객이라고 부르지 않는다. 그들은 단지 '친구들'이다. 왜냐하면 그 외의 다른 호칭은 그들을 비인간화하는 결과를 낳는다.

만약 기독교인이 무조건적인 사랑을 실천하는 숨겨진 동기가 있다면, 그것은 전도가 아니다. 물론 전도는 무조건적 사랑을 베풀다 보면 부수적으로 따라 오는 것이기는 하다. 기독교인이 사랑을 베푸는 주된 이유는 기독교인은 사랑으로 알려져야 한다는 성경의 명령 때문이다. 방콕의 한 목회자는 말하기를 만약 기독교인이 이런 종류의 명성을 얻게 된다면, 민간 당국도 주목하게 될 것이다. 그가 보기에 기독교인은 사람들이 힘든 일이 있을 때 가장 먼저 찾는 사람들이 되어야 한다. 그럴 때 불교 국가에서 일어날 수도 있는 종교적 핍박을 누그러뜨리는 효과를 얻게 될 것이다. 우리가 대담한 한 중국 학자도 비슷한 주장을 펼쳤다. 1980년대 중반에 기독교회는 병원을 세우고 일일 보호 센터를 만들어서 다양한 종류의 구제 사업에 투신했다. 중국 정부는 이런 노력들을 보면서 기독교인에 대해 좋은 감정을 갖게 되었고, 이런 행동은 애국적인 것으로 추앙받았다.

삶의 영적 차원

전인적 사역에 내재하는 가정은 인간의 도덕적, 영적 욕구를 인간의 물질적, 경제적 필요로부터 분리시킬 수 없다는 것이다. 이 2가지는 서로 얽혀 있다. 앞에서 지적한 것처럼 우리가 이야기를 나눈 많은 성령운동 교인들은 사람들이 배고프고, 집이 없고, 아픈 상황인데, 영혼에 대해서 설교하는 것은 무책임한 것이라고 말한다. 그러나 단지 사람들의 물질적 필요만을 채워주는 것으로는 장기적인 관점에서 볼 때 문제가 해결되지 않는다고 지적한다. 음식이나 약이 떨어진다면, 그들은 처음 구제 물품을 받던 때와 같은 상황으로 되돌아갈 것이기 때문이다. 그러므로 필요한 것은 더 심오한 차원에서의 인격적 변화이다. 그렇게 될 때만이 사람들은 삶의 발전을 저해하는 생활 습관을 저버리고 새롭게 앞으로 나아갈 수 있다.

우리가 대담을 나눈 많은 성령운동 교인들의 관점에서는 영적 차원은 다양한 차원에서 기능한다. 가장 중요한 차원은 자신을 존귀하게 바라보는 자존감과 관련된다. 예를 들어 이전에 마약 중독자였던 사람은 해독 치료를 몇 차례 받았지만, 자존감이 부족한 것은 여전했다고 말했다. 그래서 그는 해독 치료를 끝내고 얼마 있지 않아 내적 공허감을 메우기 위해서 다시 헤로인에 손을 대었다. 그가 예수 그리스도를 영접하고, 예수가 당신을 사랑하고 당신은 하나님의 자녀라고 말해주는 주변 사람들의 돌봄을 받은 후에야 그는 마약에서 손을 뗄 수 있었다. 이런 간증과 유사한 내용을 홍콩의 성 스데반 공동체에서 일하는 직원에게서 들었다. 그는 사람들이 마약을 끊게 하는 것은 꽤 단순하다고 털어놓았다. 장기적으로 해결해야 할 문제는 사람들이 마약에 다시 손을 대게 만드는 공허감을 채워주는 일이다. 그 직원이 보기에 해결책은 영적인 것이다. 물론 이렇게 문제를 해결하기 위해서는 마약 중독자를 해독 치료를 시킨 후에 몇 년 동안 새로운 삶을 살도록 도와주어야 한다.

　인도에서 이전에 사회복지사로 일했던 사람도 비슷한 주장을 했다. 그는 사람들의 사회적 필요를 섬기는 일을 15년 동안 수행한 결과, 이런 활동만으로는 뭔가 부족하다는 것을 깨달았다. 경제적 발전은 중요하다. 그러나 그것만으로는 충분치 않다. 사람들에게는 자신의 도덕적 나침반을 바르게 정립할 수 있는 내적 갱신이 필요하다. 이런 일이 일어났을 때 생활 방식의 변화가 뒤따르고, 시간이 지나게 되면, 사회적 지위 상승도 가능해지는 것이다. 경제개발 프로그램이 중요하지 않다는 것이 아니라고 그는 말한다. 그러나 그가 보기에 그것만으로는 모자라다. 마찬가지로 기독교로 회심하도록 하는 데에만 초점을 맞추는 것도 사람들이 가난에서 탈출하도록 하는 데에 충분하지 않다. 그보다는 인간 내면의 변화와 사회적 변화 양자에 대한 총체적 이해가 있을 때 성공할 확률이 높아지는 것이다.

　마닐라에서 우리는 이런 식의 전인적 접근이 어른뿐 아니라 가난한 아이들에게도 효과적이라고 들었다. 국제적 비정부기구와 협력하여 일하는 교회는 대개 아이들에게 영적인 가르침뿐 아니라 먹을 것을 주고, 교육과 의료적 혜택을 제공한다. 이런 프로그램을 오랫동안 이끌어왔던 어떤 여성은 자신의 경험으로 볼 때, 그저 프로그램이 제공하는 혜택을 받아 누리기만 한 아이들보다는 자신의 삶을 하나님께 바친 어린이일수록 나중에 더 가치 있는 어른이 될 가능성이 높다고 말했다. 이것은 하나의 일화와 같은 사례이지만, 사실 이 이야기야말로 우리가 연구하는 믿음에 기초한 사회봉사 프로그램의 주된 철학이다.

예를 들어 마마 매기(Mama Maggie)는 카이로의 슬럼가에서 자란 아이들의 심리적 필요에 매우 큰 관심을 기울인다고 말했다. 그러나 그런 관심은 종교적 틀 안에서 주어지는 것이다. 많은 소녀들이 성적으로 학대를 받고 있고, 많은 소년들은 가족의 생계를 위해 육체적 노동을 하는 것 외에는 다른 소망이 없었다. 그래서 매기와 그의 동료들은 이 어린이들에게 많은 시간에 걸쳐 너희들은 하나님의 형상대로 지어진 그분의 자녀이기 때문에 가치가 있고 소중한 존재라고 이야기해 주었다. 동시에 그들은 아이들의 물질적 필요도 돌보아 주었고, 하루에 3번 음식을 나눠 주었고, 어떻게 목욕하는지를 가르쳐 주고, 병원에 데려가서 의사의 진단을 받게 하고, 놀 시간도 주었다.

통전적 사역의 철학은 인간을 전인적 관점에서 파악하는 것에 기반한다. 바로 인간은 영과 혼과 육체로 구성되어 있다는 관점이다. 이런 균형 잡힌 시각을 유지하는 것은 쉽지 않다. 예를 들어 어떤 의사는 사람들의 신체적 필요를 넘어서서 그들 안에 있는 영혼을 바라보는 것은 어려운 일이라고 털어놓았다. 왜냐하면 많은 사람이 빈곤을 겪고 있는 지역에서는 의학적 필요만이 두드러지게 드러나기 때문이다. 이것의 반대도 사실이다. 성령운동 교인들은 종종 육체와 영혼을 이분법적으로 구분하고, 영적인 측면에 우선권을 둔다. 그러나 선진적 성령운동가들의 특징은 여러 사회봉사 활동을 통해 섬기고 있는 사람들을 전인적 관점에서 본다는 바로 그 점이다.

전인적 사역의 몇 가지 사례

남아공의 요하네스버그 바깥에 소웨토(Soweto) 지방에서 우리는 성장하는 하나님의 성회 소속 교회를 방문하게 되었다. 그 교회는 300여 명의 교인들이 다니고 있었다. 예배는 매우 따뜻하고 역동적이었으며, 모든 연령의 사람들이 참여하고 있었다. 우리를 이 교회에 오도록 이끈 것은 예배가 아니라 지역사회를 섬기려는 담임 목회자의 열정이었다. 그 목회자는 자신의 교인들의 30%만이 직장을 다니고 있다고 말해주었다. 그는 교회 주변에 살고 있는 성인의 40%가 에이즈 양성 반응을 보이고 있다고 추산했다. 그의 교회의 성도들 중에서 10-15%가 에이즈에 감염되어 있다고 추산했다. 그는 사실 작년에 결혼시킨 성도들보다 장례식을 치른 성도가 더 많았다. 현재 그 교회는 에이즈 문제에 적극적으로 나서고 있다. 왜냐하면 그 교회 장로의 딸이 남편으로 인해서 감염되었기 때문이다. 교회는 에이즈에 대해서 회피의 자세에서 대면의 자세로 전향하였고, 수많은 사람들을 죽이고 있는 이 문제를 완전히 해소하려고 노력하고 있다.

그 목회자는 많은 시간을 들여 에이즈 환자들이 가족들에게 거절당하는 상태에서 분노의 대상으로, 분노의 대상에서 걱정의 대상으로(후손들에 대한 전염 걱정), 걱정의 대상에서 용납의 대상으로 발전하도록 상담하는 일을 하고 있다. 강단에서 그는 교인들에게 혼외정사의 위험성을 이야기하지만, 이것과 동등하게 중요한 것으로써 에이즈 환자들을 거절해서는 안 된다고도 말한다. 예를 들어 교회의 부목사는 주기적으로 에이즈 환자의 집에 가서 가족들에게 어떻게 그 사람을 돌봐야 하는지 가르친다. 그 목회자는 교회의 역할이 사람들을 돌보는 것이라고 생각하고, 그래서 그와 다른 교인들은 아픈 사람의 몸을 직접 씻어준다. 그들 중에는 가장 가까운 친척들에게서 버림받고 자신의 배설물 속에서 살았던 사람들도 있다. 나병 환자들을 사랑했던 예수의 행적을 따라서 그는 이런 병들이야말로 기독교인이 긍휼과 사랑을 표현할 수 있는 기회가 된다고 생각한다. 대화 중에 그는 성경 야고보서에 나온 "행함이 없는 믿음은 죽은 믿음이다(약 2:14-26)."라는 말을 자주 인용하였다. 이 말씀이 그가 펼치는 전인적 사역의 이론적 토대가 되는 것이다.

그 목회자의 사역은 에이즈 환자들을 돌보는 것에서 그치지 않는다. 교회의 부지 뒤편에서 우리는 2개의 선적용 화물차를 발견할 수 있었다. 그 안에는 18명이 잘 수 있는 침대가 놓여 있었다. 우리는 트랙터와 다른 장비들을 볼 수 있었는데, 알고 보니 길거리 청소를 하는 사람들을 도와주는 일을 한 것이었다. 그는 여성들을 모아서 기계로 바느질을 하는 강좌를 열었는데, 재봉틀은 교회에서 구입하여 제공하였다. 거기에 덧붙여 교회에서는 제과 강좌도 진행 중이다. 사실 우리는 판잣집에 살고 있는 어떤 여성을 이 목회자와 함께 방문한 적이 있다. 그 여성은 교회에서 배운 기술을 가지고 케이크를 만들어 학교에 납품하여 생계를 유지하고 있었다.

그 교회는 자선 사업에도 관여하고 있었다. 그 목회자는 절도죄로 인해 집행유예 중에 있는 젊은 남성의 감찰인 역할도 했다. 교회는 여학생이 컴퓨터를 배우는 수업료를 대주고 있었다. 그 목회자의 꿈은 그 지역에 사는 아이들을 위한 고아원을 시작하는 것이다. 왜냐하면, 그 지역의 확대가족은 이미 너무 많은 사람들로 가득 차서 부모가 에이즈로 죽어가는 어떤 아이를 맡기기에는 역부족이기 때문이다. 그는 보육원을 시작하기를 원했으나 땅을 구하는 것이 쉽지 않았다.

요약해서 말하면, 이 작은 교회는 다양한 사역을 활발하게 전개하고 있었다. 이것은 교회 성도들의 필요를 해결하는 일이기도 했지만, 지역사회의 희망의 등불 역할을 하는 것이었다. 수년 만에 이 교회는 지역사회를 위한 봉사 활동으로 인해 소수의 인원에서 300명의 인원으로 성장했다.

앞에서 우리는 작은 규모의 교회를 예로 들었지만, 큰 교회의 예로는 싱가포르에서 젊은이들로 인해 폭발적으로 성장하고 있는 시티 하비스트 교회(City Harvest Church)를 들 수 있다. 우리가 그 교회를 방문했을 때 이미 25명의 직원과 580명의 자원봉사자와 25만 달러의 예산을 가지고 사회봉사 사역을 하고 있었다.

그 교회는 다양한 프로그램을 수행하고 있었는데, 예를 들어 교도소 사역, 노인들, 죽음을 기다리는 이들, 정신지체인, 에이즈 환자 등 다양한 사람들을 섬기고 있었다. 그리고 싱가포르에서 가장 좋은 후견인 프로그램도 가지고 있었다. 많은 사역이 일대일로 진행되며, 진료 예약을 잡아주고, 가사 일을 거들어주고,

외로운 사람들과 친해지는 것들이다. 이런 사역들은 교회에서 높은 우선순위를 가지고 있으며, 싱가포르의 상업 중심지에 있는 값비싼 사무실에서 운영되고 있었다.

오순절 성령운동의 역할에 대한 평가

많은 오순절 교회가 지역사회에 실질적인 영향력을 미치고 있는 것이 사실이지만, 몇 가지 한계도 있다. 첫째, 오순절 교회만이 사회봉사 사역을 하는 것은 아니다. 우리가 성령운동 교인들에게 그 도시에서 누가 가장 일을 잘하느냐고 물어보았을 때 그들은 주로 가톨릭교회를 지목했다. 예를 들어 요하네스버그에서 우리는 가톨릭교회가 에이즈의 원인과 그것을 예방하는 법에 대한 정보를 알리는 데에 뛰어난 역할을 하고 있다고 들었다. 우리는 아프리카의 성공회 교회에서 행하고 있는 사회봉사 활동에도 감동을 받았다. 예를 들어 나이로비의 '모든 성자들의 교회'(All Saints Cathedral)는 경찰들의 과잉 행동에 저항하는 것으로 정부 관리들에게 좋은 평판을 얻고 있다. 제7일 안식교(Seventh Day Adventist)의 교인들은 의료봉사를 비롯하여 잘 발달된 봉사 프로그램을 가지고 있다고 평가된다.

많은 면에서 보았을 때 성령운동 교인들은 이제 '막 무대에 등장한' 사람들이다. 지난 10년 동안 그들은 피안적 울타리에서 벗어나 이 세상으로 진입하기 시작했다. 이것은 새로이 떠오르는 현상이다. 모든 성령운동 교인들이 긍휼을 베푸는 행동과 봉사 활동에 참여하는 것은 아니다. 율법적 신앙에 빠진 채로, 행동으로 세상을 변화시키는 것보다는 세상의 구원을 위해서 기도하기를 더 좋아하는 오순절 교회도 많이 있다. 그러나 반대로 지난 10년 간 창조적인 형태의 몇몇 사회봉사 활동이 오순절 교회에서 진행되고 있다. 이제 성령운동 교인들 앞에 놓인 커다란 도전은 그들이 개인적 형태의 사회봉사 활동에서 벗어날 수 있느냐는 것이다.

성령운동 교인들이 공동체적 사회봉사 활동을 개발하도록 자극하는 것은 '신앙에 기반한'(faith-based) 비정부기구들이다. 이런 비정부기구들은 아이들에게 미래를 열어주는 가장 좋은 방법은 건강한 공동체를 만들어 물려주는 것이라고 믿고 있다. 그래서 이런 비정부기구들은 아동 결연 프로그램으로 개별적인 후원금을 모으기도 하지만, 아이들에게 믿을 수 있는 미래를 물려주는 방법은 다른 것에 있다고 믿는다.

그것은 지역사회 내에 음식을 충분히 공급하고, 질병과 전염의 근원을 뿌리째 뽑는 사회 체계를 형성하고, 여성 할례와 같은 비인간화를 촉진하는 문화적 관습을 철폐하는 것이다. 개인이 자선기금을 내는 것은 추앙받을 만한 일이다. 그러나 그것은 사회 체계가 어떻게 돌아가는지에 대한 이해와 함께 가야 한다. 오순절 교회가 신앙에 기반한 비정부기구들과 협력하면서, 그리고 평신도와 목회자의 교육 수준이 올라가면서 그들이 행하는 사회봉사 활동의 세련미는 더욱 증가할 것이다. 인간의 복지를 위협하는 정치적이고 정책적인 문제를 건드리는 수준으로까지 성장할 가능성이 있다.

현재로서는 선진적 성령운동가들은 정치적 의미에서 '선진적'이지 않다. 그러나 우리가 본 것과 같이 어떤 성령운동가들은 지역사회 복지 개념에 공공 보건 모델까지 포함시키고 있다. 그들은 에이즈나 넘쳐나는 길거리 아동들과 같은 뿌리 깊은 문제를 개인적인 방식으로 해결하려는 것은 거의 생산성이 없다는 것을 알고 있다. 문제의 규모가 너무나 엄청나기 때문이다. 아마 선진적 성령운동가들이 가지고 있는 질문은 이런 것일 것이다. 제도적인 사고방식에 능숙한 성공회나 가톨릭과 같이 다른 교단에서 발원한 사상을 어떻게 열정의 불을 잃지 않으면서 창조적으로 통합할 수 있느냐는 문제이다.

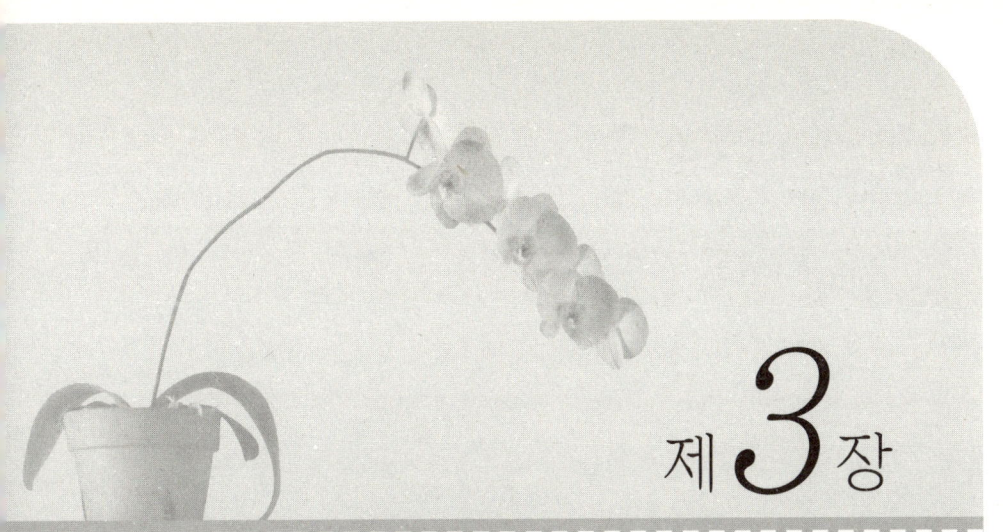

제3장

다음 세대를 건설하기 위한 노력들

제3장

다음 세대를 건설하기 위한 노력들

우간다에서 에이즈는 2백만 명의 고아들을 양산해 냈다. 원래 이 아이들은 사촌이나 조부모에게 맡겨진 아이들이었다. 비록 최근에는 우간다에서 에이즈 발병률이 급격히 감소하기는 했지만, 많은 가족들이 고아 입양으로 인해 공간의 문제를 안고 있다. 단 1명의 아이를 가족으로 더 받아들일 수 없을 만큼 집의 공간이 비좁다. 그것으로 인해 내버려지거나 거리에서 사는 아이들이 큰 사회문제가 되고 있다. 이것은 우간다만이 아니라 아프리카의 많은 나라에 공통된 상황이다.[1]

이 문제를 해결하기 위해 캄팔라 오순절 교회(Kampala Pentecostal Church)는 혁신적인 시도를 구상했다. 그 교회는 여러 개의 집을 새로 지어 작은 마을을 만든 후에, 그 집에 8명의 아이들과 그 고아들을 기르는 일에 헌신할 1명의 여성을 배치하기 시작했다. 각각의 집은 2살부터 12살까지의 아이들이 들어가 있으며, 나이가 다른 아이들을 골고루 섞어서 여느 평범한 가정과 같은 환경을 만들었다. 1992년에 시작한 이 프로그램을 통해서 자라난 아이들이 벌써 결혼을 앞두고 있으며, 이 아이들을 기르기로 헌신했던 여성은 조만간 손자를 보게 될 상황이다.

캄팔라 오순절 교회는 고아원(orphanage)을 세우지 않았다. 고아원 건립은 서구적인 사고방식이다. 대신에 그 교회 교인들은 일련의 마을(village)을 건설했던 것이다. 사실 우리가 방문했던 세 군데의 마을 중에서 현재 건축 중인 1개의 마을이 가장 발전된 형태였다. 교인들은 벌써 25개의 집을 지어 200명의 아이들을 수용하고 있었다. 각각의 집들은 8개가 한 묶음이 되어 중앙에 커다란 잔디밭을 바라보도록 원형으로 배치되었다. 그 마을에는 아이들을 위한 학교가 있고, 교사들이 살 수 있는 사택도 건축했다. 더 나아가 그들은 우물도 파서 그 마을에 거주하는 사람뿐 아니라 인근 지역의 주민들도 이용할 수 있도록 하였다.

그 마을의 모든 가정에서 과부나 이혼한 여성이 가장이기 때문에, 교인들은 아이들에게 역할 모델이 될 수 있는 남자가 필요하다고 판단했다. 그리하여 '아버지의 마음 사역'(Father's Heart Ministry)이라는 프로그램을 시작했다. 적어도 1주일에 한번 방문하여 2-3시간 아이들과 시간을 보내는 '아버지' 역할을 하는 사람들이 모든 가족에 생겨났다. 이 아버지들은 주중에 서로 만나서 아버지 역할에 제기되는 문제를 서로 나누고, 자신이 맡은 아이들과 각자의 필요를 놓고 기도한다. 가정에서 그들이 맡은 임무는 여느 아버지의 것과 같다. 아이들과 대화해주고, 숙제를 돌봐주고, 자녀가 잘못했을 때 바르게 지도하고, 더 중요한 것은 자녀들이 미래를 바라볼 수 있도록 눈을 열어주는 것이다. 이렇게 하는 목적은 단지 모든 '가정'에 1명의 아버지를 배치하려는 것이 아니라 모든 '아이'들이 교회 출신의 아버지를 1명씩 갖도록 하기 위함이다. 아버지들은 자신의 사역에 '아버지의 마음'이라는 이름을 붙였는데, 이 사역의 대표자는 다음과 같이 그 이유를 설명한다. "하나님은 아버지가 없는 자들의 아버지이십니다(시 68:5-6, 약 1:27)." 그리고 그들은 자신을 이 세상에서 하나님의 도구로 보고 있다.

이 가정들 뒤에는 든든한 후원 체계가 버티고 있다. 1주일에 1번 씩 의사가 그 지역에 와서 진료 활동을 펼친다. 아홉 집 마다 어머니를 관리하는 여성 감독이 배치된다. 왜냐하면 이 마을의 어머니들은 물질이나 하루 쉬는 것 이상의 지원과 도움이 필요하기 때문이다. 그들은 아이들을 기르는 과정에서 상담과 정신적 지원이 필요하다. 그리고 사회복지사들이 있어서 법적 부모 역할에 수반되는 문제들이 잘 처리될 수 있도록 지역 공무원들과 협상한다. 여기에 오는 아이들은 대개 매우 큰 상처를 받은 후에 온다. 아이들은 영양 섭취를 충분히 하지 못했을 뿐 아니라 성격적으로도 기가 죽어 있고, 화를 잘 내고, 까다롭다. 아이들은 아직도 부모의 죽음에서 온 상처로 괴로워하고 있다. 더 나아가 몇몇 아이들은 상상할 수 없을 정도로 학대를 당했고, 그래서 소외감이 매우 심하다.

이런 아이들을 고치는 공식이란 어떻게 보면 매우 간단하다. 주어진 환경 속에서 이 아이들에게 조건 없는 사랑을 주는 것이다. 우리는 인터뷰를 진행하면서 아이들이 뼈만 앙상한 채로 풀이 죽어서 이 마을에 도착했다는 이야기를 수도 없이 들었다. 그 아이들이 지금은 살도 찌고 얼굴에 미소가 가득한 아이들로 바뀌었다. 그 변화는 아이들과 정기적으로 접촉했던 모든 사람들에게는 보상과도 같다. 이것은 사람들에게 생명과 삶을 주는 사역이다. 그리고 캄팔라 오순절 교회 교인들이 생각하는 기독교 복음의 정수를 반영하는 사건이기도 하다.

캄팔라 오순절 교회의 담임 목사인 게리 스키너(Gary Skinner)는 특이하게도 백인이었다. 하지만 교회 간부에 의하면 그의 영혼은 흑인과 비슷하다. 스키너 목사와 그의 아내는 1년에 4개월 동안 18명의 고아들을 데리고 캐나다와 미국과 유럽으로 다니면서 공연을 한다. 고아들을 위한 프로그램을 운영한다는 것은 돈이 많이 들기 때문에 각각의 아이들에게는 1명이나 혹은 그 이상의 후원자가 따라붙는다. 매달 후원자와 아이들이 서로 소식을 교환하고, 3달에 1번씩 소식지를 발간하여 돌려 보기도 한다. 그리고 후원자가 많은 나라에서는 그 지역에 사무실이 따로 마련되고, 매달 재정 상황에 대한 보고가 우간다에서부터 넘어간다. 그리고 캄팔라 오순절 교회의 당회에 직접 보고를 하는 이사회가 세워지기도 한다.

이런 아이들의 집을 여러 군데 방문하면서 갖게 되는 주된 느낌은 이 아이들이 전혀 고아 같아 보이지 않는다는 사실이다. 그들은 어머니도 있고, 형제와 자매도 있으며, 자신을 위해서 매일 기도하면서 1주일에 1번은 꼭 방문해주는 아버지도 있다. 그리고 아이들은 자신들 뒤에는 수만 명의 교인들이 후견인으로서 있다는 안정감을 느낀다. 더 나아가 그들은 자신과 같은 계층의 아이들이 전혀 하지 못하는 경험을 한다. 바로 그들은 세계의 많은 지역에서 오는 사람들과 만나서 대화할 수 있다는 점이다. 때때로 그들의 후원자는 그 마을에 직접 찾아와서 새로운 집과 시설물을 짓는 일을 돕고 간다. 그리고 소수의 아이들은 북미 지역을 비롯하여 여러 지역에 가서 다양한 교회와 공적 장소에서 공연을 하기도 한다.

케냐의 거리의 아이들

우간다 근처의 케냐에는 대형 교회가 있는데, 바로 나이로비 오순절 교회 (Nairobi Pentecostal Church)이다. 그 교회는 아동 빈곤과 유기(遺棄) 문제로 씨름하고 있다. 에이즈 열풍이 우간다와 똑같은 강도로 케냐를 강타했지만, 케냐 정부는 감염을 막는 일에 그리 강한 열정이 없었다. 그리하여 나이로비에는 점점 많은 아이들이 거리로 내몰리고 있는 형편이다. 이런 문제를 대처하기 위해 나이로비 오순절 교회는 다른 사람들에게 모범이 되는 프로그램을 시작했다. 현재 나이로비에서 시골 쪽으로 1시간 떨어진 곳에서 버려지고 학대받는 아이들을 돌보는 프로그램이 시행되고 있다. 나이로비 오순절 교회는 기숙사를 짓고, 교실을 마련하며, 직업 교육을 위한 워크숍을 개최하고, 진료소를 개원하며, 예배당과 사람들이 먹고 즐길 수 있는 모임 장소 등을 마련하는 일에 대대적인 투자를 했다. 그곳은 건물 주변에 있는 농장에 물을 공급하는 큰 탱크 외에는 물을 구하기 어려운 곳이다. 농장에서는 신선한 야채가 자라나고 있고, 아이들은 센터 전역에 달걀을 공급하는 커다란 닭장을 소유하고 있다.

그 시설에 살고 있는 100명이 넘는 아이들은 유기되고 학대받은 아이들이고, 그들의 나이는 3살에서 18살까지 다양하다. 많은 아이들은 거리에서 무리를 지어 살고 있었고, 교회의 사회복지사들이 다가가서 아이들과 친구가 되고, 정부로부터 영구 후견인의 자격을 얻었다. 아이들은 부모의 돌봄을 받아보지 못했기 때문에, 시민으로서 사람들과 함께 지내는 법과 대화하는 것부터 배울 필요가 있었다. 그래서 아이들은 5시 30분에 일어나서 학교에 가기 전에 개인적인 말씀 묵상의 시간을 갖고 예배를 드린다. 그 센터에서 아이들은 자기 또래에서 뽑은 대장의 감시 아래 개인적인 의무 사항을 이행한다. 그러고 나서 아이들은 지역의 공립학교로 가고, 성숙한 아이들의 일부는 직업 관련 수업을 들으며 상업을 배워 나간다. 우리는 자동차공학을 공부하는 남자 아이들과 몇몇의 여자 아이들을 만났다. 그 아이들은 자동차 기술자에게서 지도를 받고 있고, 몇 년 동안 그렇게 훈련을 받은 후, 자격증 시험에 합격하면, 직장을 얻을 수 있게 된다. 여기에 덧붙여 센터는 잘 만들어진 목공예 가게가 있다. 아이들이 탁자와 의자, 캐비넷을 만들면서 제품을 디자인하는 수학적 지식과 기술을 배우고 있다. 학교에서는 바느질과 옷 디자인 하는 것을 어린 여학생들에게 가르치는데, 전문 여자 재봉사가 아이들을 감독 지도하고 있다. 직장을 얻는 것의 핵심은 자신만의 고유한 기술을 소유하는 것이기에, 나이로비 오순절 교회에서는 아이들에게 이런 기술을 전수해줄 후원자와 자원봉사자들을 찾기 위해 노력하고 있다.

이런 아이들과 젊은 청년들과 대화하고 교제하는 것은 매우 흥미진진했다. 14살짜리 '학생 반장' 중의 한 소녀는 자신이 비행기 조종사가 되고 싶다고 말했다. 우리가 몇 년 후에 다시 방문했을 때, 그녀는 자신의 소원을 성취하지는 못했다. 그러나 그녀는 자동차 정비사 자격시험에 통과한 상태였다. 몇 명의 아이들은 우리를 위해서 악기를 연주하겠다고 했다. 학교의 교장 선생님은 아이들 중 일부는 음악적 감각이 탁월하다고 전해주었다. 아이들은 닭장을 보여주겠다고 우리를 끌고 갔고, 암탉이 얼마나 알을 잘 낳는지 자랑하며 보여주었다. 여느 아이들처럼 그 아이들도 비디오카메라 앞에서는 광대처럼 행동하면서 자기를 찍어달라고 요구하였다.

이와 같은 전형적인 목가적 분위기 안에서 즐기는 아이들의 모습과 그들이 전에 처해졌던 짐승 같은 삶의 분위기를 서로 대조해본다면, 왜 목회자의 아내들이 이런 프로젝트를 선호하는지 금방 알 수 있다. 이런 아이들을 위해 일하는 사람들 속에서는 기쁨과 성취감이 명확하게 느껴지지만, 사실 그 아이들을 돌보는 일은 매우 많은 인내심이 필요하다. 왜냐하면 일부 아이들은 이런 식의 정제된 삶의 방식에 익숙하지 않아 다시 길거리로 나가서 살고 싶어하기 때문이다.

또한 이 센터를 운영하는 것은 만만치 않은 일이다. 왜냐하면 음식, 옷, 교육 비용 뿐 아니라 예를 들어 건강 문제 하나만 생각해보아도 기초적인 사회적인 서비스를 제공하기 위해서는 어마어마한 돈이 투자되어야 하기 때문이다. 점점 늘어나는 거리의 부랑아들의 문제가 산더미처럼 다가오는 상황에서, 교회는 전략적으로 일하고 있다. 아이들을 부모로부터 떨어뜨려 완전히 새로운 공간에 집어넣는 것이 아니라, 부모들에게 지원을 해주고 아이들이 각자의 집에서 부모의 손에 자라나도록 하는 전략이다.

인도에서 아이들 돌보기

거리의 부랑아의 문제는 케냐에서만의 문제가 아니다. 사실 인도의 많은 아이들 앞에 놓인 상황은 상상을 초월한다. 가족의 모든 식구가 거리에서 잠을 자고, 옷을 길거리의 수도꼭지에서 세탁하고, 아이들은 벌거벗은 채 뛰어놀고, 구걸이 만연한 것이 인도이다. 어떤 부모들은 아이들을 일부러 불구자로 만들어서 행인들이 더 동정심을 갖도록 만들기도 한다. 길거리를 다니면서 사람들의 집을 들여다보면 많은 가정에 방이 하나나 두 개밖에 없고, 그래서 요리나 세탁과 같은 집안일을 길거리에서 하게 된다. 교통 흐름이 계속 이어지지만, 이것은 완전히 인력거와 오토바이와 오래된 버스와 택시가 만들어내는 혼잡이다. 대기는 오염되어 있고, 4월인데도 열기는 사람의 숨을 턱턱 막히게 한다. 천정에 달린 선풍기가 없다면 사태는 더 심각했을 것이다. 10억 이상의 인구가 사는 이 나라에서 기독교인은 전체 인구의 2-3% 밖에 안 되고, 그나마 개신교와 가톨릭 신자가 비슷한 비율로 양분되어 있다.

우리가 캘커타에서 접했던 프로그램 중 가장 인상깊었던 것은 비자얀 파바마니(Vijayan Pavamani)와 프레밀라 파바마니(Premila Pavamani) 부부가 운영하는 것이었다. 그들은 자신을 침례교인 성령운동가(Baptist Pentecostal)로 불렀다. 그들은 윤락녀의 아이들을 위한 프로그램을 운영 중이다. 윤락 여성들은 주로 밤에 일하기 때문에 아이들은 스스로를 돌보아야 하는 어려움에 처한다. 우리가 그들의 프로그램을 방문한 날에 수백 명의 아이들이 그룹으로 모여서 노래부르고, 성경에 나온 이야기를 듣고, 공작 시간을 갖는 등 활동을 하고 있었다. 이 모습을 보았다면 그 아이들의 어머니가 직업 윤락녀라고 생각하는 이는 아무도 없을 것이다.

파바마니 부부가 이 프로그램을 시작한 것은 상담을 제공한다고 하는 작은 광고를 냈을 때이다. 그 다음 날 그들은 상담을 요청하는 사람들로 둘러쌓였다. 처음에는 사람들이 자신의 결혼이나 재정에 관련된 문제에 대해 이야기하는 것을 단지 듣기만 했다. 현재는 학교와 약물 중독 재활훈련소와 거리의 아이들을 위한 보호시설을 운영하고 있다. 프레밀라 파바마니는 고백하길, 자신은 이런 삶의 방식을 결코 선택하지 않았을 것이라 말했다. 우리가 보기에 그런 삶의 방식이 그녀를 선택한 것처럼 보였다. 그녀는 길거리에서 매일 보는 아이들의 어머니가 어떤 직종에 종사하든지 상관없이 단지 그 아이들을 거부할 수 없었을 뿐이라고 말했다.

주거 시설에서 살고 있는 2명의 어린이들은 10대 소년들이었는데, 근처 기차역에서 부모와 헤어졌다고 우리에게 말했다. 그 아이들은 기차역에서 부모로부터 버림을 받은 것일지도 모른다. 잠시 동안 그들은 다른 아이들과 함께 기차역에서 살았고, 음식과 쉴 곳을 공유하였다. 그 때 파바마니 부부가 와서 아이들을 고아원으로 데려갔다. 우리가 만난 두 아이 중 한 아이는 말끔하게 흰색 셔츠를 입고 있었는데 의사가 되고 싶다고 내게 말했다. 다른 아이는 목회자가 되고 싶다고 했다. 왜 이런 사람이 되고 싶은지 이유를 물었을 때 두 아이의 대답은 매우 분명했다. 자신을 이 정도까지 성숙하도록 길러준 사람이 의사와 목사이기 때문이라는 것이다. 이 2명의 아이들과 우리가 거리에서 본 많은 아이들의 차이점은, 이 아이들은 돌봐주는 부모의 사랑을 받으면서 자라났다는 점이다. 이로써, 모든 아이들이 잠재력은 있지만, 그것은 개발되어야 한다는 교훈을 우리에게 던져준다.

하나님의 성회(The Assemblies of God) 교회들은 캘커타에 있는데, 초등학교와 중고등학교의 교육 사업에 깊이 관여하고 있다. 우리가 인터뷰할 때 교단에서는 16,800명의 아이들에게 교육을 제공하고 있었고, 그 아이들의 대부분은 힌두교인이었다. 아이들은 교과서와 참고서, 교복, 신발, 점심 도시락, 의료 진료를 제공받았고, 겨울에는 가끔씩 따뜻한 옷도 지급받았다. 후원자들은 매달 15-20달러를 내놓아 인도의 7개 주에 퍼져 있는 91개의 하나님의 성회 관련 학교에 전달하고 있다. 후원자의 많은 사람들은 자신이 지원하는 아이들과 정기적으로 소식을 주고받고 있고, 아이들이 대학에서도 교육을 받도록 학비를 지원하는 데까지 관계를 발전시키기도 한다. 대부분의 후원자들은 개인이지만, 미국의 어떤 교회는 150명의 아이들을 후원하고 있기도 하다. 후원자의 많은 숫자는 미국, 캐나다, 호주, 독일, 영국의 하나님의 성회 소속 교인이지만, 정기적으로 돈을 보내는 몇몇 후원자는 다른 종교적 배경을 가지고 있는 것이 사실이었다.

캘커타에서 하나님의 성회 교단의 교회들은 아이들의 교육에만 관심이 있는 것은 아니었다. 173개의 침실이 있는 병원이 캘커타의 하나님의 성회 소속 대형교회를 설립한 목회자에 의해 시작되었다. 그 해에 병원은 7만 명의 환자를 받았고, 30%의 환자들이 의료 보조금의 혜택을 크게 받았다. 병원장은 오직 15%의 환자만 기독교인이라고 추산했다. 나머지 환자들은 힌두교도이거나 무슬림이었다. 그 병원은 간호사 훈련 학교를 운영하여 매년 20명의 간호사들을 배출하고 있다. 그래서 하나님의 성회는 아이들의 교육에 많은 투자를 하고 있으면서도, 적어도 캘커타에서 만큼은 의료 서비스에도 많은 관심을 보이고 있다.

요하네스버그 흑인 거주 지역의 유치원

남아프리카공화국 요하네스버그에 있는 하이웨이 하나님의 성회 교회 (Highway Assembly of God Church)에 새로운 목회자가 부임했을 때, 그 교회의 성도들은 부유한 교외 지역에 살고 있었고, 거의 대부분이 백인이었다. 그들은 대부분 집에 흑인들을 하인으로 고용하여 일을 시키고 있었고, 그런 흑인들에게는 대개 1명이나 그 이상의 아이들이 딸려 있었다. 아파테이트(apartheid, 남아공의 흑인 차별 정책)의 강력한 기세는 수그러들었지만, 제오프 브랜드 (Geoff Brand) 목사는 자신의 교회가 지역사회에 대해 사회적 책임을 갖고 있다고 강하게 믿고 있었다. 그는 특히 하인과 그의 자녀들과 같은 소외 계층을 섬기려는 마음으로 충만했다. 언제나 그렇듯이 비전 하나로는 일을 이루기 어렵다. 이 아이디어를 실행한 사람은 콜린 월터스(Colleen Walters)였는데, 그녀는 장로교회에서 성령운동 교회로 수평 이동한 신자였고 고등학교 교사였다. 아마 그녀가 이런 일에 뛰어든 것은 심각한 장애를 앓고 있는 딸 때문일 것이다. 그 딸로 인해 아이들이 어렸을 때 적절한 자극을 받아야 한다는 것에 더욱 민감해져 있었던 것이다.

브랜드 목사와 콜린이 자신이 위치한 백인 사회의 바깥을 쳐다보기 시작했을 때, 그들에게 정면으로 맞닥뜨린 것이 있다. 아파테이트가 만들어 놓은 현실은 어머니가 일하러 간 사이에 40-50명의 아이들이 5평도 안 되는 작은 공간에서 1명의 할머니에 의해 돌봄을 받고 있는 문화였다. 그 안에서 질서를 유지하기 위해서 각각의 아이들에게 자신의 공간이 배정되었다. 아이들은 말할 수는 있지만, 심하게 돌아다니거나 놀지는 못한다. 그랬다면 출입구에 서 있는 할머니에게 막대기로 맞을 수도 있다. 우리는 이런 식으로 아이들을 돌보는 시설을 방문했다. 아이들은 깔끔한 유니폼을 입고 있었고, 전기가 들어오지 않는 어두운 방에서 살고 있었다. 사실 아이들은 매우 질서정연하게 바닥에 앉아 있었다. 아이들이 서양에서 온 우리를 만나러 밖으로 나왔을 때 그들은 태양빛에 눈을 제대로 뜨지 못했다. 바깥에도 아무런 놀이 기구가 없었고, 그들을 자극하여 성장시킬 그 어떤 것도 없었다.

콜린 월터스가 그녀의 첫 유치원을 개소했을 때, 오직 2%의 흑인 아이들이 거기에 올 수 있었다. 백인 아이들은 상당히 운이 좋지만, 그들 역시 제대로 훈련받지 못해 인지 능력은 상당히 제한적이었다. 그들은 대부분의 시간을 멍하니 텔레비전 앞에서 보내고 있었고, 신체적 운동신경은 저발달 상태였다. 그들은 잘 듣지도 못했고, 영상 이미지에는 많이 노출되어 있었지만, 심화 학습을 가능케 하는 인지적 기반을 만들어 내는 일에는 실패하고 있었다. 그래서 흑인 아이건 백인 아이건 모두 준비되지 못한 채 학교에 들어가곤 하였던 것이다.

흑인과 백인 아이들의 상황을 충분히 숙지한 후에 콜린은 교회 목사에게 하이웨이 교회가 보육원을 시작해야 한다고 제안했다. 그 보육원은 절반은 흑인, 절반은 백인 아동으로 구성하여 이웃의 아이들이 하나의 공간에서 통합되어 교육받도록 하였다. 물론 여기에는 흑인 하인들의 자녀들도 많이 포함되어 있다. 콜린의 남편은 그녀가 무보수로 6개월 정도 시범적으로 일하는 것을 허락했고, 1995년에는 첫 번째 유치원이 교회 옆에 위치한 집에서 개원되었다. 우리가 5년 뒤에 교회를 방문했을 때, 콜린의 비전은 확장되어 있었다. 하나님의 성회 소속 흑인 교회들의 네트워크를 통해서 그녀는 흑인 거주 지역과 비공식적인 촌락 지역에서 18개의 '안전하고 건전한 유치원'(Safe and Sound preschools)을 시작하게 되었다.

비공식적인 촌락 지역은 극도로 가난한 사람들이 모인 불법 거주지였다. 거기에는 흐르는 물이 없었고, 하수 시스템도 없었으며, 단지 이동 화장실만 존재할 뿐이었다. 집은 판잣집과 같은 구조였다. 길은 보통 포장이 안 되어 있었다. 이와는 대조적으로 흑인 거주 지역은 그래도 기본적인 시설들은 잘 되어 있었다. 단지 집이 작고, 인구 밀도가 높고, 범죄가 만연한 것이 흠이었다. 그러나 양자 모두에게서 교육은 뒷전에 밀려나 있었고, 유치원은 거의 없는 것이 공통점이었다. 만약 어린아이가 할머니의 돌봄을 받지 못한다면, 그들은 부모가 고용되어 일하는 가게 앞에 매트를 깔고 앉아 있어야 한다. 아니면 친척들의 손에 맡겨지는데, 성적이고 육체적인 학대가 공공연히 행해지는 비극을 맞게 된다. 그래서 '안전하고 건전한 유치원'이라는 개념이 부모들에게 매력적으로 다가오는 것이다.

흑인 거주 지역과 비공식적인 촌락 지역에서 유치원을 운영하는 여성은 이것을 하나의 사업으로 간주한다. 부모들은 자녀 한 명당 50-100란드(rand)(약 7-15달러)를 매달 지불해야 한다. 각 유치원의 관리자는 3가지 조건을 만족시켜야 한다.

첫째, 8단계 수준(Standard 8 level)의 교육에 통과해야 한다. 둘째, 아이들을 사랑해야 한다. 셋째, 영어로 읽고 쓸 줄 알아야 한다. 여기에 덧붙여 미래의 유치원 관리자들은 하이웨이 하나님의 성회 교회에 있는 안전하고 건전한 유치원에서 2개월 동안 훈련을 받아야 한다. 사람들이 '도시의 대학'(Urban University)이라고 부르는 이곳에서 학생들은 2개월 동안 매일 아침 5시간을 유치원에서 다양한 일을 해본다. 오후에는 아동발달과 행정에 대한 이론중심적 강의를 듣는다. 훈련 프로그램이 끝난 후에 그들은 흑인 거주 지역과 비공식적 촌락 지역에서 유치원을 개설한다. 주로 자신의 뒷마당에서 유치원을 시작하지만, 어떤 때에는 지역의 관리와 협력하거나 빈 건물을 이용하기도 하고, 교회나 공공 회관에서도 유치원을 연다.

아이들을 지도하는 방법은 주로 쟝 피아제(Jean Piaget)의 발달 이론에 근거하고 있고, 아이들은 놀면서 배운다는 이론에 기대고 있으며, 감각 발달 훈련에 큰 강조점을 두어 교육하고 있다. 낮 동안에는 다양한 놀이 장소를 만들어 놓고 아이들이 돌아가면서 감각과 관련된 운동 신경을 발달시킬 수 있도록 한다. 놀이는 매우 촉각 중심적이다. 놀이 도중에 필요하지 않은 이상 글자나 수학이나 읽기를 따로 배우지 않는다. 물론 그렇게 할 때의 문제는 몬테소리 유치원에서 주로 사용되는 과학적으로 만들어진 퍼즐, 블록, 교육 자료 등은 매우 비싸다는 것이다. 그래서 콜린은 100달러짜리 교육 도구를 스스로 만들었다. 여기에는 가위, 솔, 줄, 끈, 공 등 다양한 것들이 포함되어 있다. 그리고 나서 그녀는 목재소,

종이 창고와 같은 곳에서 기부한 물품을 확보하는 일을 놓고 협상을 벌인다. 때때로 이런 협상에서 유치원 리더들의 도움을 받기도 한다. 예를 들어 우리는 새로운 선생님을 위한 교육 프로그램을 관찰한 적이 있다. 종이를 길게 만들어서 알파벳 형태로 만들어 바닥 위에 놓는다. 그러면 선생님들이 다양한 단어를 발음하면서 종이 위를 걸어 다닌다. 분명히 지각 발달과 운동 신경의 개발이 연결되는 게임이었다.

이 새로운 선생님들이 훈련받는 곳에서 가까운 곳에 하이웨이 교회의 유치원이 자리잡고 있다. 여기서 선생님들은 아침 시간을 보낸다. 그곳은 온갖 활동으로 부산하다. 어떤 아이들은 측정용 컵과 스푼을 가지고 구유통에 담긴 물에서 장난친다. 다른 아이들은 이젤 위에 그림을 그린다. 식탁에서는 아이들이 퍼즐을 맞추거나 보드에 있는 그림 중 도려낸 부분에 맞는 모양을 골라내고 있다. 다른 아이들은 로프로 만든 사다리를 오르거나 구름다리 위를 지나가고 있었다. 모든 활동에서 흑인 아동과 백인 아동이 완벽하게 하나가 되었다. 비록 많은 흑인 아동의 교육은 장학금에 의해 지원되고 있었지만, 아이들은 그런 것을 잘 모르고 있었고, 대신 미래의 인종 간 통합에 기초한 일과 사회생활의 기반을 형성하고 있었다. 콜린은 유치원에서 아이들이 졸업하기 전에 시험을 실시하고, 인종에 근거하여 결과가 다르게 나오는 차별은 없다고 말했다. 분명 아이들 간의 구분은 유전 인자가 아니라 기회와 관련된 것이다.

우리가 흑인 거주 지역과 비공식적 촌락 지역에 있는 몇몇 '안전하고 건전한 유치원'을 방문했을 때, 아이들은 감각과 관련된 기술을 익히느라 분주했다. 한 유치원에서 부모들은 계속 아이들이 더러운 몰골로 집에 돌아온다고 불평하였다. 부모들은 할머니의 손에 맡겨진 아이들이 처음 집에서 나갔을 때처럼 깨끗한 옷을 입고 집에 돌아오는 모습에 익숙해진 상태였다. 그러나 요즘에 아이들은 옷에 물감을 적셔 오거나, 거푸집의 진흙을 줄줄 묻혀 오고, 운동장에서 힘든 일을 한 것 같은 표시를 한 채 집에 돌아왔다. 부모들은 행동함으로써 배운다는 교육철학을 이해하지 못하는 것이 확실했다. 그래서 어느 토요일 우리는 콜린이 허름한 집에서 부모들을 교육하는 곳에 따라가 보았다. 부모들에게 말하는 것보다는 아이들이 경험하는 것을 그들도 직접 실행해 보도록 하였다. 그러자 부모들은 얼마 지나지 않아 왜 아이들이 집에 더러운 모습으로 돌아오는지를 이해하게 되었다. 바로 아이들은 실행함으로써 배우기 때문이다. 콜린은 자신의 유치원에 다니는 아이들은 공립학교에 들어가면 3학년 때부터는 두각을 나타내기 시작한다고 말했다. 왜 그런가? 그들은 유치원에서 중점적으로 배운 감각 훈련과 운동신경 훈련을 통해 이미 문제 해결 능력을 갖추었기 때문이다.

이 유치원들을 운영하는 여성들 또한 발전하였다. 그들은 자신을 지역사회의 건설자로 생각하기 시작했다. 그들은 일종의 자기 사업을 하는 사람으로서, 지역의 리더들과 정치인들과 협상하는 법을 터득했다. 그들은 사업 기술도 개발하였는데, 부모들에게서 등록금을 받아내기도 하고 아이들에게 줄 음식을 대량으로 구매하여 경비를 줄이기도 했다. 콜린은 그들의 자신감이 심지어 훈련 기간에도 커져 가고 있음을 발견한다고 말했다. 남아공의 문화에서 여성은 자신의 의견을 개진하거나, 예산을 불리거나, 자신을 사업가로 생각하거나 할 수 없는 상황이다. 그러나 사실 이들은 지역사회를 건설하는 사업가인 것이다.

콜린은 정기적으로 각 유치원을 돌면서 규정대로 제대로 운영이 되는지 살펴보고, 직원들의 문제 해결을 돕는다. 그녀가 몇 년에 걸쳐 배운 것은 여성이 유치원 사업을 시작하면 지역사회 내의 권력균형을 흔들 수 있다는 점이다. 그래서 그녀는 항상 권력의 정점에 있는 사람들과 함께 일하고, 지역사회의 권력 구조 안에 있는 사람들과 접촉한다. 그녀는 자신이 지도하는 여성들이 훈련 때 배운 교육철학을 늘 상기하도록 도와줘야 함도 깨달았다. 그래서 그녀는 1달에 1번씩 각 유치원을 돌면서 모든 선생님들을 모아서 정기적인 훈련을 시키고 있다.

많은 선생님들이 하나님의 성회 소속 교회에 다니고 있지만, 전부 다 그런 것은 아니다. 콜린의 전도 전략은 그녀의 교육관에서 시작된다. 다시 말해서 사람들은 실행하면서 배운다는 것이다. 그녀는 자신이 사람들 앞에서 신앙을 실천하는 모습을 보여줄 때 성령께서 사람들의 마음을 움직이실 것이라 믿고 있다. 어린이들이 교회를 꼭 다녀야 한다는 식의 조건은 없다. 그들은 하나님께서 보시기에 동등한 가치를 가지고 있다고 믿는다. 콜린은 '안전하고 건전한 유치원' 이 하나님의 성회 교단의 네트워크를 통해 아프리카 전역에 퍼지게 하고 싶다는 비전을 갖고 있다. 각각의 유치원이 재정적으로 독립되어 있기 때문에 이런 모델은 다른 지역에서도 실행이 가능하다. 좋은 유치원은 주변의 학교들을 발전시키는 중심축의 역할을 할 수 있다.

콜린은 말하기를 '안전하고 건전한 유치원' 을 시작하기 전까지만 해도, 하이웨이 하나님의 성회 교회가 만약 문을 닫게 된다면 그것을 아쉬워할 사람은 오직 그 교회 교인들뿐일 것이라고 말했다. 그러나 오늘날 교회는 지역사회에 끈끈하게 연결되어 있다. '안전하고 건전한 유치원' 을 통해 교회는 다른 많은 흑인 거주 지역과 비공식적 촌락 지역 안에 있는 사람들과 관계를 형성하였다. 더 나아가 그 교회는 남아공에 있는 하나님의 성회 소속 1500개의 흑인 교회에 지역사회 발전을 위해 기독교인이 헌신하는 비전을 제시하였다.

이런 것들은 기독교인들이 세상에서 갖는 책임에 대한 사람들의 이해를 넓히는 작용을 했다. 왜냐하면 하나님의 성회 소속 흑인 교회들의 많은 목회자들은 매우 보수적이고 지역사회 개발보다는 개인의 영혼 구원에만 초점을 맞추고 있었기 때문이다. 여기에 덧붙여 '안전하고 건전한 유치원' 은 수십 명의 여성들을 고용하고 있고, 그들에게 자신감과 함께 사회에 기여할 수 있는 능력을 증진시키고 있다. 물론 이 프로그램은 수백 명의 아이들이 남아공 사회에서 변화의 원동력으로 기능할 수 있도록 교육하고 있다.

카이로의 '버려진' 아이들을 교육하기

쓰레기장의 악취가 코를 진동했다. 수천 명의 사람들이 카이로 전역에서 버려지는 쓰레기 더미 속에서 종이, 플라스틱, 고철을 수집하여 재활용하여 생계를 유지하는 동네에 들어갔을 때의 일이다. 우리가 그 곳에 간 목적은 '스데반 어린이회'(Stephen's Children)에서 일하는 직원이 매주 방문하는 가정을 돌아보기 위함이었다. 우리가 가는 길에 쓰레기가 곳곳에 흩어져 있어서 발에 밟혔다. 우리가 '스데반 어린이회'에 다니는 한 아이의 집에 들어서자, 방 2개짜리 판잣집에서 불과 4미터 떨어진 곳에 돼지우리가 있었다. 오리들은 꽥꽥 소리를 내면서 정원에서 먹이를 먹고 있었다. 정원 한 편은 돼지들이, 정원 다른 편은 오리들이 살고 있었다. '스데반 어린이회'를 설립한 매기(Mama Maggie)는 가족들과 인사를 한 후에, 다소 마르고 생기가 없어 보이는 아버지에게 아이들을 소개하라고 부탁했다. 그가 소개만 하고 아이들의 이름을 밝히지 않자, 매기는 한 명 한 명 이름을 대면서 소개하라고 말했고, 특히 문화적으로 무시당하고 있는 여아의 이름을 말하라고 했다. 모든 문화에서 아이들은 사람들과 사귀는 것을 좋아하고, 낯선 사람들과 대화하고 카메라에 찍히는 것을 즐거워했다. 비디오테이프에 찍힌 얼굴들은 먼지로 더럽혀져 있었다. 집에는 흐르는 물이 없어서 목욕하는 것은 참으로 희귀한 일이었다. 우리는 한 여아가 더러운 바닥에서 실을 집어서 입에 넣는 것을 보고 인상을 찌푸릴 수밖에 없었다. 그 가족의 여섯 아이들과 함께 노래를 몇 곡 부른 후에 매기는 성경을 가르쳤다. 이 가정을 포함하여 대부분의 지역 주민들은 콥틱 기독교 신자였는데, 교회라든지 콥틱 신앙의 전통과는 연결되어 있지 않았다.

그 전날 우리는 스데반 어린이회에서 일하는 5백 명의 직원 중 일부와 함께 미팅을 가졌다. 그들 중 많은 수는 자원봉사자였다. 그들 대부분은 막 학교를 졸업하고 7년 동안 카이로의 극빈층을 위해 봉사하기로 서약한 젊은이들이다. 이런 식의 미팅을 한 후에 새로운 캠프를 시작하는데, 캠프에는 아이들을 불러서 3일 동안 놀이, 소그룹 모임, 예배, 강의 등을 진행한다. 그 때 아이들은 건강 검진도 받는다. 칫솔도 제공받고, 얼굴을 매일 아침과 저녁에 씻어야 한다는 식의 위생 교육도 받는다. 하루에 3번 음식도 먹는다. 처음에 아이들의 일부는 음식을 옷이나 침대에 숨기기도 했다. 왜냐하면 내일에도 빵, 과일, 야채, 고기로 가득 찬 식탁에 앉게 되리라고 믿지 못했기 때문이다. 그들은 또한 개인적으로 잘 수 있는 침대가 주어진다는 것에 놀랐다. 왜냐하면 그들은 모든 가족이 한 방에서 각자 옆에 누워 자는 것에 익숙했기 때문이다.

캠프를 시작하기 전에 아이들과 처음 만나는 시간은 다소 무질서하다. 아이들은 오랜 시간 앉아서 강사의 말에 집중하는 것에 익숙하지 않다. 그러나 아이들은 첫날 아침 모임에서 하는 생일 파티에는 금방 집중한다. 해당 주간에 생일을 맞은 아이들은 앞으로 나와서 촛불을 잡는다. 그들은 자신들이 얼마나 소중한 존재인지에 대해서 듣는다. 그리고 지금 손에 들고 있는 촛불처럼 예수가 그들의 삶에서 밝게 빛나기를 원한다는 것도 듣는다. 그날 저녁에 그들은 소그룹으로 모여서 자신의 삶, 희망, 꿈에 대해서 서로 이야기하는 시간을 갖는다. 10대 소녀들의 캠프에서 110명의 아이들 중 50명이 육체적으로나 성적으로 학대당한 경험이 있다고 털어놓았다는 이야기를 들었다. 멀리서 지켜보면서 우리는 그들이 나누는 대화의 진지함을 느낄 수 있었다. 매기는 이런 모임은 종종 10대 여아들이 삶의 비밀스런 부분을 이야기하면서 울음바다가 되는 경우가 있다고 했다. 아이들이 대규모로 모인 집회에서는 모든 사람은 하나님께 사랑을 받고 있고 그래서 가치있는 존재라는 것이 주된 메시지이다. 이 메시지가 함축하는 것은 소녀들도 권리가 있다는 것이다. 그들은 자신을 학대하려는 남자 어른이나 소년들에 맞설 수 있다. 우리의 몸이 성령의 전(殿)이라는 생각은 그들에게는 완전히 새로운 것이었다. 마찬가지로 남자 아이들의 캠프에서는 자존감을 가져야 한다고 촉구한다. 남자 아이들은 여자 아이들을 존중하는 것이 무엇인지 배우고, 남자로 성장한다는 것은 책임감을 갖는 것이라는 것도 배운다.

3일 동안 일어난 일이 얼마나 대단한 것인지에 대해서 버스 기사가 말하였다. 그는 아이들을 처음 데려올 때와 나중에 집에 데려다 줄 때 너무나 차이가 난다고 말했다. 많은 부모들은 아이들이 캠프에서 새로운 행동 습관을 얻어 왔다고 말하면서 다른 아이들도 캠프에 보낼 기회를 기다리고 있었다. 그러나 3일의 시간을 가지고 기적을 기대하기는 어렵다. 그래서 직원들이 펼치는 후속 조치들이 중요한 의미를 가진다. 아이들에게 6개월마다 캠프에 참여할 수 있는 기회를 계속 주고 있고, 하루는 특별하게 소풍을 가기도 한다. 이런 아이들과 청년들이 캠프에서 한 맹세를 지속적으로 기억하는 것이 중요하다. 그들은 쓰레기장으로 둘러싸인 환경에서 새로운 미래를 계속 상상해야 한다. 그리고 부분적으로 이 목적을 이루기 위해서는 아이들에게 계속 성경을 암송하고, 주기적으로 기도하고 예배드리도록 격려하는 것이 필요하다.

처음에는 스데반 어린이회는 10대 아이들에게 초점을 맞추었으나 곧 매기는 10대 정도가 되면 이미 생활 습관이 깊이 박힌 후라는 것을 깨달았다. 그래서 그녀는 광범위한 유치원 네트워크를 활용하여 유년기의 아동 발달에 헌신하게 되었다. 처음에 유치원을 만들겠다고 생각하게 된 것은 무슬림의 아이들이 코란을 배울 수 있는 학교에 자유로이 갈 수 있는 반면, 슬럼가에 살고 있는 콥틱(Coptic)교도의 아이들은 기독교 교육기관에 자유로이 다닐 수 없다는 것을 알아차린 후였다. 우리가 카이로를 두 번째 방문했을 때, 스데반 어린이집은 32개의 정부 인가 유치원을 보유하게 되었고, 각각의 유치원은 대략 2살 반에서 6살까지의 아이들이 평균 100명 정도 다니고 있었다. 목표는 1년에 5개의 새로운 유치원을 개설하는 것인데 이것은 사실 엄청난 작업이다. 왜냐하면 건물도 새롭게 짓거나 리모델링을 해야 하며, 매번 새로운 인가를 얻어 내야 하며, 직원을 교육해야 하고, 재정도 모아야 하기 때문이다. 매기는 카이로에 살고 있는 전문가 집단으로 구성된 뛰어난 이사회의 도움을 받고 있다. 매기의 남편은 카이로 미국 대학(American University of Cairo)의 교수인데, 또한 사업가이기도 하다. 그는 1주일에 이틀에서 이틀 반을 이 사역을 위해 헌신하고 있다. 매기는 이런 활동들을 감독하고, 평가하고, 되돌아보는 시간을 매우 세밀하게 조직화하여 운영하고 있었고, 중간 중간에 기도하는 시간도 넣었다.

유치원 운영의 서변에 흐르는 전략은 수천 명의 가족들에게 유치원으로 방문할 수 있도록 하는 것이다. 직원들이 매주 가정을 방문하는 것 이외에 유치원은 그 자체가 지역사회의 중심이 되고 있다. 어머니들은 부모들을 위한 교육 프로그램에 참여하기 위해 1달에 1번, 혹은 그 이상 유치원에 온다. 비록 유치원이 교회의 역할까지 떠맡는 것은 불법이지만, 모든 가족을 위한 기독교 교육의 중심축이 되어 가고 있는 것은 사실이다. 매기는 정부가 이런 유치원을 허가한 것은 콥틱 교도들이 종교 교육을 받을 권리가 있음을 공식 인정한 것이라 생각했다. 이런 유치원들은 슬럼가에 바로 붙어 있다. 우리가 유치원에 들어가서 아이들이 말쑥한 옷차림에 깨끗한 얼굴과 이빨을 드러내 보이며 활발하게 놀이와 교육에 임하는 것을 보고, 이 아이들이 과거 쓰레기 더미와 돼지와 오리와 먼지 속에서 살던 그 아이들이 맞는지 믿기 어려웠다. 만약 그게 사실이라면, 첫 5년이 가장 중요하고, 그 뒤로는 아이들이 인생의 새로운 도약점을 얻게 된다는 점이다.

유치원은 스데반 어린이회에서 하는 유일한 활동은 아니다. 몇 년 전에 매기는 많은 아이들이 학교에 갈 수 없다는 것을 깨달았다. 그녀는 부모에 의해서 거리의 앵벌이로 내몰리거나 가게에서 저임금으로 일하게 된 아이들을 만났다. 이 아이들에게는 고용이 매우 실제적으로 필요한 것임을 깨닫고서 그녀는 몇 개의 직업학교를 세워서 남자 아이들은 구두공, 여자 아이들은 여자 재봉사가 되거나 재봉틀을 활용하는 법을 배우게 하였다. 매년 이런 직업학교에서는 5,000켤레의 신발과 스웨터가 제작된다. 그리고 크리스마스가 되면 스데반 어린이회의 직원들이 매주 방문하는 가정에 신발과 스웨터가 배포된다.

직업학교의 분위기는 매우 작은 가게와도 같다. 거기에는 다양한 크기의 신발에 맞는 다양한 크기의 구두골이 있었다. 어떤 소년들은 가죽을 자르고 있었고, 다른 아이들은 바느질을 하고 있었고, 구두를 꿰매는 아이들도 있었다. 소녀들은 재봉틀을 돌리면서 스웨터의 팔 부분을 몸통에 끼우느라고 손을 부산하게 움직이고 있었다. 그리고 우리가 그녀들의 능숙한 작업을 비디오로 찍는 동안 웃음을 짓는 것도 잊지 않았다. 아이들이 작업을 하는 것을 옆에서 보면서 지시하는 사람들이 몇 명 있었고, 우리가 이런 시설을 짧게나마 방문하면서 느낀 것은 제품의 수준도 높을 뿐 아니라 작업장의 분위기도 매우 밝다는 것이다. 신발과 스웨터를 만드는 것 외에 하루 중 일정 시간은 학습과 기독교 수업에 할당된다.

만약 아이들이 돈을 벌어서 생계를 유지해야 하는 상황이라면 이곳은 매우 좋은 곳으로 판단된다. 더 나아가 그들이 만들어 내는 제품은 다른 아이들과 가족을 돕는 일에 사용됨으로써, 아동 노동이 착취가 아니라 의미있는 활동이 되는 것이다.

카라카스에서 젊은이들을 길러내기

베네주엘라의 카라카스 지역에서 수천 마일 떨어진 곳에 50살이 된 여성이 있다. 그녀는 아들의 죽음을 수십 명의 10대와 젊은 청소년들을 살리는 기회로 전환시킨 사람이다. 우리는 호텔에서 도시 철도를 타고 끝까지 갔는데, 거기에서 한 여성이 나와 통역과 운전기사 역할을 하겠다고 하면서 맞아주었다. 우리는 그녀가 운전하는 차를 타고 산을 넘어 말레나 수녀(Sister Marlena)가 사는 집에 도착하였다. 산의 언덕을 채운 바리오(barrio, 스페인계 사람들이 몰려 사는 일종의 슬럼가 - 역주)는 보기에는 매우 아름다웠다. 그러나 가까이서 보면 또 다른 현실이 펼쳐진다. 많은 지역에서 땅이 기울고 있고, 어떤 지역에서는 산사태가 나서 집을 덮어 버렸다. 방콕에 있는 슬럼가와 비교해볼 때 그 집들은 상대적으로 육중하고, 콘크리트와 건축재로 지어진 것이 많았다. 그러나 이곳의 집 안에는 많은 사람이 몰려 살고 있었고, 전 세계적으로 바리오를 특징짓는 여러 특성들이 나타났다. 알코올 중독자가 많고, 배우자를 구타하며, 임신 연령이 낮고, 산테리아(Santeria, 쿠바에서 발생하여 주변 섬과 미국으로 퍼진 종교의식으로서 가톨릭의 영성과 아프리카의 영성이 섞여 있다 - 역자 주)와 같은 토속 신앙을 믿고, 실업률이 높다는 것이다.

구불구불한 길을 20분 정도 올라가자 좁은 길을 만났고, 차가 거의 통과하기 어려운 지점에 이르러 차를 댈 수밖에 없었다. 길가에 줄을 선 집들을 사이로 15분 정도 걸어가자 노래 소리가 들렸다. 우리가 집에 들어가자 몇 개의 의자와 텔레비전, 간식이 놓인 탁자가 있는 조그마한 거실이 있었다. 우리의 바로 오른쪽에 방이 있었고, 대략 4평 남짓 되는 장소에서 25명 정도의 아이들이 춤추고 복음성가를 부르고 있었다. 그 방의 한 쪽 끝에는 임시로 만든 연단이 있었는데 단순한 모양의 천으로 덮여 있었다. 연단으로 나아가는 길목에 한 소년이 철밥통을 거꾸로 놓고 두드리며 리듬을 만들어내고 있었다. 그것 외에는 별다른 반주가 없는 셈이다. 그러나 그것이 크게 문제 되지 않는다. 왜냐하면 사실 다른 악기를 놓을 공간이 없기 때문이다.

우리는 늦게 도착하였고 이윽고 어떤 젊은 여성이 손에 성경을 들고 단상으로 나아갔다. 모두가 서로 밀착되어 바닥에 앉아 있었다. 그녀는 미리 준비한 원고 몇 장을 꺼내 들었고, 성경 본문을 읽었고 관련된 성경 구절을 찾았으며, 기독교인에 합당한 삶의 방식에 대해서 설교했다. 설교가 다 끝나자 간식을 먹으며 쉬는 시간이 되었다. 이때는 우리가 왜 아이들이 금요일 저녁에 파티하러 가지 않고 이곳에 오는지를 물어볼 수 있는 절호의 기회였다. 비록 이 모임이 신령한 종교적 행사와는 약간 거리가 멀다고 하더라도 그들이 왜 파티보다 이 모임을 선호하는지 알고 싶었다. 우리가 비디오카메라를 꺼내들자 그 이유를 말하려는 아이들이 줄을 섰다. 모두가 다른 이유를 들었지만, 공통적인 내용도 담겨 있었다.

이 아이들의 대부분은 명목상의 가톨릭 신자의 가정 출신이다. 그들 중 몇몇은 자신의 가족이 산테리아 종교를 믿고, 정기적으로 유령을 불러서 유령이 자신들을 통제하고 자신들을 통해 말하도록 한다고 전했다. 대부분의 아이들 이야기에서 발견되는 점은 술취한 아버지에게 휘둘린 유년기와 역기능적 가정이었다. 15살 된 예쁜 여자 아이는 삼촌이 자신을 성적으로 학대했다고 말했고, 그로 인해 오랜 기간 심각한 우울증을 앓았다고 했다. 또 다른 소녀는 집에서의 삶이 너무나 불만족하여 파티하는 것으로 낙을 삼았다고 말했다. 몇몇 소년들은 바리오 지역에서 마약과 성과 폭력 행위는 일상사라고 말했다. 그리고 나서 그들은 말레나 수녀를 만난 것이다. 아이들은 말레나 수녀로 인해 자신들의 삶이 질서를 잡게 되었다고 말했다. 어떻게 그렇게 된 것일까? 바로 아이들에게 새로운 삶의 방식을 열어 보임으로써 가능했던 것이다. 그 새로운 삶이란 성경적 원리에 근거하고, 열정적인 예배를 드리는 삶이다. 성경적 원리의 실천과 예배의 합작은 수요일에 드리는 기도와 금식에 잘 나타나는데, 매달 드리는 철야 기도회에서도 나타난다. 만약 여기서 외치는 공식 기조(基調)가 육체적인 모든 것을 부정하는 것이었다면, 이 아이들이 말레나 수녀 옆에 모이지 않았을 것이다. 그러나 종교적 엄격함을 누그러뜨리는 역할을 하는 열정적 춤이나 방언 등이 있어서 그나마 균형을 잡는다.

우리의 인터뷰는 간식이 다 떨어지고 어떤 아이가 노래를 부르기 시작하면서 끝났다. 그 때는 한밤중이었다. 그런데 그들의 밤은 아직 일렀는데, 왜냐하면 찬양 소리가 더 커졌고, 춤도 더 격렬해졌기 때문이다. 어떤 때에 그 움직임은 가사 내용에 맞춰 손을 움직이는 것이었는데, 예를 들어 마귀를 삶에서 내어 쫓는 동작 등이었다. 어떤 때에는 이 아이들이 하나님께 기쁨의 함성을 지르라는 성경의 가르침을 문자 그대로 실천하기도 했다. 마침내 밤 1시에 우리들은 지치게 되었고, 호텔의 아늑함이 그리워졌다. 우리가 산을 내려오면서 말레나 수녀와 심층 인터뷰를 진행하고 여러 대화들을 나누면서 우리는 다음과 같은 결론에 도달하게 되었다. 그리고 이런 결론은 우리가 1년 후에 좀더 자세한 관찰을 하기 위해 다시 방문하였을 때 더욱 강화되고 말았다.

첫째, 이 아이들이 말레나 수녀를 좋아했던 것은 어머니와 같은 존재가 필요했기 때문이다. 아이들 중 많은 수는 말레나 수녀가 자신들에게 벌을 주고 훈육을 한다고 말했다. 하지만 곧장 얼마나 그녀가 자신들을 위해주며, 받아들이고 사랑하며 조언을 주는지에 대해서 말했다. 짧게 말하자면, 종교는 인간의 경험에 질서를 부여하는 오랜 기능을 해오고 있었다. 예를 들어, 사람들에게 삶의 방향을 제시하고, 경계선을 설정하며, 사람들이 실패했을 때 다시 일어설 수 있는 힘을 제공하는 것이다.[2]

둘째, 이 작은 예배 공동체는 대가족과도 같은 역할을 하여 아이들에게 공동체를 경험케 한다. 만약 말레나 수녀를 대리모라고 한다면, 이 아이들은 매우 엄격한 행동지침 속에서 움직이면서 서로 끈끈한 관계를 맺고 있기에 어떻게 보면

갱 집단과도 비슷하다. 그러나 이 아이들과 갱 집단 사이의 차이점은 바로 윤리성이다. 기독교인들은 자신의 영역의 범위에 신경을 쓰지 않은 채 타인을 향한 사랑과 동정이라는 윤리적 행동에 관심이 있다. 이 아이들은 혹 새로운 친구들이 겁을 내고 떠나 버릴까봐 철야 기도회에 친구들을 초대하기를 꺼려한다. 그렇지만 정기적으로 새로운 아이들이 들어오는 것은 아이들의 삶을 지배하는 무질서를 이길 새로운 대안을 제공해주기 때문이다.

셋째, 우리가 인터뷰한 많은 아이들은 사람들이 말하는 사회적이고 심리학적 요인들을 넘어서는 현실에 대해서 곧잘 이야기한다. 그들은 자신의 삶을 변화시킨 예수 그리스도와의 만남을 가지고 있는 것이다. 그들은 성령에 의해서 이런 만남이 매개되었다고 고백한다. 몇몇 경우에서는 이런 만남은 환상이나 꿈의 형태로 다가온다. 다른 경우에는 예수 그리스도의 직접적 현존으로도 나타난다. 이런 만남이 어떤 형태를 띠던 간에 그것이 가져오는 정서적인 효과는 눈에 띄게 확실하다. 만약 이런 만남의 요소가 없다면, 이들의 삶이 극적인 반전을 이룰 수 있다고 믿기 어려울 것이다.

넷째, 이런 공동체는 10대 아이들과 젊은 청년들의 성적(性的) 에너지를 경배와 예배로 전환시키는 데에 효과적이다. 외부의 관찰자들에게는 4평 남짓의 성전에서 이뤄지는 예배에는 분명 관능적인 요소가 있었다. 그러나 한 편으로 이 아이들은 이런 모임이 얼마나 자신들이 혼전 성관계의 유혹을 억제하는 데에 도움이 되었는지에 대해서 이야기했다. 실제로 종교는 예배를 통한 황홀경적 욕구 분출을 허락함으로써 아이들의 삶에 질서를 부여한다. 그리고 이런 면모는 오순절주의의 독특한 장점이기도 하다.

다섯째, 아이들이 예배 공동체에 참여함으로써 얻게 되는 장기적 효과는 많은 아이들이 바리오 지역에 사는 다른 아이들보다 더 높은 사회적 신분 상승을 경험한다는 점이다. 그들은 수입의 20-30%를 술을 먹는 데에 사용하지 않으며, '잉여 자본'을 주택, 교육, 사업 활동에 투자한다. 더 나아가 여성들은 임신을 늦게 함으로써 만약 임신을 했을 경우 받지 못했을 교육을 더 많이 받는 기회를 갖는다. 이와는 별도로 오순절주의의 사상은 목적지향적 행동을 매개하는 경우가 많다. 다시 말해서 전도와 관련된 봉사 활동을 하지 않을 때에는 사회적 신분 상승을 촉진하는 행동을 하도록 목표를 설정하는 것이다.

마지막으로 이 아이들은 말레나 수녀의 삶과 전도 때문에 함께 모인 것이다. 그녀는 자신의 삶이 어려울 때에 오순절 신앙을 갖게 되었다. 그녀의 첫 번째 남편은 알코올 중독에 아내를 학대하는 사람이었다. 그녀는 아들 1명을 갱 집단의 폭력에 잃은 아픔을 가지고 있다. 카라카스의 오순절 교회는 그녀의 삶의 지지대가 되어 주었다. 기도와 금식을 한 후에 그녀는 다른 집의 아이들을 받아들이는 사역을 하는 선교회를 조직했다. 그녀 스스로 아픈 경험을 가지고 있었기 때문에 그녀는 매일같이 자신의 집으로 몰려 오는 수십 명의 아이들에게 새로운 삶을 제공하는 도구로 사용될 수 있었다. 그러는 동안 그녀는 이 아이들 중 많은 아이들이 이미 경험하고 있는 카라카스의 더 큰 예배 공동체의 일원이 되었다. 그 공동체는 아이들을 모아서 더 큰 교회에 연결시키고 있었다.

앞에서 이야기한 여러 사례들은 매우 훌륭하고 유일한 사역이다. 우리가 조사 활동을 펼치는 동안 지역사회에 변혁적 영향력을 미치고 있는, 젊은이 사역에 중점을 둔 오순절 교회를 발견했다. 여러 가지 사역의 가능성을 증명하기 위해서 남미, 아프리카, 아시아에 있는 여러 교회들의 사례를 인용하고자 한다. 이에 덧붙여 우리는 오순절 교회를 포함하여 여러 교회들이 연합하여 아이들의 권리를 보호하는 일에 매진하는 것도 볼 수 있었다.

부에노스 아이레스에서 지역사회를 섬기는 10대 아이들

부에노스 아이레스에 있는 '열린문 교회'(The Church of the Open Door)는 매우 빠르게 성장하고 있으며, 매주 예배에 참여하는 350명의 젊은이들과 청년들에 의해 성장이 가속화되고 있다. 우리가 방문하기 5년 전에는 단지 90명의 10대 아이들과 청년들이 다니고 있었다. 그렇다면 무엇이 드라마틱한 성장을 가

겨왔단 말인가? 의심할 필요도 없이 교회의 체육관 같은 구조라든지, 현대적 예배 음악, 다음날 밤 1시까지 진행되면서 수많은 젊은이를 사로잡는 디스코 문화에 대안을 제공하는 토요일 저녁 프로그램 등과 같은 많은 요인들이 작용했을 것이다. 그러나 이 교회가 성장한 핵심에는 섬김의 윤리가 자리 잡고 있으며, 교회의 성도들은 예수가 자신의 삶과 가르침 속에서 이 윤리를 실현했다고 말한다. 토요일 밤에 함께 모여 성경을 공부하고 기도를 하지만, 주중에는 모든 10대 아이들과 젊은이들이 20가지의 다양한 사회봉사 활동에 참여하게 된다. 이런 활동의 몇 가지는 내부 행사를 위한 것이어서 예배, 장소 마련, 음식 장만, 청소 등과 같은 것을 전담하는 젊은이들이 있다. 그러나 많은 10대 학생들은 매주 집이 없는 사람들에게 수프를 나눠주는 일을 하고 있었다. 다른 학생들은 노인들을 방문한다. 다른 아이들은 매주 교회의 지도자들과 함께 지역에 있는 정신병동의 환자들을 데리고 소풍을 나선다. 그리고 다른 아이들을 돌보는 청년들이 있는데, 그들은 교회와 연계된 학교들이 있는 아르헨티나의 경계선 지역까지 여행하는 수고를 감내하기도 한다.

   토요일 저녁에 우리는 교회를 방문했고, 마침 10대와 젊은 청년들이 1주일간의 여행을 마치고 돌아왔다. 그들은 아이들을 위한 놀이 시설이 없는 지역에 가서 농구장을 직접 만들어주는 일을 했다. 시멘트를 반죽하고, 2개의 농구 골대를 세우고 그물망을 다는 일을 한 것 외에 그들을 인근 지역의 아이들과 함께 놀아주었다. 토요일 저녁에 찬양을 뜨겁게 부른 후에 그들은 단상에 나아가서 1주일간의 경험을 공개하였다. 그들은 약간 조잡하게 편집한 비디오테이프를 보여주면서 각자 만났던 아이들에 대해서 설명하였다. 가장 두드러진 이야기는 알코올 중독의 아버지와 함께 사는 한 소년에 관한 것이었다. 처음에 그 소년은 마치 개가 짖는 것처럼 의사소통했다. 왜냐하면 아마도 그가 주로 어울리는 친구가 개들이었기 때문인 것으로 보인다. 그러나 마지막에는 소년은 웃고 말하기 시작했다. 문명화된 방식으로 의사소통하는 것을 배운 것이다. 그들이 이 소년에게 어떤 좋은 영향력을 남겼든 간에, 가장 심오한 변화가 일어난 곳은 사랑으로 소년에게 다가갔던 그들 내면세계였다.

예배가 끝난 후에 사람들은 콜라를 마시고 과자를 먹기 시작했다. 우리는 주변에 몇 명의 젊은이들을 불러 모았다. 그들은 자신들이 펼치는 봉사 활동에 대해 말하고 싶어했다. 그들이 토요일에 배우는 성경공부와 주중에 펼치는 봉사 활동 사이에는 확연한 연결고리가 있었다. 1명의 젊은 청년은 다소 감각적인 언어를 동원하여, 하나님이 그의 사랑으로 우리를 채워주시면, 우리는 타인을 사랑함으로써 우리 자신을 비워야 한다고 말했다. 그들은 예수는 섬김을 받는 것이 아니라 섬기러 왔고, 예수의 제자로서 그의 행적을 따라 해야 한다는 원칙을 반복적으로 이야기했다. 우리가 감동을 받은 부분은 그들의 증언에는 열정과 기쁨이 넘쳐난다는 점이다. 분명 그들은 예수의 제자가 되는 것을 즐기고 있었다. 다른 사람에게 자신의 삶을 나눠주는 행동을 통해서 그들은 삶의 새로운 목적을 발견했다. 현대 사회에 만연한 실용적 개인주의의 사이클은 무너져 내렸다. 그 자리에 공동체주의적인 윤리의식이 태어났으며, 그것은 다른 사람을 섬기는 종으로 온 예수의 표상에서 비롯된 것이었다.[3]

그러나 이런 새로운 윤리가 진공 상태에서 저절로 생긴 것은 아니다. 많은 아이들은 주말에 자신과 부모 사이의 장벽을 치유하는 일에 매진한다. 우리는 주말에 열리는 이런 일들의 자세한 부분을 공개하지 않기로 약속했는데, 왜냐하면 대개 결말이 놀랍기 때문이다. 그러나 우리는 이런 일을 대략적으로 정리하는 정도의 자유는 있다. 즉 주말에 부모와 자녀가 서로 만나는 것은 칠레에 있는 가톨릭교회에서 따온 것이다. 칠레의 가톨릭교회는 사람을 부에노스 아이레스에 파견하여 젊은 청년과 부모 사이의 만남을 주선한다. 그 뒤로 주말에는 170명의 젊은이들을 한 번에 초청하기도 하였는데, 자원 봉사자 청년들이 그 숫자의 2배가 되었다. 비록 이것이 교회가 재정적으로 지원하는 행사이지만, 자원 봉사자들은 이것을 지역사회를 위한 섬김의 장이라 생각했고, 공공연한 전도 활동은 피하였다. 그 대신에 350명의 자원 봉사자들은 사람들을 섬기면서 그들의 신앙을 행위에 담아내려고 노력했다. 자원봉사자들은 소그룹에 참여하여 사람들이 부모와의 관계에서 느끼는 긴장의 본질을 발견해 내고, 그것을 치유하는 해결책을 놓고 고심하였다. 우리가 인터뷰한 많은 10대 아이들과 청소년들은 자신들의 삶이 주말에 이런 프로그램에 참여하면서 변화되었다고 고백했다. 바로 사람의 삶에서 가장 기본적인 부모-자녀 관계를 치유함으로써 예수의 윤리를 더욱 잘 실현하는 사람이 되는 기반을 닦을 수 있었다고 말했다.

나이로비의 통과의례

도시화로 인해 아프리카에서 아이들이 어른으로 성장해갈 때 필요한 통과의례들이 많이 사라져 버렸다. 예를 들어 남자 아이들은 더 이상 사자를 죽여서 자신의 용감함을 증명하는 일이 불가능하다. 더 나아가 여성 할례는 도덕적으로 혐오스러운 일로 받아들여지고 있다. 그렇다면, 그러한 통과의례들이 사라지고 난 다음에 이 아이가 새로운 역할을 맡을 준비가 되어 있으며 더 이상 아이로 대접받지 말아야 한다는 것을 증명할 수 있는 표시는 무엇인가? 근대의 도시 사회는 대체로 통과의례를 만드는 일에서는 매우 뒤쳐져 있다. 서구 사회에서는 아마도 운전면허증이 가장 가까운 대체물이 될 것이다.

케냐의 나이로비 교회(Nairobi Chapel)는 이런 일에 도전하면서 남아와 여아들을 위한 통과의례를 만드는 일에 노력하고 있다. 아이들이 13살이 가까워오면 1년 동안 성(性), 임신과 관련된 여러 책임들, 어른의 의무, 어른이 다른 성(性)의 사람들에게 대하는 예의 등에 대해서 집중적으로 배운다. 그 해의 끝에는 아이들의 부모들이 함께 모여 남아와 여아들을 위한 통과의례를 따로 기획한다. 예를 들어 남자 아이들은 주말에 수풀에서 혼자 자게 된다. 이 행사를 맡은 담당자들이 아이들을 꼼꼼히 살펴보지만, 아이들은 홀로 숲 속에서 자면서 어두움과 야생 동물의 공격에 노출되어 있다. 그 행사의 마지막에는 부모들이 함께 참가해서 그 아이들이 어른이 되었기 때문에 갖게 되는 책임에 대해서 확증한다. 다시 말해 어른이 되면 어떤 권리를 갖고, 또한 어떤 새로운 의무를 갖는지에 대해서 정하는 것이다. 그러면 교회에서는 그 날의 행사를 경축하는데, 지역사회의 주민들이 모여서 어른으로 성장한 것을 축하한다. 젊은 처녀에게는 이것과는 다르지만 구조적으로는 비슷한 의식이 행해진다. 이런 의식들은 과거의 통과의례였던 여성 할례라는 문화적 전통에 대한 대안으로 작용한다.

싱가포르의 시티하비스트 교회 : 젊은이가 주축이 된 초대형 교회

싱가포르의 시티하비스트 교회(City Harvest Church)와 견줄 만한 교회는 전 세계에 없을 것이다. 우리가 가진 통계 숫자는 분명 낡은 것이지만, 우리가 방문했던 당시 교회는 13,000명의 교인들이 다니고 있었다. 교인들의 평균 나이는 26세였다. 그들은 주로 성도들이 헌금한 돈으로 지은 4천 7백만 달러짜리 건물에서 예배를 드린다. 그 건물은 지하 4층, 지상 4층 건물로서 외벽은 티타늄으로 되어 있다. 어느 모로 보나 극장이거나 우아한 사무실과도 같은 느낌이다. 일단 건물에 들어가면 비디오 스크린이 설치되어 있고, 담임 목회자 아내의 최신 앨범이 방영되고 있다. 건물의 옥상에는 정원이 있고, 연무가 뿌려지면서 주변 온도를 낮추고 있고, 세례식을 위한 풀장도 있었다. 그 건물에는 카페가 있는데 스타벅스의 커피도 철이 지난 것처럼 보일 정도로 최신식의 카페이다. 카페 밖에는 1백 5십만 달러짜리의 녹음실이 있는데, 거기에는 텔레비전 모니터가 모여 있고, 최신의 비디오 장비가 딸려 있었다. 그리고 나머지 공간은 예배를 드리는 곳으로 사용되고 있었다.

우리가 처음 시티하비스트 교회를 방문한 때는 극장에서 사람들이 모였다. 아이들이 이전 예배가 끝나기를 한 시간 가까이 줄을 서서 기다리는 것이 눈에 보였다. 현재의 건물은 층층별 극장식 의자를 놓은 반원형의 건물로 디자인되었다. 무대의 뒤에 있는 벽은 높은 해상도의 커다란 텔레비전 스크린이 뒤덮고 있었다. 예배당 내부의 곳곳에는 텔레비전 카메라가 있었고, 크레인 위에 있는 원격 카메라는 모든 청중의 모습을 담아내기 위해서 위아래로 돌아가고 있었다.

음향 시스템은 록 콘서트 장을 방불케 할 정도로 좋았다. 그리고 모든 것이 완벽하게 조직화되어 있었다. 교회에 처음 찾아온 사람을 돌보는 교회의 지휘 체계가 확실하여 사람들을 자리로 안내하는 교인들이 존재하였다. 모든 사람이 설교의 주요 대지를 설명한 노트를 받는다. 그러나 설교 전에는 열정적 찬양과 준(準)프로급의 교인들이 펼치는 스킷(skit, 짧은 희극 드라마), 담임 목회자의 부인이 내놓은 최신 비디오 상영, 주변 사람들과의 쾌활한 대화가 이어진다.

우리가 들었던 설교는 매우 실제적인 것이었다. 주변 상황에 민감해지고, 친절하며, 다른 사람을 잘 도와주고, 어려운 사람들에게 관심을 보이고, 그리스도의 사랑을 실천할 때 자발적으로 하라는 내용이었다. 설교 중간에 회중들을 두 사람씩 짝짓게 해서 설교의 내용을 놓고 대화하도록 하였다. 청중들은 주변에 앉아 있는 사람들과 포옹을 하고 심지어 입맞춤을 하도록 요구받았다. 싱가포르와 같이 매우 경쟁적인 문화적 환경에서 이런 식의 사랑과 우정의 표현은 이해타산으로 물든 인간관계에 대한 하나의 대안이 된다.

주중에 있었던 인터뷰를 통해 우리는 1명의 목회자와 함께, 이 정도 수준의 사역을 가능케 하는 청년들과 10대 청소년의 헌신이 어떻게 가능한지에 대해 알아보기 위해 교회조직 등을 탐구하였다. 사역의 중심에는 700개가 되는 셀 그룹(cell group)이 존재하였다. 대략 이들의 절반에 가까운 숫자가 청년 소그룹이었고, 나머지 절반은 어른 소그룹이었다. 셀 그룹의 리더는 훈련을 받기 위해 매주 모였다. 설교가 주어진 후 그들이 받는 훈련은 설교의 핵심을 파악하여 20분 동안 다른 셀 그룹 구성원들에게 가르치기 위해 스스로 소화해내는 것이다. 셀 그룹 모임에서는 설교 이전에 간략한 환영의 시간이 있고, 그 뒤에 찬양을 함께 부른 후에 설교가 이어지고, 마지막에는 기도를 하였다. 셀 그룹에는 평균 8명의 사람들이 있었다. 만약 셀 그룹이 성장하여 30명으로 커진다면, 분립을 해야 한다. 물론 이런 식의 분리는 다른 리더들의 기술을 개발시키는 기회가 되고, 모든 셀 그룹에는 부리더가 존재하여 언제나 대기하고 있다. 매 계절마다 셀 그룹 구성원들이 거쳐야 하는 4가지의 훈련 코스들이 있다. '시작하기'는 새신자들이 배우는 과정이고, '기독교인의 삶'은 그 다음 코스이다. 그 뒤에는 '기초 놓기'에 대한 강의가 이어지고, 마지막에는 '승리의 삶'이라는 주제로 훈련이 계속된다.

처음에 그 교회는 교회에 행사가 많아서 아이들이 공부에 집중하지 않는다는 부모의 불평을 들어야 했다. 그래서 교회는 학생들에게 일주일에 20시간 이상은 스스로 공부해야만 셀 그룹 모임에 올 수 있다는 조건을 내걸어 대응했다. 현재 이 교회는 싱가포르에서 가장 훌륭한 개별지도 프로그램을 수행하고 있다. 그 교회에는 좋은 학점을 받은 사람들이 많기 때문에 많은 학생들은 교회에 매력을 느끼고 있다. 싱가포르는 경쟁적인 교육 환경으로는 세계적으로 유명하기 때문에 이런 식의 교회 사역과 사회적 분위기는 잘 맞아 떨어지는 면이 있다.

교육과 첨단 장비를 동원한 예배에 대한 강조가 자칫 교회의 자기만족으로 그치지 않도록 하기 위해서 시티하비스트 교회는 사회봉사 프로그램을 활발히 전개하고 있다. 사실 우리는 교회의 사회봉사 활동이 진행되고 있는 장소에 갔을 때 깜짝 놀랐다. 왜냐하면 그곳이 지대가 매우 비싼 시내 한복판의 고층 건물이었기 때문이다. 시티하비스트교회 봉사연합(The City Harvest Community Service Association)은 25명의 유급 직원과 580명의 자원봉사자가 매년 4,600명의 사람들을 섬기고 있다. 감옥에 갇힌 사람, 사형선고를 받은 사람(대개 에이즈 환자들)을 위한 프로그램과 앞에서 언급한 학생들을 위한 개별 학습지도 프로그램 외에도 그 교회는 노인들과 정신지체인들을 돕는 활동도 전개하고 있다. 자원봉사자들은 노인들을 매주 2차례 방문하려고 노력한다. 노인들과 친구가 되려고 노력할 뿐 아니라 집안 청소도 해드리고, 근처 가게에 가서 물건도 사고, 노인들을 모시고 병원에 가고 야외로 소풍을 가기도 한다. 그리고 교회는 노인들을 위한 지지 소그룹(support group)을 만들어서 거기에 참여할 수 있는 기회도 제공하고 있다. 정신지체인들을 위한 프로그램도 이와 비슷한 수준으로 잘 발달되어 있다.

이 교회의 또 다른 특이한 점은 예술에 대해 매우 큰 관심을 기울이고 있다는 것이다. 음악에 대한 강조 외에도 그 교회는 드라마 상연의 수준이 매우 높고,

그래픽 디자인의 수준도 탁월하다. 교회의 예술 대학을 이끌고 있는 교회 직원은 "예술은 신성과 인간성의 표현이다." 라고 말했다. 이 교회 직원은 예배와 예술을 혼합하는 뛰어난 능력을 인정받아 호주에서 스카웃된 사람이다. 예술적 표현이 예배의 한 형태가 될 수 있다는 생각에 근거하여, 다시 말해 하나님의 창조에 대해 온몸으로 반응한다는 뜻에서 시티하비스트 교회는 다른 모든 프로그램에서처럼 드라마와 춤의 영역에서도 탁월성을 추구한다. 그 교회의 지도자는 예술적 향기가 없이 화려한 과학기술만을 추구하는 싱가포르의 문화에 교회가 상당 부분 기여할 수 있다고 믿고 있었다.

마닐라 아이들의 권익 보호

마닐라는 많은 것이 대조를 이루는 특이한 도시이다. 최신식의 호텔과 맥도날드에서 켄터키 후라이드 치킨에 이르기까지 미국의 다양한 패스트푸드 업체가 들어와 있다. 그러나 길거리에까지 넘쳐서 나온 가건물을 집으로 삼아 그곳에서 요리와 설거지와 세탁과 목욕을 하면서 살아가는 수천 명의 사람들도 공존하고 있다. 우리가 방문하는 모든 곳에서 승객들로 가득 찬 '지프니'(Jeepney) 차량을 볼 수 있었고, 숨막히는 오염된 공기를 피하기 위해 수건을 머리에 두르고서 오토바이를 타고 다니는 사람들이 눈에 띄었다. 거의 모든 신호등에는 생수나 자질구레한 장신구를 팔려고 다니는 행상인들이 있었다. 이런 사회적 분위기에서는 길거리에서 물건을 파느니 차라리 매춘부가 되어 몸을 팔겠다는 유혹이 강하다. 많은 젊은이들은 본드에 중독되어 있었다. 아동 노동은 매우 흔한 일로써, 대여섯 살 된 아이들도 부모의 강압에 의해 노동 현장으로 내몰리고 있었다. 아이들에 대한 성적인 학대도 두루 퍼져 있었고, 친척들이 그런 사악한 일을 하는 경우도 많았다.

한 번은 마닐라에서 열리는 '아동 보호 주간'(Child Advocacy Week) 기간이었다. 아침에 우리는 종교적 색채를 띤 어떤 비정부기구 단체의 대표와 인터뷰를 했는데 그 단체는 수천 명의 아이들의 삶을 돕고 있었고, 아이들의 가족에게 음식을 제공하고, 아이들의 교육비를 지불하고, 약간의 의료 서비스를 제공하고 있었다. 이 비정부기구는 오순절 교회를 포함하여 몇 개의 교회와 함께 협력을 하고 있었는데, 특히 100명 이상의 아이들이 부모와 마닐라시 공무원들을 위해 준비한 공연을 돕는 일에 협력하고 있었다. 그날 오후에 우리는 총연습을 하는 리허설 행사에 참여했고, 부모와 아이들과 리더들과 함께 이야기를 나누었다. 그 다음날 우리는 수백 명의 부모들과 몇 명의 시 공무원들이 공연을 관람하는 자리에 참여하였다.

이런 아이들과 청소년들을 지도하는 젊은 청년은 그 자신이 본래 길거리에 버려진 아이였다. 하지만 그는 지금 런던에 있는 학교에서 드라마에 대한 대학원 과정에 진학하려고 노력하고 있었다. 몇 주 동안 그는 아이들과 함께 그들이 매일 부딪치는 문제를 다룬 짧은 드라마 각본을 썼다. 예를 들어 폭력조직에 가입하거나 휘발성 물질을 흡입하려는 유혹, 나이든 동성 남자들이 성적으로 접근하는 것에 대처해야 하는 문제, 폭력적이고 술취한 아버지에 대한 문제 등이 주제로 다루어졌다. 2시간에 걸친 공연 끝에 쥬스와 과자가 배급되고 짧은 성찬식이 거행되었다.

분명히 여자 아이들은 몇 주에 걸친 공연 준비를 마치면서 인간으로서 자신의 존엄성을 이해하게 되었다. 남자들이 착취하려고 하는 것에 저항할 권리가 있다는 깨달음을 얻은 것이다. 그들은 자신들을 고용하기 위해 쉴 새 없이 일하는 포주와 폭력집단의 세계와는 다른 세상을 조금 맛보았다. 부모들, 특히 공연 관람에 참여한 어머니들은 자녀들로부터 재발교육의 중요성과 자신들이 당하는 학대의 다양한 형태를 인지해달라고 애원하는 것을 듣게 되었다. 그리고 공연을 지켜본 시 당국자들은 아이들의 권리를 보호하는 법을 제정하는 일을 추구할지도 모른다.

교회와 비정부기구가 이렇게 협력하는 것에는 몇 가지 독특한 점이 있다. 첫째로, 아동 노동과 다양한 형태의 착취는 많은 개발도상국의 여러 도시에서 매우 흔한 일이지만, 신앙에 기초한 단체들은 종종 그 지역 공무원들에게 책임을 물으려는 의도로 다국적 인권단체와 협력하지 않는 편이다. 대신에 그들은 자신만의 배타적 영역 안에서 훨씬 더 개인적인 수준에서 일을 한다. 둘째로, 공연은 드라마라는 장르를 통해 아이들이 자신의 감정을 표현하게 했다는 점에서 독특했다. 셋째로, 이런 행사는 오순절 교회와 가톨릭교회와 주류 교단의 교회들 사이의 협력을 가져온다. 아동 보호 주간에 함께 연합하여 일하는 것은 구조적 악에 대항하여 싸우는 전 세계의 기독교인들에게 퍼져나갈 수 있는 좋은 모델이다.

초등학교와 중등학교

아프리카, 아시아, 남미 등 우리가 방문한 많은 교회들은 초등학교와 중등학교를 개설하였다. 대개 이런 학교들은 교회의 부지 안에 설립된다. 교사들은 교사로서의 기본적 자격 요건 외에 종교적 열정이 있어야 채용된다. 학교의 목적은 기독교의 이념을 과학 과목이건, 예술 과목이건 교육과정에 녹여내는 것이다. 어떤 나라에서는 이런 학교들이 학급당 100명이나 되는 학생들이 있는 정부 운영 학교에 대한 대안이 되기도 한다. 아이들은 교회가 운영하는 학교에서는 개별적으로 대해지고 있다. 예를 들어 우간다의 '구원교회'(Deliverance Church)에서 세운 학교는 아이들이 '나를 안아 주세요' 라는 문구가 새겨진 티셔츠를 입고 있다. 오순절 교회에서 운영하는 학교들은 교육 수준이 매우 높다. 예를 들어 캄팔라 오순절 교회는 케냐에서 가장 뛰어난 초등학교와 중등학교를 만들어서 정부에서도 본받도록 하겠다는 야심을 갖고 있다.

도덕교육은 교육과정의 중요한 부분이며, 교사들이 학생들을 대하는 방식과 학교 행정의 진실성에서부터 이미 도덕 교육이 시작된다. 학교의 예배, 성경 공부, 교칙 등을 통해 확실한 도덕교육이 진행된다. 우리의 인터뷰에 종종 등장하는 이야기는 아주 심각한 문제아동으로 입학했다가 놀라운 변화를 체험하여 졸

업한 학생들의 경험담이다. 이런 학교가 갖고 있는 장기적 목표는 인간 공동체에서 도덕적인 본보기가 될 뿐 아니라 공무원이 될 수 있는 리더를 길러내는 것이다.

공식적인 형태의 학교를 갖고 있지 않은 교회들은 아이들을 위한 방과 후 프로그램을 시행하고 있었다. 대개 방과 후 프로그램은 전체 지역사회에 대해 열려져 있고, 스포츠 활동 뿐 아니라 개인교습이 진행되고, 교회가 공부방으로 활용되기도 한다. 방콕에서 한 성공회 교회의 카리스마적 목회자는 그들의 프로그램의 성공 비결이 단순하다고 공개했다. 그것은 아이들을 조건 없이 사랑하는 것이었다. 그는 인성 개발에 대한 이와 같은 간접적 접근 방식은 아이들이 자발적으로 와서 세븐일레븐 상점에서 물건을 훔쳤다고 고백할 때 열매를 맺는 느낌이 든다고 말했다.

결론적 성찰

최근의 연구는 아이들의 삶에서 '권위의 공동체'(authoritative communities)의 존재가 펼치는 중요한 역할에 대해서 지적해 왔다.[4] 이런 연구들에 의하면, 부모의 권위와 공동체의 도덕적 요구의 바깥에서 성장한 아이들은, 사랑의 환경 속에서 나이에 맞는 도덕적 가르침을 받으면서 자라난 아이들과 다른 두뇌 신경의 발달 과정을 보인다. 우리가 방문하여 눈으로 보았던 이런 프로그램들은 아이들을 사랑으로 감싸 안음으로써, 그리고 아이들에게 개인적 욕구와 욕망을 넘어서는 가치가 있다는 것을 알려줌으로써 올바른 성격을 형성시켜 주는 데에 초점이 맞춰져 있었다. 혼자서 자신을 보호하도록 내버려진 아이들은 사회에 대해 심각한 짐이 된다. 그들은 자기 파괴적인 행위(본드 흡입, 마약 복용 등)에 빠져들던지, 아니면 시민사회를 불가능하게 만들 법한 약탈적 행위를 추구할 수 있다. 그러나 이런 식의 부정적인 진술로 이번 장을 마친다는 것은 별로 바람직하지 않다. 오순절 교회의 사역은 결코 위험에 처한 아이들에게만 국한되지 않는다. 이런 교회들은 좋은 가정에서 자라난 아이들로 넘쳐나기도 한다. 이런 아이들을 위한 교회의 역할은 인간이 지닌 가능성의 비전을 설파하는 것이고, 그런 비전을 실행하는 구심점으로서 기능하는 것이다.

이번 장에서 묘사한 다양한 유형의 사회봉사 프로그램을 돌아볼 때, 젊은이들을 섬기는 사회봉사 프로그램은 우리가 제시한 유형의 대부분을 포함하고 있었다. 교육이 젊은이를 위한 프로그램의 중심에 위치해 있었고, 상담, 의료지원, 예술 등이 오순절 교회가 하는 일에 녹아들어 있었다. 더 나아가 이런 프로그램의 많은 숫자는 개개인에 초점을 맞추면서도 지역사회라고 하는 더 큰 범위에 영향을 미치는 데에 관심이 있었다. 사실 이런 프로그램들은 개인주의적인 문제 해결에 의존하기보다는 지역사회 전체를 재조직하는 식의 모델을 채택하고 있었다. 그래서 이런 교회들은 오순절 교회가 기독교 윤리를 실천해왔던 자선사업이나 인도주의적인 구호 활동과 같은 전통적인 태도를 보이지 않는다. 그런 교회들은 아이들에게는 권리가 있고, 존중받아야 하며, 교회는 아이들이 노력하면 성공할 수 있는 사회 환경을 만들어주어야 한다고 주장함으로써 구조적인 문제에 접근하고 있다.

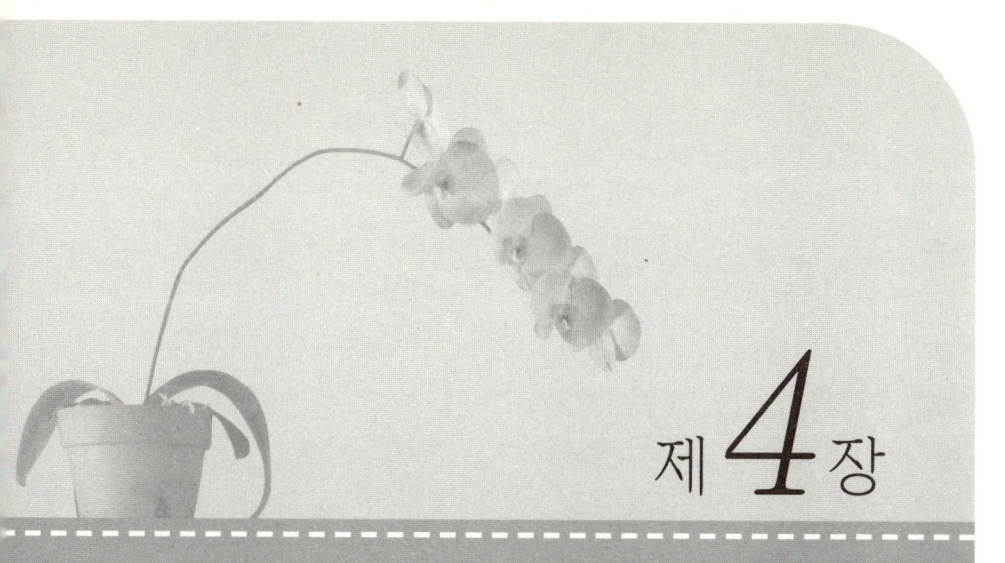

제4장

개인과 사회를 변화시키는 운동

제4장

개인과 사회를 변화시키는 운동

홍콩으로 가는 비행기에서 우리는 재키 풀링거(Jackie Pullinger)가 쓴 『아편중독』(Chasing the Dragon)이란 제목의 짧은 책을 읽었다.[1] 이것은 작자인 그녀가 홍콩의 '담벼락 도시'(Walled City)에서 헤로인 중독자들과 함께 일한 경험을 이야기로 쓴 것이다. 그녀가 1966년 홍콩에 도착하였을 때, 위험한 나머지 경찰도 접근하지 못했던 이 지역에 수천 명의 포주, 매춘부 및 마약 중독자들이 살고 있었다. 이곳은 경찰 대신에 폭력으로 악명높은 갱단인 트라이어드(the Triads)가 장악하고 있었다. 히로인과 아편굴이 도처에 널려 있었다. 그들 가운데는 남자들이 창살문에 누워 있었고 그들의 몸에서 나오는 분비물이 콘크리트 바닥에 떨어지고 있었다. 많은 사람들은 걸어 다니는 해골들이었다. 그들의 유일한 바람은 또 다른 마약 주사였다. 음식, 위생, 친구와 가족과의 관계는 그저 선택사항에 불과했다.

우리는 풀링거의 책을 다 읽고, 이 이야기가 몇 년 동안 발전해온 수용 시설을 갖춘 치료기관인 성 스데반 공동체(St. Stephen's Society)의 기부금을 모으기 위해 꾸며낸 거짓말이거나, 만일 이것이 거짓말이 아니라면 자세히 조사할 만한 가치가 있다고 결정하였다. 그래서 어느 날 오후 우리는 호텔에서 몇 블록을 걸었다. 사람이 붐비는 화려한 상점과 고층 건물에 에워싸인 거리를 지나서 작은 가게들과 작업장이 있는 곳에 다다랐다. 보석상과 장례용 꽃을 파는 가게를 지나서 우리는 성 스데반이라고 이름붙인, 눈에 잘 띄지 않는 2층에 자리한 사무실로 올라갔다. 우리는 자신을 소개한 후 재키 풀링거와 만나고 싶다고 말했다. 마침 그 때 다행스럽게도 그녀는 그곳에 있었고 우리를 맞이하기 위해서 나왔다. 약 45분간 우리는 격의 없이 대화했다. 우리가 '그녀의 사역'이라고 말할 때마다, 그녀는 우리를 바로잡아 주었다. 그녀는 성 스데반 공동체를 어떤 조직으로도 범주화시키는 것을 싫어했다. 그곳에는 기금 마련을 위한 어떤 전략도 없었다. 예산이라고 확인할 만한 것도 없었다. 그들은 어떠한 전략적 계획도 갖고 있지 않았다. 그 대신 그들은 매일 성령의 인도를 받는다고 말했다. 만일 자신이 신의 일을 감당할 경우 신이 자신의 필요를 채워줄 것이라고 생각하고 있었다. 재키는 또한 성 스데반 공동체가 교회라고도 생각하지 않았다. 그것은 신이 그들에게 힘을 주는 것처럼 서로 사랑하고자 노력하는, 깨어진 사람들의 모임이었다.

우리가 보았던 조직 중에 이것과 가장 가까운 것은 바로 '빈야드 교회' (Vineyard Christian Fellowship)였다. 특히 성 스데반 공동체는 예배 때 많은 빈야드 합창곡을 번안하여 부르고 있었다. 그리고 그들은 성령의 치유 능력에 대한 존 윔버(John Wimber)의 개방성도 공유하고 있었다.[2]

우리의 이해가 다소 부족하다고 생각했던지 재키는 중독자들의 주중 모임에 참여해보라고 권유했다. 그녀는 이들이 모두 입소문을 통해 스데반 공동체에 찾아온 사람들이라고 말했다. 대개 과거에 마약 중독이었던 친구가 자신의 변화를 이야기해서 찾아온 것이다. 몇 주 동안 혹은 한 달 동안 마약을 하지 않는 것은 그리 특이한 것은 아니다. 왜냐하면 대부분의 중독자들은 빈번하게 체포되어 감옥에서 해독을 경험하기 때문이다. 문제는 마약을 끊은 채 삶을 살아가는 것이다. 그러나 성 스데반 공동체에서 중독에서 벗어난 사람들은 마약을 끊은 후에 다른 동료들이 감옥이나 병원에서 겪는 고통스런 금단 현상을 경험하지 않고, 오히려 아무런 고통이 없이 마약을 끊게 되었다고 증언하고 있었다.

재키는 이 과정을 우리에게 설명하였다. 성 스데반 공동체에 새로 들어온 사람이 기독교로 개종한 과거의 마약중독자를 만난다. 그들은 몇 분 동안 이야기를 나눈다. 그리고 과거 중독자는 새로운 친구를 위해서 기도하기 시작한다. 이전 중독자는 기독교 복음을 합리적으로 설명하려고 시도하지 않는다. 왜냐하면 멍한 의식 상태로 있는 중독자들은 뚜렷하게 사고할 수 있는 능력이 거의 없기 때문이다. 그 대신 초자연적인 존재가 그 중독자에게 내려와서 그 사람은 방언을 하기 시작한다. 이 때 그 사람은 자신이 말하고 있는 언어를 알지는 못하지만, 성령의 능력으로 충만해진 상태이다. 자신에게 어떤 일이 일어났는지를 깨닫는 것은 훨씬 후의 일이다. 그 중독자가 계속 스데반 공동체에 머물면서 치료를 받게 되면 자신에게 일어난 일을 알게 된다. 그곳에는 어떤 압력도 없고, 자신의 신상을 적는 어떤 문서도 요구되지 않는다.

어느 날 오후 5시에 우리는 약 100명의 남자들이 반원을 그리고 앉아 있는 방에 들어갔다. 원의 한 가운데는 낮은 의자 위에서 2명이 기타를 치고 있었다. 약 1시간 동안 우리는 빈야드 스타일의 합창을 하였다. 그 노래들은 매우 단순하고 반복적이었으며 신과 기독교 복음에 대해서 노래하는 것이 아니라 신을 직접적으로 노래하는 것이었다. 매번 몇 개의 노래를 부른 후에 누군가가 '지식의 말씀'을 전하였는데, 신의 사랑과 보호와 용서와 중독자에 대한 관심을 표현한 성서적 메시지였다. 재키는 지식의 말씀을 우리를 위해서 영어로 옮겨주었다. 그러나 나머지 모든 것은 중국어로 이루어졌다. 이 첫 시간에 일부 리더들은 사람들에게 다가가서 가슴, 어깨, 배 등에 손을 얹고 개별적으로 기도해주었다. 때때로 어떤 사람은 찬양을 드리며 손을 들었고, 다른 이들은 항복의 표시로서 손바닥을 하늘로 향한 채 손을 들어올렸다. 이런 행동은 성령이 자신의 몸 안으로 들어오기를 간구하는 초청이었다.

마지막으로 재키가 일어섰고 성서를 폈다. 그녀는 몇 개의 구절을 읽었는데, 처음에는 구약에서, 다음에는 요한복음에서 몇 구절을 읽었다. 몇 줄마다 그녀는 읽기를 멈추고 사람들에게 질문을 하였다. 본문은 무엇을 말하는가? 그들에게 이것이 무슨 의미가 있는가? 각 개인들에게는 성경이 지급되었는데, 성경을 반복해서 읽고 자신의 설명을 제시하도록 하기 위함이었다. 재키는 어떤 신입 회원을 지목하는 것 같았다. 그들 중 일부는 약간 당황하는 것처럼 보였으나, 자신에게 모아진 관심을 즐기는 것처럼 보였다. 이런 가르침의 시간은 유머가 함께 있었다. 지옥불과 유황불에 대한 설교는 없었다. 그곳의 분위기는 매우 조용하고 격식을 차리지 않았으며 자연스러웠다. 우리는 나중에 들었는데 이 남자들 중 많은 사람들이 구타를 당하면서 살았고, 특히 아버지에게 어릴 때부터 맞은 사람들이 많았다. 그들이 갈구했던 것은 사랑이었다. 그러나 그들은 어떻게 사랑을 주는지는 알지 못했다. 사랑을 받지 못한 그들은 내면의 아픔을 마비시키는 한 방법으로 마약에 손을 댔다. 누군가가 비(非) 착취적인 방법으로 그들에게 사랑을 표현하는 것은 정말로 예외적인 것이다. 그들은 지금까지 존경과 존엄을 갖고 취급된 적이 없다.

재키와 그녀의 직원들은 마약을 끊고 산다는 것이 얼마나 어려운지 잘 안다. 그들의 '성공율'이 얼마인지 물어보았을 때 그녀는 부드럽게 화를 냈다. 우리는 그들의 사고방식을 이해하지 못했다. 그들은 예산 혹은 전략적 계획도 없을 뿐 아니라, 이런 종류의 기록을 아예 보유하지 않고 있다. 그들이 하는 일은 재정을 지원해 주는 단체들에게 연간 레포트를 작성해서 제출하는 것이 아니라 그저 사람들을 사랑하는 것이다. 그들은 마약중독자들을 돕는 시스템을 수년 동안 개발시켜 왔다. 우리는 남자와 여자 모두를 위한 마약 회복 센터를 방문할 기회를 얻었다.

회복 센터에 들어가기 전에 사람들은 종종 마지막으로 '마약을 주사받고' 다소 차분한 의식 상태로 들어간다. 남성 신입자는 즉시 '새 소년의 방'이라 명명된 곳으로 들여보내지며, 거기서 9일에서 10일 정도 지낸다. 하루 24시간 동안 누군가가 그 사람 옆에 있게 된다. 처음에 이 도우미는 그가 잠을 잘 때 조용히 기도해줄 뿐이다. 그리고 나서 도우미는 몸을 마사지해주고, 음식을 가져다주고, 그렇지 않을 경우 그를 달래준다. 그러나 금단 과정을 견디게 해주는 아무런 진정제도 제공해주지는 않는다. 그가 점점 힘을 얻고 정신을 차리게 되면 파자마 차림으로 센터를 배회할 자유가 주어진다. 파자마 차림은 그가 신입 회원임을 표시해주고, 그에게 이점도 안겨다 주는데, 왜냐하면 그곳에 있는 모든 사람들은 자신의 과거 경험을 통해 그가 어떤 어려운 과정을 거치고 있는지 알고 배려해주기 때문이다. 그 열흘의 마지막이 되면 그 사람은 수용된 남자들과 만나게 되고, 그곳의 엄격한 훈련과 규율을 익히게 된다. 시설의 크기에 따라 최대 약 20명의 남자들이 함께 생활하며, 우리가 방문한 한 센터는 바다가 보이는, 본래 경찰들이 쉬며 재충전한 시설에서 150명의 남자들이 모여 있었다. 환경은 거의 전원 풍경이었다. 남자들이 따로 분리되어 거주하는 집에는 야구 코트, 배구 코트, 산책할 수 있는 정원 등이 있었다. 남자들은 바다로 걸어 내려갈 수도 있고 낚시를 하거나 혹은 카누를 탈 수도 있다.

이곳은 어떤 사람이 몇 개월 동안 머물고 그 다음에 거리로 다시 나가는 시설이 아니다. 오히려 여기서 남자들은 1년 혹은 그 이상 머문다. 만일 그들이 끊었던 마약을 다시 시작하게 되더라도 수용 시설에 돌아오면 아무런 비난을 받지 않고 환영을 받는다. 물론 수용 시설에서 마약과 술을 금하는 엄한 규칙이 존재하는 것은 사실이다. 성 스데반 공동체의 직원들은 마약중독자가 자신의 삶을 재건하는 데에는 시간이 걸린다는 것을 알고 있다. 우리가 듣기로 마약중독자들은 마약을 처음 하게 된 당시의 감정적 발전 단계에 고착되어 있다. 그래서 만일 그들이 30세가 되었고, 15세에 처음 헤로인을 사용했을 경우, 그들의 심리 발달은 10대에 머물러 있다. 결과적으로 그들은 결혼할 준비가 되어 있지 않고 아이들을 키울 준비도 되어 있지 않다. 그들은 더 성장할 필요가 있다. 좋은 방법은 그들을 다양한 남자들의 집단과 공동체 환경 속에서 살게 하는 것이다.

과거 경찰의 휴식을 위해 지은 시설을 방문한 것과 함께, 우리는 바다 위의 아름다운 환경에 자리 잡은, 10대와 젊은이들을 위한 2층으로 된 커다란 집을 방문했다. 우리가 도착하였을 때 수십 명의 젊은 남자들이 기타를 치면서 앉아 있었다. 우리의 통역관은 그들을 가르쳤던 젊은 여성으로, 그곳의 남자들이 좋아하는 것이 역력해 보였다. 우리의 요청에 따라 그들은 한 사람씩 바깥에서 진행된 비디오 인터뷰에 자원하였다. 그들이 터놓는 이야기는 놀랍게도 매우 비슷했다. 그들은 거의 모두 문제가 많은 가정에서 자라났다. 그들은 문제로부터 도피하는 수단으로 매우 이른 나이에 마약을 시작하였다. 오래지 않아 그들은 부모의 돈을 훔치고, 상점을 털고, 지나가는 사람들의 돈을 갈취했다. 이렇게 행동하자 타인의 도움과 심리적 지지를 받을 수 있는 길이 막히게 되었고, 오직 갱단에 서야 그런 욕구가 충족되었다. 그래서 일부는 갱단에 들어갔다. 일단 그들이 헤로인을 맞고 나서는 그것에서 빠져 나올 수가 없었다. 마약에 대한 욕구는 마약을 주사한 횟수가 늘어날수록 증가하였다. 마약에 대한 비용이 점점 올라갔고, 그에 따라 범죄행동도 늘어났다. 오래지 않아 그들은 학교를 그만 두게 되었고 방랑자의 삶에 들어갔다. 그리고 신체는 점점 쇠약해졌다.

우리는 10대 소녀들과 젊은 여성들을 위한 아파트를 방문하였을 때도 비슷한 이야기를 들었다. 한 가지 다른 점은 여성들은 매춘을 통해서 돈을 벌고 있다는 점이었다. 이 소녀들 중 일부는 매우 아름다웠고 몸을 팔면서 높은 가격을 요구할 수 있었다. 그러나 명백히 그들은 자신을 착취하고 통제하는 포주들의 노예였다. 소녀들 중 여러 명은 이야기 도중에 여러 차례 눈물을 흘렸다. 마약 중독은 그들에게서 인간의 존엄성을 앗아갔다. 그러나 그들은 자신들의 삶을 예전처럼 돌려놓으려고 부단히 노력하고 있었다. 많은 소녀들은 학교로 다시 돌아갔다. 다른 소녀들은 자신이 돌보아야 하는 갓난아이들이 있었다. 한 젊은 엄마는 마약을 투여한 부분이 감염되어 한 쪽 다리를 잘라냈다. 성 스데반 공동체의 직원은 그들의 경험을 통해 한 시설에 많은 10대 소녀들이 살게 하는 것은 효과가 없음을 알게 되었다고 한다. 그래서 소녀들이 여러 아파트에 분산되어 기숙사 여자 사감 혹은 관리인과 함께 살도록 하는 방법을 택하고 있다.

우리가 방문하였던 4개의 시설에서 공통적으로 발견되는 2가지 요소는 무조건적인 사랑과 초자연적 신적 개입으로 묘사될 만한 어떤 것이었다. 예배 때는 이 2가지 요소가 신체적 접촉을 통해 직접적으로 표현되었다. 누군가가 중독자를 팔로 감싸거나 그 사람 위에 손을 얹고 조용히 기도한다. 이 때 중독자는 울거나, 몸을 떨거나, 방언을 하는 것이 대부분이다. 그들 존재의 가장 깊은 차원에서 무언가가 일어나고 있었다. 그들과 대화를 해본 결과 성령이 자신의 신체로 들어갔고 영적 변화가 시작되었다고 말했다. 그들은 방언하였다. 그러나 고통 없이 마약을 끊게 되었다는 사실이 흔치 않기 때문에 그들은 분명히 여기에는 신적인 힘이 작용하였다고 믿고 있었다. 그들 중 다수는 마약에 대한 욕구 자체를 잃어버렸다고 말했다. 예수를 따르는 사람들이 모여 만든 가족 같은 공간에서 그들은 자신을 다시 보게 되었고, 타인에게 저지른 잘못에 대해 신과 공동체에게 고백했으며, 삶을 다시 시작하는 어려운 과정을 버틸 수 있었다. 기독교인들의 간증이 그들에게는 가슴깊이 다가왔다. 그들이 삶에서 비참하게 실패하였지만, 그들의 잘못은 십자가에서 예수가 죽은 것으로 용서되었다. 그들은 신의 자녀로서 자존감을 갖게 되었고, 성령이 매일 자신을 인도하고 계심을 경험한다고 말했다.

이 센터에 있는 직원들은 여러 부류의 사람들이었다. 그들 중 일부는 예전에는 마약 중독자였으나 이제는 진정한 리더로 변화한 사람들이다. 우리는 한 남자 운동선수와 길게 인터뷰했는데, 그는 과거에 병원과 감옥을 셀 수도 없을 만큼 들락날락했던 사람이다. 실제로, 한 의사는 그가 자살을 기도할 지도 모른다고 말했는데, 실제로 그는 병원 유리창에서 뛰어내려 자살하려고 했다. 그러나 최악의 상태에서 전전긍긍하다가 담벼락 도시에 있는 재키의 센터로 들어오게 되었다. 거기에서 그가 책임있는 성인으로서 기본적인 것을 배우는 데 몇 년이 걸렸지만 마침내 그는 완전히 변화되었다. 그는 자신의 본능은 모든 문제를 폭력을 통해서 해결하는 것이었다고 고백했다. 당시 그가 살아남은 것은 오로지 싸움을 통해서였다. 이제 한 센터의 소장으로서 그는 타인을 때리려고 하는 사람을 진정시키면서 갈등을 중재한다. 그는 이런 남자들의 사고방식을 알고 있다. 왜냐하면 그들이 과거 자신의 모습을 그대로 드러내기 때문이다. 우리는 그곳에서 간부 직원으로 근무하고 있는 남아공 출신의 한 여성과 캘리포니아의 해변 도시 출신의 한 커플을 만났다. 그들은 『아편 중독』을 읽고서 가난한 자, 아픈 자, 그리고 희망이 없는 자들을 돌보는 예수의 윤리를 실천하기로 결단했다고 한다. 그것이 바로 신의 무조건적인 사랑을 실현하는 길이라 느꼈기 때문이다.

폴란드의 사례

폴란드의 도시에 있는 한 식당에서 간단하게 점심식사를 하는 동안, 우리는 소피아(가명)라는 통역자와 대화를 나누었다. 그녀는 영어가 매우 유창하였고, 뉴욕시에 잠시 동안 살았던 적이 있다고 말했다. 우리가 그녀에게 언제 바르샤바로 돌아왔는지를 물었다. 그녀는 우리가 홍콩에서 들었던 것과 많은 부분에서 일치하는, 그동안 밝혀지지 않았던 놀라운 이야기를 꺼냈다.

소피아는 말하기를 14세 때 나이 든 한 여성으로부터 성적 학대를 당했다고 했다. 이 경험은 그녀에게 혼란과 분노를 남겼다. 그녀는 그 문제를 해결하기 위해 헤로인에 손을 댔다. 그녀는 마약을 하는 순간부터 그것에 푹 빠지게 되었다. 헤로인은 그녀에게 정서적 고통을 앗아갔고, 자신감을 느끼게 해주었다. 동시에 수줍음과 자기절제력을 잃어버렸다. 그녀는 과도하게 술을 마시기 시작하였고, 학교를 결석했고, 14세 연상의 남성과 동거하게 되었다. 소피아는 말하길, "아버지는 나에게 결코 관심을 보여 주지 않았기 때문에 남자들로부터 관심을 끌기 원했던 나는 매우 난잡한 생활을 했다. 문란하게 행동하는 것이 나로서는 관심을 끌 수 있는 유일한 길이었다."

소피아가 아직 10대였을 때, 그녀의 어머니는 뉴욕으로 이주하였다. 당시 그녀는 자신의 삶이 싫었기 때문에 어머니의 결정을 따르기로 결정하였다. 한 동안 그녀는 술을 끊었다. 그리고 영어를 배웠다. 그리고 자신의 아파트를 렌트하였다. 그러나 그녀의 내적 공허함이 다시 나타났다. "나는 누구하고든 단지 인간관계를 맺고 싶었다. 나를 이해해줄 수 있고, 나와 친밀하게 함께 있을 수 있는 어떤 사람이 필요했다." 그녀는 클럽에 나가기 시작했고 그곳에서 접대부와 바

텐더로 일하다가 한 남자를 만났다. 그녀는 그에게 동거할 것을 제안했다. 그는 코카인을 사용하고 있었다. 소피아 역시 코카인을 사용하기 시작했다. 이때부터 그녀의 삶은 또 한번 아래로 떨어지는 악순환을 시작했다. 그녀는 헤로인을 다시 흡입하게 되었고, 이 마약 습관은 그녀의 삶을 파괴시켰다. "나는 일자리를 잃게 되었다. 은행계좌, 아파트, 모든 것을 잃었다. 그리고 뉴욕의 거리로 나앉게 되었다. 사람이 거리에 나앉게 되면, 생존을 위해 몸부림치게 될 수밖에 없다. 그래서 나는 갱단에 들어갔고 그곳에서 마약 취급자들을 만났다. 나는 매춘부였다. 나는 포주를 위해서 일했다. 나는 7차례 감옥에 갔다 왔다."

소피아는 마약을 중지하기 원했지만, 그것이 불가능하였다고 말했다. "감옥에서 나오기가 무섭게 나는 다시 마약에 손을 댔다. 나는 마약을 끊을 수 있는 내적인 힘이 전혀 없었다." 그런데 어느 날 빈민가에서 마약을 팔고 있을 때, 자동차 한 대가 다가왔다. 유리창이 내려지면서 보였던 것은 어떤 여성의 모습이었다. 소피아는 그녀가 위장경찰관이며 그녀를 체포할 것이라 생각했다. 그러나 차 안에 있던 사람들은 소피아에게 도움을 주겠다고 제안하였고, 그녀에게 먹을 것과 잠을 잘 수 있는 장소를 제공하겠다고 말했다. "나는 저주를 퍼붓기 시작했다. 나를 그냥 내버려두고 제발 떠나라고 말했다. 나를 돕고자 원한다면 아무런 희망도 없는 나에게 마약 주사를 맞는데 필요한 10달러를 줄 것을 요구했다." 그러나 그들은 포기하지 않았다. 이후 그들은 계속해서 소피아를 만나 이야기하였고, 때로는 잡담도 하고 때로는 약간의 음식과 옷을 전해주기도 하였다. "약 4개월 뒤에 나는 아마도 내게 새로운 기회가 있을 것 같다는 생각을 했다. 나는 모든 것을 새로 시작할 수 있을 것이다. 나는 너무 망가졌기 때문에 어떻게 시작할지 몰랐다. 처음에는 두려운 마음이 들었지만 일단 노력하기로 결정하였다."

소피아는 '10대 도전'(Teen Challenge)이라는 단체에 속한 한 기독교 갱생센터로 갔다. 그녀가 도착하기 전에 자신에게 마약 주사를 한 대 놓았다. 왜냐하면 자신이 지금 내린 결정이 너무나도 두려웠기 때문이다. "내가 처음 그곳에 갔을 때 나는 마약 기운이 넘쳤다. 그러나 다음 사흘 동안 헤로인을 갑자기 끊은 상태가 되었다. 그곳에는 사람들이 나를 위해 기도해주었다. 그런데 나 같은 사람을 위해서 어떻게 기도할 수 있는지 이해할 수 없었다. 그러나 그들은 기도했고 나에게 대단한 사랑과 관심을 보여 주었다." 그녀는 마약 기운이 수그러들자 성경공부 모임에 참여했고, 여러 가지 상담을 받았다. "그들이 나에게 읽으라고 준 최초의 성경 구절은 고린도후서 5장 17절이다. '그런즉 누구든지 그리스도 안에 있으면 새로운 피조물이라 이전 것은 지나갔으니 보라 새것이 되었도다.'" 그녀는 말하길, "이 말씀은 나 같은 사람에게 적용되기에는 너무 좋은 성경 구절이었다. 나는 그 말씀을 믿었다. 그리고 가슴 속에 주님을 영접하였다. 그것은 내가 꿈꾸던 일이었지만 그동안 그것을 어떻게 얻을 수 있는지 몰랐다. 이제 해답을 얻었다."

몇 개월 동안 소피아는 기독교 갱생 센터에서 살았다. 아침 6시부터 밤 10시까지 그곳에 거주하는 사람들은 삶을 재건하는 일을 하였다. 그들은 가정의 잡일을 하고, 아침에 모여 기도회를 하고, 상담을 받고, 일을 하고, 예배를 드렸다. 어느 날 저녁, 사람들에게 성령세례를 주는 은사를 가진 센터 소장이 소피아를 지하로 데리고 가서 이렇게 말했다. "당신 자신을 열심히 흔들어서 폭발 직전인 코카콜라 병이라고 상상하라. 스스로 억제하지 말라." 소장은 그녀와 함께 기도하기 시작했고 소피아는 방언을 하였고 몇 주 후에 물 세례를 받았다. 그녀는 우리와 대화하면서 계속 그 센터에서 경험하였던 무조건적인 사랑에 대해서 언급했다. 오랫동안 그녀가 느꼈던 공허함은 이제 자신이 신의 자녀이기 때문에 가치 있는 존재라는 생각으로 채워졌다. 그녀가 기독교를 믿은 지 3년이 지났고 현재에도 치료 과정이 지속되고 있기 때문에 그녀는 아직도 매일 아침 일어날 때 하나님의 은혜를 묵상한다고 한다. 하나님의 은혜는 그녀의 실수에도 불구하고 그녀를 사랑하시는 은혜이다. 그녀는 갱생 센터에 있을 동안, '나 같은 죄인 살리신 주 은혜 놀라와' 라는 노래를 듣게 되었다. 그로부터 사흘 동안 그녀는 엉엉 울었다. 왜냐하면 그 가사가 바로 자신의 경험을 그대로 담고 있었기 때문이다. 그녀는 길을 잃었으나 신이 그녀를 찾았는데, 이것이야말로 신의 은혜이기 때문이다.

소피아는 예외적 사례가 아니다. 홍콩뿐 아니라 우리는 캘커타, 카라카스, 부에노스 아이레스에 있는 갱생 센터들을 방문하였다. 홍콩에서 재키 풀링거가 취한 방법은 사람들이 마약을 끊기도 전에 방언을 한다는 측면에서 가장 급진적인 것이었다. 또한 그것은 가장 커다란 시설이었는데, 3백 명의 사람들을 수용하기 때문이다. 다른 프로그램들은 이것보다는 한층 작고 덜 종합적이었다. 그럼에도 불구하고 마약으로부터 해방시키는 사역은 일부 성령운동 교회들이 주도권을 쥐고 있다. 앞에서 언급한 '10대 도전'은 카리스마적 성격을 가지고 있는 국제적인 단체 중 가장 규모가 크다.

이론적 검토

마약중독자들의 삶 속에서 개입한 '성령'의 존재에 대해서 어떻게 이해해야 할 것인가? 그리고 어떤 전략적 계획도 없고, 예산도 없으며, 후원금 모금을 담당하는 직원도 없이 조직을 운영하는 것이 납득될 만한 일인가? 이러한 질문에 답하는 것에는 2가지 방법이 있다. 첫 번째는 사회과학적 관점에 잘 들어맞는 것으로서 신비로운 설명이 아니다. 두 번째는 한층 복잡한 것이다. 왜냐하면 조직의 지도자들이 갖고 있는 신학적 세계관에 대한 분석을 필요로 하기 때문이다.

심리학적 관점에서 볼 때, 헤로인을 찾는 많은 사람들은 역기능 가족과 기타 여러 정신적 상처와 외상이 만들어 놓은 삶의 고통을 순간적으로 달래기 위해서 마약에 빠진다. 마약중독자들은 마약을 끊으려 하지만, 감옥 혹은 기타 시설에서 마약을 끊는 것은 삶의 공허감을 채워주지는 못한다. 그래서 그들은 시설을 나가게 되면 다시 마약에 빠질 수밖에 없다. 성 스데반 공동체는 본질적으로 다른 접근을 택하고 있다. 그것은 사람들에게 그들이 이전의 삶에서는 전혀 체험하지 못했던 한 가지, 바로 무조건적인 사랑을 제공한다. 관심과 존중을 제공하는 구조화된 환경 속에서 사람들은 삶을 점진적으로 다시 세우는 기회를 얻는다. 그런데 일부는 이 기회를 살리고, 다른 사람들은 그렇게 하지 못한다. 따라서 이것이 모든 사람에게 들어맞는 공식은 아니다.

사회과학의 관점에서 우리는 성 스데반 공동체 같은 신앙에 기초한 프로그램 내에서 준수되는 독특한 실천을 이해할 수 있다. 예를 들어 그들은 종교의례를 잘 활용하고 있는데, 마약중독자들은 이전에 한 번도 경험하지 못했던 신체 접촉을 받게 된다. 사람들은 예배 중에 마약중독자들에게 다가가 팔을 벌려 안아준다. 다른 사람들은 부드러운 록 음악 풍의 기독교 멜로디를 부르면서 치유와 고백을 위한 분위기를 만들어 준다. 마약중독자들은 고백할 것이 많이 있다. 그들은 마약을 하게 되면서 다른 사람들은 물론이요 가족들과의 관계가 깨어졌다. 그들은 매우 낮은 자존감을 갖고 있다. 그들은 친구와 사람들에게서 많은 것을 탈취했고, 여성들은 마약 습관을 지탱하기 위해서 종종 매춘에 빠져들었다. 많은 사람들이 자신들에 대해서 차라리 죽는 편이 낫다고 생각하고 있음을 알고 있다. 그런데 그것과 마찬가지로 기독교의 메시지가 그들에게 용기를 주고 있다. 왜냐하면 이 속에서 그들은 용서, 변화, 희망의 메시지를 발견하기 때문이다. 그들은 예수가 자신과 같은 죄인들을 위해서 죽었고, 죽은 후에 부활이 가능하다는 사실 속에서 커다란 위로를 받는다. 왜냐하면 그들은 거의 죽은 것과 다름없는 상태에 있기 때문이다.

사회과학적 설명이 환원주의로 치우치게 되는 부분은, 마약중독자들이 자신을 고쳐주었다고 말하는 중심적 요소 즉, 신의 개입과 성령에 대해서 해석할 때이다. 중독자들이 성 스데반 공동체에서 첫 모임을 하기도 전에 갑자기 방언을 말하는 것은 도대체 어떻게 설명할 것인가? 만일 그들이 성 스데반 공동체의 모임 도중에 방언을 했다면, 그들 주변의 사람들의 행동을 관찰하고 모방한 것에 불과하다는 주장이 가능하다. 그러나 실상은 그렇지 않다. 그들은 과거에 카리스마적 예배를 경험한 적이 없다. 그리고 왜 많은 중독자들이 성 스데반 공동체에서 마약을 끊었을 때 거의 고통이나 금단현상을 느끼지 않을까? 어떤 초자연적인 일이 일어나는 것일까? 아니면 사랑을 받게 되면 금단현상과 연관된 고통을 무디게 하는 신경학적 반응이 일어나는 것일까? 분명 신앙공동체의 사람들은 이것이 그들의 삶에 개입하는 성령의 능력이라고 믿는다.

이런 종교적 설명은 21세기 사회과학의 자연주의적 이론과 맞지 않기 때문에 원천적으로 부정되어야 하는가? 성령운동가들이 이야기하는 것을 단순한 환상으로 치부하는 것, 성령운동 교인들의 경험을 자기 암시나 자기 충족적 예언과 같은 자연주의적 범주로 재구성하는 것, 혹은 인간 행동에 관한 이론 안으로 통합되어야 하는 경험의 영역이 존재한다고 생각해버리는 것 정도가 우리의 선택지가 될 것이다. 우리는 이런 질문들에 대해서 마지막 장에서 다시 논할 것이다. 그러나 지금은 사회과학 이론과 성령운동 교인의 경험 사이에는 긴장이 존재함을 지적하고 넘어가려고 한다.

우리는 또한 조직에 관한 이론 중 일부를 수정할 필요가 있다고 생각한다. 재키 풀링거는 가장 좋은 경영 모델에 대한 상식에 도전장을 내민다. 그녀는 성 스데반 공동체의 모든 필요를 신이 공급해 줄 것이라고 믿는다. 그리하여 자금을 모으는 직원도, 어떤 사업 계획도 갖고 있지 않다. 어떤 측면에서 그녀는 기독교를 창시한 예수의 모델을 따르고 있다. 예수는 헌금을 받지도 않았고 사람들에게 헌금 작정카드에 서명을 요구하지도 않았다. 그러나 '신앙으로 사는 것'에 대해서 풀링거만이 말하는 것은 아니다. 이것은 신이 그들의 필요한 것을 공급한다고 믿는 성령운동 교인들 가운데서 매우 흔한 표현이다. 재정 상황이 나쁠 때 그들은 자신이 신의 뜻을 따르고 있는지 자문한다. 자금이 들어오면 세상에서 자신을 사용하고 계신 신에게 감사한다. 냉소적인 사람은 이것이 자기합리화의 편리한 수단이라고 주장하며, 재키 풀링거와 성령운동 교인들이 인정하는 것보다 많은 마케팅과 전략적 계획이 진행되고 있다고 비판한다.

부에노스 아이레스에서의 정신병과 감옥 사역

많은 사회봉사 프로그램들처럼, 죄수와 정신질환자들을 위한 사역은 창시자 자신의 경험으로부터 태동되었다. 다니엘 루피나티(Daniel Ruffinatti)는 부에노스 아이레스에 있는 한 감옥의 정신병동에서 5년을 보냈다. 그곳에서 그는 정신의학자들에 의해서 편집성 정신분열증 환자로 낙인찍혔다. 은행을 폭탄으로 날려 버리겠다고 위협한 것을 포함하여 무장 강도행위로 감옥에 갇혀 있는 동안 그는 놀라운 개종을 경험했다. 한 맹인 감옥 동료가 그에게 성경을 읽어달라고 요청했다. 그래서 다니엘은 창세기부터 읽기 시작했고 매일 큰 목소리로 58페이지를 읽었다. 그러기를 나흘 째 했을 때, 다니엘은 그 방에서 신의 존재를 느꼈다고 말했다. 그는 거짓 우상들에게 경배하는 것을 기록한 신명기 13장을 읽고 있었다. 그는 자신이 살아왔던 삶과 히브리 예언자들이 기술한 신을 따르는 삶 양자 중 하나를 택할 수밖에 없음을 느꼈다. 당시 맹인 동료는 다니엘이 성경을 읽어주는 것에 싫증이 났다. 그래서 다니엘은 16일 동안 혼자서 성경을 읽었고, 마침내 신약을 다 읽게 되었다. 이 때 다니엘은 '형언할 수 없는 기쁨'을 경험하였다고 말했다. 그는 이 기간 중 담배를 끊었고, 자신에게 투여되는 약물도 중단하게 되었다. 그는 목욕을 하고, 깨끗한 의복을 입고, 자신이 읽은 성경구절에 대해 일련의 맹세를 하면서, 자신이 내적으로 '새로운 사람'이 되었음을 느낄 수 있었다.

이윽고 다니엘은 동료 죄수들에게 설교를 시작하였다. 그리고 그와 다른 개종자들은 감옥을 청소하고 약하거나 아픈 죄수들을 돌보기 시작하였다. 1달도 채 지나지 않아, 절반 가량의 죄수들이 그의 모임에 참석하거나 기독교로 개종하였다. 감옥을 관리하는 관계 당국자들이 다니엘과 협동하게 되었다. 왜냐하면 그 기간에 감옥 내에서 동료 죄수들을 강간하는 것을 포함하여 폭력의 수준이 감소하였기 때문이다. 이 사역은 다니엘이 잔여 수형 생활을 한 2년간 계속되었다. 그런데 그가 출소한지 6개월이 지나서 자신의 사역을 계속하기 위해 감옥으로 돌아오는 것이 허용되었다. 그는 자신을 담당했던 정신과 의사가 그의 성격이 변한 것에 대해서 크게 놀랐다고 말했다. 그러나 무엇보다도 감옥에 있을 때 무려 10여 명의 다른 의사들이 그를 치료할 만큼 상태가 심각했지만, 그의 정신분

열중이 깨끗이 사라진 것에 대해서 한층 더 놀랐다고 한다.

우리가 다니엘과 인터뷰할 때는 출소한 지 15년이 되었다. 그가 부인인 마리아 엘레나(Maria Elena)와 동역하면서 이 프로그램은 옥중에서 출산한 여자 죄수들을 돌보는 일을 포함하여 다양한 사역으로 발전하였다. 그들은 정신질환자들에 대한 포괄적인 프로그램을 갖고 있다. 이 프로그램은 감옥에 있는 죄수는 물론 병원에 입원한 사람들을 돌보며, 그들이 병원과 감옥에서 나와 사회에 적응하는 과도기 때에도 도와준다. 죄수들과 정신질환자들과 일대일로 만나서 돌보는 것 외에 감옥에서 예배도 드린다. 그리고 매주 정신질환자들을 병원에서 데리고 나가 소풍을 가기도 한다. 그들은 죄수들이 석방되었을 때 일자리를 쉽게 얻을 수 있도록 형무소에서 각종 직업 기술을 가르치는 워크숍을 열기도 한다.

다니엘은 왜 자신이 수감되었는지를 전하는 것으로 죄수들에게 접근한다고 말했다. 이렇게 하면 그들에게 희망을 주어서 대안적인 삶을 살도록 촉구한다. 그러나 정신질환자들에게 증세가 사라질 것이라는 거짓 소망을 제공하지는 않는다. 그는 자신이 고침 받은 사례는 초자연적 신적 개입의 결과이기에, 이것이 모든 사람에게 일어날 것이라고는 믿지 않는다. 그럼에도 불구하고, 그는 신이 자신의 삶에 어떤 목적을 가지고 개입했다는 확신이 자신이 일하는 데에 끊임없는 힘을 준다고 고백했다. 우리의 연구 과정에서 만났던 수많은 영웅적 개인들처럼, 다니엘의 헌신에는 자기만족과 개인적 야망 같은 일상적 범주로는 이해할 수 없는 차원이 존재한다. 그는 자기 자신보다 더 큰 차원의 소명을 갖고 있다고 느낀다.

다니엘과 그의 부인이 출석하는 '열린문 교회'(Church of the Open Door)의 자원봉사자들은 그들의 사역을 크게 도와주고 있다. 그리고 다른 교회의 수많은 목회자들이 지금은 열린문 교회의 25명의 젊은이들과 함께 이 사역에 동참하고 있다. 비록 다니엘과 마리아 엘레나의 사역이 우리가 만났던 형무소 사역 중 가장 뛰어난 것이었지만, 다른 성령운동 교회들도 죄수들을 대상으로 사역하고 있다. 예를 들어 상파울로에는 경범죄를 짓고 감옥에 오게 된 거리의 아이들을 돌보는 프로그램이 있다. 그러나 성경에 고아, 과부, 그리고 옥에 갇힌 자들을 돌보라고 하는 명령이 빈번히 출현하는 횟수를 생각해볼 때, 죄수를 대상으로 사역하는 성령운동 교회들을 더 많이 만나보지 못한 것에 우리는 약간 놀라게 되었다.

방콕의 면역 결핍 바이러스(HIV) 양성 신생아들에 대한 사역

방콕의 매우 안락한 동네에 자리 잡은 한 2층집은 에이즈 바이러스에 감염된 산모들이 출산한 신생아들을 돌보는 곳이었다. 1층은 탁아소로 용도를 변경했다. 우리가 방문하였을 때, 거실의 한 쪽 끝에는 마루에 매트리스가 깔려 있었고 그 위에서 보모들이 갓난아이들과 놀거나, 기저귀를 갈아주고, 우유를 먹이고 있었다. 배경 음악으로 조용히 들린 것은 태국풍의 크리스천 음악이었는데, 미국의 전형적인 성령운동 교회나 복음주의 교회에서 듣는 음악과 매우 유사했다. 우리가 갔을 때 신생아 셋이 완전히 성숙한 에이즈를 갖고 있었고, 레트로 바이러스를 막는 '세 종류의 주사'를 맞고 있었다. 대부분의 아이들은 극도로 민감하여 집으로 들어오는 낯선 사람들로부터 웃음을 유발하려고 하였다. 어떤 기준으로도 이곳은 매우 행복한 장소였다. 그곳의 신생아와 보모 비율은 2대1이었다. 신생아들을 태국인 간호사들이 계속하여 만져주고 보듬어주었다. 2층 침실 벽에는 노아의 홍수와 방주 이야기를 손으로 그린 장면이 새겨져 있었다. 여기서 사람들은 누구나 이 프로그램의 창시자인 린다 커보키안(Linda Kevorkian)의 사랑과 동정을 느낄 수 있었다.

우리가 린다 커보키안에 대해서 듣게 된 것은 우연이었는데, 우리가 방콕에서 다른 사람과 인터뷰를 할 때였다. 그 때 우리들 중 한 사람이 아르메니안 아내를 갖고 있다는 사실이 알려졌다. 당시 방콕 전역에 겨우 50명의 아르메니안 사람들이 있었기 때문에 우리는 밥 커보키안(Bob Kevrkian)이란 사람을 만나보라는 말을 들었다. 밥의 회사인 K-테크는 태국에서 사무실 건물과 다리를 건설하고 여타 대규모 건설 프로젝트를 수행 중이었다. 그 다음날 밤 우리는 한 멋진 스테이크 하우스에서 린다와 밥을 만났고, 이 자리에서 린다의 가정에 첫 번째로 입양된 콴(Kwan)이라는 아이를 함께 만나게 되었다. 콴이 밥의 거대한 가슴을 기어오르는 동안, 우리는 텍사스 스타일의 소고기 덩어리를 먹어 치웠고 린다는 우리에게 고아원에 대해서 이야기하였다.

린다는 13명의 아이들을 돌보고 있었는데, 그 아이들의 어머니들은 자녀들이 태어날 때부터 HIV에 대해 양성반응을 보일 것이라 생각해서 유기했다. 그 여성들의 대부분은 매춘부가 아니었다. 바로 남편이 감염을 시킨 것이었다. 린다의 집은 이런 신생아들을 입양하고자 하는 가족을 찾기까지 그들이 잠시 거쳐 가는 곳이었다. 입양이 잘 성사되면 행복한 것이었다. 그러나 에이즈에 감염된 아이들의 대부분은 5세가 되기 전에 사망하기 때문에 입양의 대상이 되기 어렵다는 사실은 슬픈 부분이었다.

사람들은 장성한 아이들을 가진 부유한 여인이 왜 신생아를 돌보는 일에 나섰는지 의문을 가질 수 있다. 그 다음 날 우리는 고아원에 있는 린다의 사무실에서 이야기를 듣게 되었다. 그녀는 중년에 크리스천이 되었다. 몇 년 후에 러닝 머신 위에서 운동을 하고 있었을 때, 그녀의 말로는, "신이 내 마음에 '고아원'이란 단어를 남기셨다. 나는 이 말이 어디서 왔는지 생각했다. 이 일을 어떻게 해야 할지 몰라서 다음과 같이 기도했다. '하나님, 만일 이것이 당신께로부터 온 것이라면, 그것을 이루어 주옵소서.'" 이것이 하나님으로부터 온 것이 아니라면 사건을 잊어버리겠다는 일종의 자기합리화의 기도였다. 그녀는 자신의 경험을 남편과 나누게 되었고, 남편은 고아원이라는 말에 흥분해서 다른 사람들에게 이야기하기 시작했다. 그렇게 해서 사람들의 기부가 시작되었고, 어떤 여성과 만나서 이야기하면서 고아원을 지을 땅을 선사받게 된다. 린다는 지금 일어나는 일련의 사태에 너무 놀란 나머지 하나님이 자신에게 50대에 새로운 일을 시작하도록 시키시는 것이 틀림없다고 생각했다.

린다의 남편은 그녀의 새로운 삶을 계속 후원하고 있다. 그는 자신의 경영 네트워크를 통해서 고아원에 필요한 자금의 상당 부분을 모으고 있다. 그리고 실제로 K-테크에 들어서는 사람이 처음 보게 되는 것은 'Nor Giank'라는 아르메니아 말이다. 이것은 '새로운 삶'이라는 뜻으로 린다가 고아원에 붙인 이름이기도 하다. 우리가 고아원을 방문하였을 때, 직원들은 HIV 양성인 산모들이 출산한 신생아들이 늘고 있다는 사실을 놓고, 앞으로 고아원의 사역을 확장해야 하는지 의논하고 있었다. 그들의 전략은 더 커다란 시설을 당장 짓는 것이 아니라, 다른 사람의 경험으로부터 배우는 것과 같이 천천히 나아가는 것이었다. 밥의 사업 감각과 수완은 아이들을 위한 린다의 열정과 완전히 통합되었다. 이 아이들이 생후 6개월쯤 되어서 에이즈 검사를 받게 될 무렵이면 그녀는 언제나 이 아이들을 사랑하게 된다고 말하였다. 밥과 린다가 낳은 자녀들은 이미 장성했고, 그들은 우리가 함께 저녁 식사를 했던 첫날밤에 만났던 콴을 입양하려고 계획 중이었다.

린다 커보키안의 이야기는 우리에게 많은 것을 가르쳐준다. 왜냐하면 우리가 인터뷰를 하면서 계속 들었던 내용과 잘 맞기 때문이다. 어떤 사람이 종교적 체험을 하게 되고, 그것이 새로운 삶의 여정으로 인도한다. 때때로 이런 신과 만나는 체험은 마약 남용과 '영혼의 깜깜한 밤' 속에서 일어난다. 이런 체험은 운동기구 위에서 일어나기도 한다. 해당 개인들에게 이런 만남은 외부에서 무언가가 자신 속으로 들어오는 느낌을 준다. 그것은 초월적 경험이다. 성령운동 교인들의 경우 이것을 성령의 역사로 생각하며, 그것을 해석하는 틀은 하나님이 모든 것을 주도해 나가시지만 인간이 순종하지 않으면 망쳐진다는 식의 기독교적 세계관이다. 초자연적으로 무슨 일이 일어나든 간에 – 이 질문은 우리가 답할 수 있는 것이 아니다 – 성령운동 교인들의 세계관 곧, 삶 속에 성령이 개입하실 수 있다는 믿음이 수많은 개인들로 하여금 영웅적이고도 자기희생적인 사랑을 실천하도록 만들고 있다.

교회에서 운영하는 진료소

우리는 나이로비 교회(Nairobi Chapel)가 새로운 교회를 개척하는 전략에 대해서 오스카 무리우(Oscar Muriu) 목사와 1시간 동안 인터뷰를 했다. 그 때 무리우 목사는 4륜구동 차를 타고서 이 교회 근처의 빈민가에 세운 진료소를 방문하자고 제안하였다. 우리가 도심에서 외곽으로 빠져 나가자 왜 4륜구동 차가 필요했는지 확실해졌다. 길이 심하게 가파르고 경사가 져서 폭풍우가 일면 비포장 진흙길 위에서 웬만한 차는 앞으로 나갈 수가 없다. 약 30분가량 차로 달려서 우리는 작은 교회 건물 앞에 도착하였다. 그 속에서 어린 아이들은 노래를 부르고 있었다. 몇 분 동안 이 노래를 들은 뒤에, 우리는 아이들이 예배드리고 있는 예배당 뒤로 갔고, 재봉 기계들로 가득 찬 한 방에 들어갔다. 그곳에는 여성들이 옷을 디자인하는 것을 배우고 있었는데, 실습에 필요한 옷감을 살 형편이 못 되어 천이 아닌 누런 종이 위에다 본을 뜨고 있었다. 그리고 우리는 교회의 앞마당으로 나갔는데, 그곳에는 독립된 다른 건물이 있었는데 바로 진료소였다. 진료소는 단순한 구조로서 세 개의 진찰실과 작은 약국 하나가 있었고, 복도에는 혈압과 체중을 측정하여 기록하고 보관하는 파일이 있었다.

나이로비 교회가 운영하는 여러 진료소들은 최소한의 치료를 한다는 철학을 가지고 있다. 그들은 혈액 검사를 하지 않는다. 심지어 상처를 꿰매는 것도 하지 않는다. 이런 서비스를 필요로 하는 사람들은 공중 병원으로 간다. 그 대신 이 진료소는 오래된 방식으로 진단한다. 증상을 살펴본 뒤 한 처방에 평균 50센트(약 5백원) 비용이 드는 일반적인 약만을 처방한다. 이렇게 해서 지역주민들이 쉽게 와서 감염, 성적 질병, 기타 질병을 치료받고 간다. 의사이자 나이로비 교회의 신자인 맥스(Max)가 여러 진료소의 서비스 질을 감독하고 의약품을 채워넣도록 독려한다. 우리가 방문한 날, 나이로비에 1달간 머물고 있었던 하버드 대학에서 온 한 인도계 의과대학생을 만났다. 그 옆에는 그 의대생을 시중드는 세 명의 지역 주민 간호사들과 그곳을 청소하는 사람이 있었다. 우리는 이 진료소를 떠나면서 수백만 달러의 비싼 장비가 없어도 60개의 기초 의약품과 1명의 의료진에 의해서도 이렇게 위대한 일이 이뤄질 수 있음에 감탄하였다.

우리는 이후에 다른 진료 시설을 방문하였는데, 우간다에 위치한 곳이었다. 이 시설은 해방 교회(Deliverance Church)가 설립한 것으로서 기쁨 의료원(Joy Medical Clinic)이라는 걸맞는 이름을 갖고 있었다. 그곳에는 2명의 의사와 5명의 간호사가 있었고, 앞의 진료소들보다 한층 복잡한 진단이 가능하였다. 제때에 치료받지 못할 경우 종종 죽음을 갖다 주는 말라리아 뿐 아니라 콜레라, HIV, 다양한 성병 등에 대한 검사가 가능했다. 이 진료소는 소아마비와 여타 어린이 질환들에 대한 예방 접종도 제공한다. 일반적으로 하루에 의사 한 사람이 대략 100명의 환자를 보는데, 환자 수는 말라리아 철인지 아닌지에 의해서 크게 달라진다. 병원비는 1회 진찰 당 약 1달러인데, 물론 약값은 별도로 환자가 부담하여야 한다. 만일 말라리아일 경우 약값은 약 4달러가 든다. 이 진료소는 우리가 예전에 방문했던 여타 클리닉과 같이 종교로 사람을 차별하지 않는다. 이 진료소는 종교와 관계없이 모든 사람에게 개방되어 있어서, 심지어 가까운 지역에 사는 무슬림들에게도 서비스를 제공한다. 직원들은 크리스천이지만, 이곳에서 복음은 강하게 강조되지 않는다. 필요할 경우 직원들은 자신들의 신앙을 표현하지만, 기본적으로 환자들의 몸을 돌보는 일이 우선된다.

중국에서 우리는 한 유명한 크리스천 소아과 의사가 운영하는, 매우 장비가 잘 갖추어진 병원을 방문하였다. 거기에는 2가지 진료 방법이 있었다. 하나는 중국 의술을 제공하는 것이고, 다른 하나는 서양 의술을 제공하는 것이다. 둘 중에 환자들이 자유롭게 선택한다. 환자들은 이 병원이 크리스천들에 의해 운영된다는 것을 알지만, 직원들은 환자를 개종시키려는 인상을 주지 않으려고 주의한다. 오히려 여기에서의 전도는 간접적이다. 즉, 사람들은 이 병원의 의사들이 정직하며, 진료비도 일반 병원보다 저렴하다는 것을 안다. 우리는 이 병원과 다른 병원에서 초자연적 신적 치료냐, 현대 과학 의술이냐를 가지고 이야기를 했다. 모든 경우 의사들은 초자연적 치료의 가능성을 거부하지 않으면서도 적절한 처방과 약품 치료의 가치를 인정하였다. 그럼에도 불구하고, 그들은 의사들을 통해서 신이 일한다고 믿었고 질병을 신의 처벌로 간주하지 않았다. 그들이 보기에 신은 때때로 사람들을 초자연적인 방식으로 고쳐주지만, 의학을 통해서도 일하신다.

우리가 방문하였던 클리닉 중 가장 정교하였던 것은 브라질의 상파울로에 있었다. 건물의 1층에는 접수부와 의사들의 사무실이 있었다. 2층에는 치과 클리닉, 심리학자들의 사무실들, 그리고 다양한 관리 사무실들이 있었다. 이 클리닉은 적은 진료비를 청구하는데, 주요 고객층은 교회 근처에 사는 저소득층이었다. 우리는 이처럼 정교한 클리닉과 정반대로 매우 비공식적으로 운영되는 병원을 다양한 나라에서 관찰하였다. 마닐라의 슬럼가에 있는 진료소는 1년에 두 차례만 여는데, 그 때 아이들에게 안경을 맞추어 주고 사람들을 진찰한 후 지역에 있는 크리스천 의사들에게 보내 주었다. 방콕에서는 한 성령운동 교회가 매 주일 오후에 클리닉을 여는 데, 이것은 신자와 비신자 모두에게 개방되었다. 이 대형교회의 신도인 의사들과 간호사들이 자원하여 서비스에 참여하였다. 필리핀에서는 성령운동 교회들 사이의 네트워크를 통해 전국의 교회들을 방문하는 의사와 간호사로 구성된 '의료 선교회'를 만들었다. 여기의 회원에는 그들이 환자를 보내서 진찰받게 할 수 있는 많은 전문의들이 포함되어 있었다.

에이즈를 가진 사람들을 돌보기

아프리카에서 에이즈로 죽어가는 많은 사람들은 치명적인 인간 면역결핍증 곧, HIV에 감염될 것을 두려워하는 가족들에 의해서 사실상 버려지고 있다. 우간다의 캄팔라에서 전직 경찰관이었던 패트릭(Patrick)이 그 전형적 예다. 한 성령운동 교회의 에이즈 예방 팀이 그를 발견하였을 때, 그는 네 마리 염소와 여러 마리의 닭과 함께 유리창도 없는, 짚으로 만든 집에서 자신의 배설물 위에 누워 있었다. 그의 어머니만이 계속 그를 방문하고 있었다. 아내와 자녀들은 그가 에이즈에 감염되었다는 사실을 알고 그 병이 어떻게 전염되는지 잘 몰랐기 때문에 무조건 그를 떠나버렸다. 그러나 교회 신자들은 사람이 어떻게 에이즈에 감염되며, 에이즈로 죽어가고 있는 사람들을 어떻게 돌보는지에 대해서 6개월 간 교육을 받았다.

교회 신자들이 악취가 나는 패트릭의 침대를 깨끗이 청소하고, 규칙적으로 음식을 제공하고, 비싸지 않은 약품을 제공하였을 때 이웃 사람들과 패트릭의 가족들은 매우 놀랐다. 이윽고 패트릭은 죽었으나, 고상하게 죽었다. 그러나 교인들이 그를 도와준 사건은 이웃 사람들에게 에이즈에 대해서 교육하는 기회를 만들었다. 즉 어떻게 에이즈를 피할 수 있으며, 혹시 가족 중 감염된 사람이 생기면 어떻게 대처해야 하는지에 대해서 사람들을 교육했다. 우리가 해방 교회의 목사인 샘 무고트(Sam Mugote)를 처음 찾아갔을 때, 그와 여러 명의 목사들은 약 100개의 다른 교회에서 모인 사람들을 10-15명씩 소그룹으로 나누어 교육하고 있었다. 샘은 자신의 교회가 에이즈로 죽은 사람 7천 명을 돌봐주었다고 추정하였다. 이 일은 여러 개의 국제적 비정부기구의 후원으로 수행되었다. 그러나 이것은 예수가 나병환자들을 가엾게 여겨 치료한 것을 보고, 14초마다 1명의 아이들을 고아로 만드는 심각한 질병인 에이즈의 문제를 해결해야 한다고 느낀, 그 지역 기독교인들의 자생적 노력이 없었다면 불가능했을 것이다.

우리가 우간다에 여러 번 방문하는 동안 만났던 사람들은 모두가 가까운 가족들이 에이즈로 죽은 경험을 안고 있었다. 예를 들어 우리의 운전사는 아내가 죽었고, 그래서 자신의 여동생의 자녀들을 재정적으로 돌보아야 하는 책임 위에 자신의 자녀들도 돌보아야 했다. 우간다가 에이즈와 싸우는 데에서 커다란 성공을 하였지만, 에이즈는 우간다 전 국민에게 막대한 영향을 미치고 있었다. 마을 전체에 가임 연령층과 아이들을 키울 수 있는 연령층의 사람들이 거의 없는 경우도 많았다. 그래서 조부모들이 아이를 키우고 있었다. 그들의 부모들은 죽었고, 삼촌과 이모도 존재하지 않거나 혹은 존재하더라도 그 아이들을 맡는 것은 과중한 부담이었다. 상대적으로 감염에 덜 노출되어 있는 연령층은 4세에서 15세 나이에 있는 아이들이었다. 젊은이들은 종종 사춘기 이후 바로 난잡한 성생활에 들어간다. HIV 양성으로 태어난 신생아들은 종종 3세 혹은 4세에 죽는다. 게다가, 처녀들에게 때때로 그녀들의 교사를 포함하여 나이 많은 남성이 성관계를 요구한다. 처녀와 성관계를 가지면 에이즈가 치료된다는 미신을 없애려는 노력이 있지만, 그럼에도 불구하고 여전히 어린 소녀들이 강간을 당하고 있었다.

케냐의 나이로비에서 '세계 구호'(World Relief)의 대표자들과 인터뷰를 하면서 기독교 교회가 해결해야 하는 문제들에 대해서 이야기했다. 이것들 중 일부는 문화적인 문제이다. 예를 들어 어떤 남자가 죽으면 그의 남자 형제가 죽은 형제의 아내를 자신의 아내로 맞아들인다. 그렇게 하면 자신이 감염되지 않았어도 죽은 형제의 아내로부터 감염된다. 매춘부들과의 성관계 역시 수많은 남성들이 아내에게 에이즈를 감염시키는 주요한 통로이다. HIV/에이즈 비율이 상거래가 일어나는 길을 따라서 높아진다. 그리고 남자들이 시골에 있는 고향을 떠나 광산이나 도시 지역으로 일하러 온 곳에서 한층 높게 나타난다.

어떤 측면에서 성령운동 교인들이 에이즈 위기에 대처하는 것은 늦었다. 그들은 본래 에이즈를 죄의 결과로 바라보았고, 이 질병으로 고통당하는 사람들은 신이 처벌한 것이라고 믿었다. 그러나 이 질병이 폭발적으로 퍼지게 됨에 따라 이런 이론을 가지고는 남편에 의해 감염된 부인들, 그리고 에이즈로 죽어가는 신생아들을 설명할 수는 없었다. 그리고 교회 신자들 가운데서 감염된 사람들이 늘어남에 따라 성령운동 교회의 목회자들의 전략은 변화하기 시작하였다. 물론 아직도 많은 수는 에이즈에 걸린 사람들을 '비난하는' 율법주의적인 성향을 띠고 있다.

많은 사람들이 에이즈라는 아프리카 전 대륙을 공격하는 질병에 가장 잘 대처한 것은 가톨릭교회라고 말했다. 남아프리카 공화국의 요하네스버그에 있는 한 교회에서, 우리는 성직자들이 콘돔 사용을 추천하는지를 질문하였다. 그러자 에이즈 예방 프로그램이 교회의 위계적 질서와의 갈등을 피하기 위해 평신도들에 의해서 운영된다는 답을 들었다. 그러나 성령운동가들은 교회 내에서 이 문제를 천명하기 시작하였다. 예를 들어 나이로비의 한 교회에서 어떤 목사는 이 주제에 대해서 의사를 초청하여 설교하게 하였다. 그 예배가 있은 뒤 교인들 중 60명이 개인적으로 의사를 찾아가 자신의 상태를 고백하고, 가족 중 누군가가 감염되었다는 사실을 털어놓았다. 이렇듯 아프리카에서 현재 에이즈는 교회가 해결해야 하는 큰 문제이다. 어떤 큰 교회의 목사는 때때로 한 주에도 3번의 장례식을 집례하는데 이들 모두는 에이즈로 죽은 사람들이라고 말했다.

많은 개발도상국에서 레트로 바이러스를 죽이는 의약품이 부족한 것을 감안할 때, 초자연적 신유를 약속하는 치유 예배에 사람들이 강하게 끌리는 것은 사실이다. 그러나 어떤 목회자는 우리에게 말하길, 이런 치유 예배는 사실상 교회에게 부메랑이 된다고 말했다. 왜냐하면 사람들이 치유 예배에 참석하였어도 치료가 되지 않으면 신에 대해서 환멸을 느끼고 기독교에 등을 돌리게 되기 때문이다. 이것보다 더 나은 전략은 아무런 판단을 하지 않고 문제를 직시하여 아픈 사람들을 돌보고, 질병을 피할 수 있도록 교육하는 것이라고 말했다.

소수의 성령운동 교회들은 콘돔을 사용할 것을 권유하고, 특히 배우자가 감염되었을 때는 더욱 그러하지만, 우리가 인터뷰한 모든 목회자들은 금욕에 관한 성서적 원칙과 배우자에 대한 충절을 신자들에게 강조하였다. 그럼에도 불구하고 원인이 어떻든 누군가가 감염되었을 경우 교회의 사명은 예수의 모델을 따라 사람들을 무조건적으로 사랑하라는 것이라고 많은 이들이 말했다. 에이즈에 걸린 사람을 돕는 첫 번째 단계는 자신이 감염되었음을 스스로 인식하도록 돕는 것이다. 그렇게 하려면 먼저 목회자는 신자들을 교육하여야 한다. 교육 내용은 무죄한 에이즈의 피해자를 비난하지 않을 것이며, 그가 비난받을 행동을 했건 안했건 간에 자비로운 돌봄을 베풀어줘야 한다는 것이다. 이런 긍휼의 태도는 독신자에게 금욕을 가르치고 기혼자들에게는 혼인의 정절을 가르쳐도 된다는 신뢰를 안겨준다. 가까운 장래에는 많은 성령운동 교회 목회자들이 콘돔 사용을 찬성하지 않을 것 같은데, 그들에게 콘돔 사용이 아직은 난잡한 행동의 징표로 여겨지고 있기 때문이다.

에이즈 교육이 교회에서 필요하지만 아직 불충분하기 때문에 제인 와톰(Jane

Wathome) 같이 팔뚝을 걷어 부치고 나이로비 근처의 슬럼에서 에이즈 위기를 해결하려고 나선 사람이 있다는 사실은 우리에게 힘이 된다. '희망의 횃불'(Beacon of Hope)이라는 이름을 걸고 제인은 몇년 동안 수많은 프로그램을 발전시켰다. 이 중에는 HIV 양성이거나 에이즈에 걸릴 위험이 있는 여성들을 돕기 위해 양탄자를 짜는 사업이 포함되어 있다. 희망의 횃불은 아이들을 위한 주간보호소도 운영하고 있고, 젊은이들을 위한 직업 교육과 에이즈에 대한 교육도 진행하고 있다. 이런 서비스가 제공되는 곳에서 에이즈 검사와 자원봉사자의 상담이 진행된다. 지역 교회들과 동역하면서 희망의 횃불은 신앙인들이 어떻게 에이즈와 함께 생활할 수 있는지에 대해서 성서적 상담을 제공하고 있다.

나이로비의 '목자의 집'(Shepherd's Home)은 에이즈를 대처하는 또 다른 영웅적 행동의 결과이다. 맥밀런 키루(Macmillan Kiiru)와 넬리 키루(Nelly Kiiru)는 자녀들이 다 성장했고, 그래서 은퇴를 생각할 법도 하지만 20명의 고아원 소녀들을 집으로 데려오기로 결정하였다. 그들은 집 뒤에 기숙사 스타일의 방을 지었고, 소녀들은 이 부부의 부엌과 거실을 함께 사용하게 하였다. 맥밀런과 넬리 부부는 소녀들을 그녀들의 확대가족과 친하게 지내도록 노력했다. 그래서 방학 기간 중에 고아들은 자신의 조부모 혹은 삼촌과 숙모에게 돌아가서 지낸다. 맥밀런과 넬리 부부는 돌볼 수 있는 아이들의 숫자가 제한되어 있어서 그 소녀들의 누이동생까지 입양할 수 없었다. 이것은 슬픈 일이다.

고아들을 돌보려면 많은 것이 필요하다는 점을 감안할 때, 비정부기구가 나서서 에이즈 문제를 해결하기 위해 개인, 교회들과 손을 잡으려는 노력이 중요하다. 교육 자료를 인쇄하는 데는 비용이 많이 들고, 개별 교회가 자체 교육 과정을 만들 필요까지는 없다. 그리고 비정부기구들은 고아들을 위한 음식, 학비, 의복 등으로 교회와 개인들에게 도움을 줄 수 있다. 그러나 노인 문제의 심각성을 인식하고 있는 조직은 매우 적다. 조모가 종종 자신의 자녀가 죽으면 손주들을 돌보는 책임을 맡게 되지만, 조모들은 자신의 자녀가 죽으면 재정적 안정의 근원을 잃게 된다. 현재 전 세계적으로 유행하는 에이즈는 성령운동 교회에 여러 수준에서 도전을 제공하고 있다.

성 노동자들에 대한 사역

방콕과 캘커타에서 우리는 성 노동자들을 위한 사역을 시작한 성령운동 교회 지도자에게서 매우 비슷한 설명을 들었다. 12세-13세 소녀들을 둔 부모들은 딸을 대도시에서 일하게 한다는 조건으로 딸의 노동에 대한 선금을 제공하겠다는 사람들의 접근을 받는다. 그 고용의 정확한 성격은 대개 모호하지만, 농촌 지역의 부모들은 딸이 가정부 혹은 식당에서 일하게 될 것이라 가정한다. 아름다운 소녀들에 대해서는 지불금이 매우 커서 이 돈을 갖고서 새 집을 한 채 사거나 사치품을 구입할 수 있다. 그 소녀들은 방콕 혹은 캘커타의 홍등가에 도착하기 전까지는 무엇이 자신을 기다리고 있는지에 대해 전혀 모른다. 이곳에 도착하자마자 그들은 창녀촌에서 일하도록 강요된다. 그러나 자신의 의지를 꺾을 때까지 강간과 구타를 당하고, 음식과 물도 제공되지 않는다. 만일 부모들이 5천 바트를 받았다면, 그녀들은 몇 개월 동안 자신들을 데려온 사람에게 돈을 되갚기 위해 아무런 보상 없이 일해야 한다는 이야기를 듣게 된다. 그 다음부터 소녀들은 고객이 그녀와 즐긴 대가로 지불하는 금액의 절반만을 받게 된다. 나이가 어리고 낯선 도시에서 혼동스러워 하는 어린 여성들로서는 도피하는 것도 쉽지 않다. 그들이 어디로 갈 수 있을 것인가? 게다가 그녀들은 중개인으로부터 자신들을 사들인 포주들이 면밀히 감시하고 있고, 경찰은 창녀촌의 네트워크를 운영하는 사람들에게서 넉넉한 사례를 받는다.

우리는 소녀들에 대한 착취를 밝히기 위해서 교회가 다양한 일을 펼쳤음을 발견하였다. 방콕에서 우리는 매춘 업소에서 구조된 여성들, 그리고 가난한 시골에서 올라와서 성노예로 팔릴 가능성이 높은 여성들을 위해 만들어진 집을 여러 채 방문했다. '방콕 교회의 희망'(Hope of Bangkok Church)은 스웨덴 성령운동 교회와 협력하여 기숙학교를 설립하였다. 이 학교는 근사한 구조를 갖고 있었는데, 여기에서 우리가 만난 50명 가량의 소녀들은 활기차고 행복해 보였고, 우리와 친밀하게 이야기하고 노래도 부르는 등 즐겁게 생활하고 있었다. 방콕에서 우리는 스칸디나비아 교회와 관계를 갖고 있는 자이서만 교회(Jaisamarn Church)가 지원하는 작은 규모의 프로그램을 살펴보았다. 이곳의 소녀들은 조화(造花)를 만드는 일에 숙련되어 있었다. 이들이 만드는 꽃은 스웨덴의 교회에 판매된다. 우리는 교회의 지도자들로부터 어린 소녀들이 창녀로 몸값이 많이 나가는 것은 에이즈를 가지고 있을 확률이 적기 때문이라고 들었다. 우리는 일부 가난한 시골 지역에서 사악한 관습이 생겨나고 있다는 말도 들었다. 중개인에게 딸을 판 부모들이 비싼 집을 얻게 되자, 마을 주민들은 이것을 부러워하여 자신의 딸을 팔고 싶은 마음을 더 많이 갖는다는 것이다.

홍콩에서 우리는 다소 다른 상황을 보게 되었다. 창녀들의 많은 수가 헤로인에 중독되어 있었다. 그들이 몸을 파는 것은 단순히 마약 습관을 유지하기 위한 수단이었다. 그리고 우리는 가라오케 주변에서 활발한 성매매가 이뤄지기 때문에 여성들은 고객들과 하룻밤을 보내고 상당한 수입을 올린다는 사실도 들었다. 사실 일부 소녀들은 1주에 수천 달러를 벌 수 있었다. 그러나 이렇게 삶을 살다 보면 마약에 손을 대기 십상이다. 가난한 지역 특히, 아프리카 같은 곳에서 여성들이 다른 일자리가 거의 없기 때문에 상업적인 성 노동자로 전락하는 경우가 있다. 이런 현실을 감안할 때, 탄자니아의 한 비정부기구는 인상적이었다. 이 기구는 고용을 창출하기 위해서 탄광 지역에서 여성들에게 인공양식 어장을 지어 주었다.

경제적 발전

선진적 성령운동 교회들이 내놓고 있는 수사(修辭)는 누군가에게 생선을 주기보다는 어떻게 물고기를 잡는가를 가르치는 것이 낫다는 말이다. 자선 활동의 문제는 이것이 끝이 없는 일이라는 점이다. 그러나 누군가에게 물고기를 잡는

법을 가르치는 것은 정말 중요한 사업이다. 이것은 특별한 기술과 많은 예산이 든다. 초대형교회라도 빈곤을 만들어내는 구조적 요인에 영향을 미치는 일은 어렵다. 결국 단기간의 자선 행위보다 경제적 발전에 관심을 갖는 교회들은 지역사회를 실질적으로 변화시킬 수 있는 경험과 자원을 갖고 있는 비정부기구와 협력하는 일이 늘고 있다.

교회와 비정부기구 간의 관계는 비정부기구와 교회의 능력에 따라서 수많은 형태로 나타난다. 예를 들어 일부 비정부기구들은 교육에 목표를 두고 특히 초등학교에 재정을 지원하는 데에 교회와 협력한다. 다른 비정부기구들은 의료 클리닉, 농업 발전, 우물 건설 등에 재정을 투자한다. 수많은 비정부기구들은 소액대출을 제공하는 일에 매우 정교한 시스템을 갖고 있는데, 가끔은 교회와도 연합하여 그런 일을 추진한다. 비정부기구가 하는 또 다른 재정 지원은 지역사회의 빈곤을 감소시키기 위해 교회가 지원하는 수익사업에 직접 투자하는 것이다.

우리가 상당히 집중적으로 인터뷰한 비정부기구는 '월드비전 탄자니아'(World Vison Tanzania)이다. 이 비정부기구는 지역사회 안에서 다른 조직들은 물론 교회들과도 동역한다. 월드비전의 막대한 국제적 경험에 의존하여 월드비전 탄자니아는 수년에 걸쳐 발전된 행동 계획대로 일한다. 첫째, 선임 간부 직원들은 지역개발 프로젝트를 수립하고자 하는 특정 지역을 선별한다. 그리고 2년 동안 월드비전의 직원을 지역에 보내서 주민들과 사귀고, 그곳의 지도자들을 알아내고, 지역사회의 강점과 필요를 이해하게 만든다. 이 기간의 마지막에는 월드비전과 지역사회의 만남의 매개체인 위원회가 결성된다. 월드비전의 직원들은 이제 이 위원회와 함께 지역사회의 자산과 필요를 평가하고 재정지원 계획서를 작성한다. 무슬림과 불교도들 같은 다른 종교인들은 물론 다양한 교회들이 월드비전과 협력관계를 맺고 있다. 어떤 프로젝트도 월드비전이 모든 자금을 다 대는 일은 없다. 지역사회의 공동체와 함께 프로젝트를 수행해야 하는 것이다. 지역 발전 프로젝트에 제공되는 기금은 진료소와 학교를 짓고, 쟁기를 구입하고, 우물을 파고, 소액대출을 생성하는 다양한 사업을 지원하는 것에 사용된다.

방글라데시에서 그라민 은행(Gramine Bank)를 통해 발전된 소액대출에 대한 아이디어는 개발도상국가들 속에서 확대되고 있다.³⁾ 소액대출의 일반 원리는 이것들이 금액이 적다는 것이고(기본적으로 국가에 따라서 다르지만 10달러에서 50달러 사이), 동료 대출 수혜자 집단이 보증을 선다는 점이다. 여성들은 대출한 돈을 잘 꾸려나가고 있으며, 대출액을 상환하지 못하는 비율은 3%도 안 된다. 그에 반해 남성들은 술이나 난잡한 행위에 대출받은 돈을 써버리는 경향이 많다. 통상 1년 안에 대출금을 일단 갚게 되면 대출 수혜자는 더 많은 돈을 대출받을 수 있게 되고, 그것을 가지고 성공적이고 수익이 되는 사업을 발전시키려는 데에 투자하게 된다.

잘 자리잡은 비정부기구와 동역하는 교회는 비정부기구가 지역사회를 개발하는 사업을 추진한다는 사실에 의존할 뿐 아니라 비정부기구의 전문성에도 의존할 수 있다. 또 다른 잠재적 이익은 비정부기구는 종종 교회로 하여금 지역개발 프로젝트에 동참하도록 하는 촉매제가 된다는 점이다. 그리하여 탄자니아에서는 통상 오순절 성령운동파, 로마 가톨릭, 루터교, 감리교, 성공회, 심지어 무슬림들이 서로 협력하며 일하고 있다. 이런 과정에서 그들은 자신의 지역사회의 필요와 자산에 대해서 종합적으로 사고하는 것은 물론 서로 존경하는 것을 배운다.

정치적 참여

성령운동 교회들은 역사적으로 정치 영역에 참여하는 것을 피하여 왔다. 그것의 부분적인 원인은 그들이 '세상'을 부패하였다고 보고, 그리스도가 곧 재림할 것이라고 믿었기 때문이다. 그리스도가 곧 올 것인데 사회정치적 구조를 바꾸려고 시간을 바치는 것이 무의미한 것이다. 그들에게 더 긴박한 과제는 '영혼을 구원' 하여 영원한 저주 속에서 고통받지 않게 하는 것이다. 실제 이것은 전통적인 성령운동파의 입장이다. 이런 유산이 우리가 선진적 성령운동가들라 부르는 집단에 그림자를 드리운다. 그래서 비록 목회자들은 정의에 대해서 빈번히 언급하였지만, 우리가 연구했던 교회들 중 드러내놓고 정치적인 활동을 하는 교회들은 극히 적었다.

성령운동 교인들이 정치적인 조직을 만드는 것에 주저하는 것은 정치적 부패에 대한 무관심 때문이거나 혹은 잘 기능하는 시민사회를 창조하려는 관심이 결여되었기 때문이 아니다. 그러나 공의로운 정치를 만들어 내기 위한 전략은 해방신학자들이나 자유주의적 교단의 전략과 다르다. 가장 기본적인 일은 공직에 나서거나 공공 부분에서 일하고자 하는 새로운 크리스천 세대들을 육성하는 것이다. 그들이 기독교 윤리를 지켜나가고 교회 공동체에 뿌리를 내리고 있기 때문에 공의로운 사회정책을 발전시키고 정치적 부패의 문제를 바로 잡으려고 노력할 것이다. 이것이 사회변혁으로 가는 더딘 길로 보이지만, 실제로 이것은 성령운동에는 장기적인 관점에서 이익을 가져다 주고 있다.

동아프리카에서 우리가 방문하였던 교회에서는 멘토링 프로그램을 시행하고 있었다. 그것은 이제 막 정치에 입문한 사람들이 선배 기독교 정치인과 팀을 이루어 정치적 타협, 권력의 사용, 공직자가 인격적 진실성을 유지하는 방법에 대해서 배우는 프로그램이었다. 같은 도시에서 우리는 성령운동가들을 포함한 다양한 기독교 교파의 지도자들이 모여서 정부의 부패에 대해 성명서를 쓰는 것을 보았다. 이것은 정치인들에게 정치 관행을 변화시키지 않으면 거기에 모인 교회 지도자는 교인들의 표를 잃게 될 것을 알리는 전략적 모임이었다. 우리는 목회자들이 신은 인종, 재정적 지위, 개인적 특징에 기초하여 사람을 차별하지 않는다고 말하면서 평등에 대해 설교하는 것을 자주 들었다. 분명 이런 메시지는 모든 사람이 투표권을 갖고 있으며 자신의 의견을 표현할 권리가 있는 실질적 민주주의의 기초이다. 정치적 참여에 대해서 우리가 들은 더 극적인 이야기는 1980년대 중반 필리핀에서 페르디난드 마르코스(Ferdinand Marcos)에 반대하여 일어난 폭동이다. 당시 부패한 정부에 저항하는 시위에 모든 종파의 종교인들이 모였는데, 여기에는 복음주의자들과 성령운동가들도 동참하였다. 마닐라에 있는 기독교 조사단체의 대표는 이 사건이 보수적 개신교도들에게 전환점이 되었다고 말했다. 그들은 성스러운 것과 세속적인 것, 이 세상과 사후 세계 사이를 철저히 구분하는 것은 비성서적이라고 생각하게 되었다. 당시의 정치적 상황 때문에 그들은 성경을 새로운 눈으로 보게 되었다. 데모의 열기에 붙잡혀서 자신들의 정치적 행위를 정당화하는 성서의 구절들을 찾고 있었다.

칠레의 산티아고에서 우리는 담임목사가 대통령직에 출마했던 한 성령운동 교회에서 시간을 보냈다. 그 목사는 자신이 5%미만의 득표율을 보일 것을 알고 있었지만, 자신이 말하고 싶은 정치적 메시지가 있다고 생각했고, 그것의 유일한 길은 정치에 출마하는 것이었다. 아시아에서 우리는 담임목사가 의심스러운 인격을 가지고 있으며 선거에서 패배한 정치가를 공공연히 지원했던 교회를 연구했다. 목회자와 정치가 사이의 이런 연관은 교회에 매우 부정적인 영향을 미쳤으며, 많은 신도들은 담임목사의 지나친 정치참여에 소외감을 느끼고 있었다. 소수의 사례이지만 우리는 교인인 정치 출마자를 예배 도중에 앞으로 나오게 해서 목사가 공식적으로 축복하는 것을 목격하였다. 그러나 이것은 그 사람에게 투표하도록 교인들을 강요하는 것은 아니었고, 우리 중의 일부는 신에 의해서 정치에 부름을 받았다는 사실의 확증이었다.

결론적 성찰

성령운동 교회들은 사회참여의 스펙트럼에서 다양한 위치를 차지하고 있다. 율법주의적 교회들은 매우 편협해서 그들과 세상을 확연히 구분 짓고 있었다. 이런 교회에서 강조하는 것은 개인적 순결이다. 세상에 참여하게 되면 자기완성으로 가는 길에서 벗어나는 것이고, 속된 세계로 들어가는 것은 오염의 위험성이 있다. 이런 성령운동가들은 모든 사회문제를 영적인 관점에서 보는 경향이 있다. 이들은 각종 사회문제를 세상에서 작동하는 악마적 세력의 결과라고 인식한다. 그들의 관점에서 볼 때, 빈곤, 질병, 공정하지 못한 정책들은 도덕적 실패에 기인한다. 그러므로 유일한 해결책은 개인의 회개와 초자연적 신의 개입이다. 다시 말해서 사회 변혁은 그리스도가 재림하여 그의 왕국을 이 세상에 건설할 때 비로소 일어난다.

그러나 이 책의 주장은 이와는 다른 성령운동가들의 집단이 출현하고 있다는 것이다. 이 집단의 구성원들은 성령의 능력에 관한 기존의 전통을 받아들이고, 개인적 변화에도 강조점을 두고 있지만, 자신들 주위의 세상에 참여한다. 이처럼 새로 출현하고 있는 성령운동 집단은 성령운동의 성숙을 반영한다. 이들은 자신들이 소유할 수 없는 물질세계에 담을 쌓을 수밖에 없는 하층계급이 만들어 내는 반동적 현상이 아니다. 선진적 성령운동파의 일반 신도들 가운데는 많은 숫자가 고학력에 사회적 상승이동을 하고 있는 중간계급이다. 이들은 자신의 계급적 위치에 맞게 사회를 분석한다. 그들은 세상과 교섭하는 것을 두려워하지 않는데 왜냐하면 세상이 그들이 매일 삶을 영위하는 일터이기 때문이다. 기독교의 매력은 이 세상의 고통을 피하여 천국으로 가는 여권을 약속하는 것에 있지 않다. 오히려 그들은 예수의 삶을 깊숙이 살펴보고 그의 가르침이 치유 속에 구현되어 있으며, 가난한 사람, 창녀, 아이들을 위한 동정 속에서 드러남을 발견한다. 선진적 성령운동 교회 신자들의 일부는 심지어 정의의 추구를 예배의 전제조건으로 보는 구약의 예언적 전통을 발견하고 있다.

성령운동의 이런 새로운 흐름에서 괄목할 만한 측면은 아직 관료제로 발전하지 못한 영웅적인 사역 프로그램이다. 이런 프로그램의 창시자들은 소명감, 다시 말해 신이 자신의 삶에 개입한 것에 대한 감사의 마음에서 일을 시작한다. 그들은 성령이 인도하는 것이라고 믿는 바에 따라서 프로그램을 끊임없이 수정하고 발전시키고 있다. 성령운동의 이런 면은 상대적으로 새로운 것이기 때문에, 이것을 창시한 지도자의 창조적 추동력에 과도하게 의존한다는 약점이 있기도 하다. 이런 프로그램들 중 일부는 조직의 일상화와 관련된 일종의 성장통을 겪는다. 그러나 우리를 계속 놀라게 한 것은 위험 감수와 겸손에 대한 강조가 동시에 일어난다는 점이었다. 이런 프로그램들을 창안한 사람들 중 다수는 조직 운영에 대해 훈련을 받아보지 못했다. 또한 신의 소명이라고 생각한 것에 반응하여 나아갈 때 그들 앞에는 아무런 청사진도 없었다. 그러나 그들은 무작정 시작하였다. 그에 따라 실수를 하기도 하고 장애물에 부딪히기도 하였다. 우리는 이 장에서 이런 부분에 대해서는 제대로 시간을 내서 논의하지 못하였다. 그런데 실수와 장애 뒤에 그들은 겸손하게 자신의 사역을 재조직하고 다시 시작하였다. 사실 우리가 인터뷰한 사람들 중 일부는 이런 실패를 통해 어떻게 자신의 자아가 다듬어지고, 이런 사역의 주인이 자신이 아니라는 점을 깨닫게 되었는지에 대해 말했다. 오히려 그런 사역은 자신보다 더 큰 힘에 의존하고 있는 것이었다.

제5장

섬김을 낳는 살아 숨쉬는 예배가 있는 교회

제5장

섬김을 낳는 살아 숨쉬는 예배가 있는 교회

우리는 우간다의 수도인 캄팔라의 외곽 지역에서 어떤 가족과 함께 편안하게 저녁 식사를 즐기고 있었다. 그의 집에 도착하려면 바퀴가 4개 달린 차로만 접근이 가능하다는 불편함이 있지만, 집이 상당히 넓고, 우리를 초대한 부부가 신앙적인 색채가 강한 시민단체에 속한 사람들이라 매우 친절하고 은혜를 많이 베풀었다. 전기가 갑자기 나갔을 때 우리를 초대한 부부는 발전기를 돌렸고, 우리는 계속 식사를 즐기며 할 수 있었다. 밤 10시 30분 경에 우리는 일하러 가야 한다는 신호를 서로에게 보냈다. 바로 캄팔라 오순절 교회(Kampala Pentecostal Church)가 철야 기도회를 진행하고 있었고, 우리는 거기에 참여하기로 결정했기 때문이다. 우리는 이 교회의 역동적인 젊은이 예배에 참여한 적이 있다. 그 때 우리는 많은 십대 아이들이 100명의 성가대 노래와 프로급 악단의 반주에 맞춰서 복도까지 나와 열정적으로 춤추는 것을 보았다. 이 교회가 에이즈에 걸린 고아들을 위한 사역에도 깊이 관여하고 있음을 아는 사람은 많지 않으리라.

우리를 초대한 주인은 극장을 개조해 교회로 만든 곳에 우리를 내려다 주었다. 예배는 이미 시작했고, 우리는 조용히 예배를 관찰만 해도 부담이 없는 발코니 쪽의 빈자리로 가기로 결정했다. 성전 아래층은 삼분의 일 정도가 찼는데, 편안한 복장의 젊은 층의 사람들이었다. 강단에서는 누군가가 설교하고 있었고,

어떤 청년이 뒤에서 전자 키보드로 반주를 넣고 있었다. 설교자는 인격적 정결함에 대해 강조하고 있었다. "1실링을 훔치는 것은 10억 실링을 훔치는 것과 다르지 않습니다." 그는 계속해서 이야기했다. "우리는 모든 것을 하나님께 드려야 합니다. 우리의 마음, 정신, 재능 등 우리는 아낌없이 드려야 합니다." 그리고 그는 기도하기 시작했고, 모든 성도들이 그와 함께 기도에 몰입했다. 사람들은 자리에서 일어나 의자 주변의 좁은 공간에서 앞뒤로 움직이면서 하나님께 부르짖었다. 다른 사람들은 아예 복도로 나와서 기도했다. 어떤 젊은 남자는 자신의 손을 하늘을 향해 뻗으면서 기도했다. 수백 명의 예배자들이 마음과 정신과 몸을 하나로 묶어 하나님을 체험하려고 애쓰는 모습에서 우리는 그들의 신실함과 진정성을 충분히 느낄 수 있었다.

우리에게 저녁을 대접한 사람에게 이 예배에 우리도 참여하고 싶다는 의사표현을 했더니, 이것은 값싼 형태의 오락과도 같다고 일축해버렸다. 그러나 예배에 참여한 젊은 신자들의 모습을 지켜보면서 우리는 이것이 오락과는 전혀 거리가 멀다는 것을 알았다. 오히려 정반대였다. 그들은 자신의 삶의 문제를 가지고 나왔으며, 하나님께 자신의 죄와 부정을 제거해달라고 부르짖고 있었다. 우리가 흔히 알고 있는, 디스코텍에 들어가서 지쳐 쓰러질 때까지 춤을 춘 후에 눈이 맞은 여자와 성관계를 갖는 것과는 전혀 다른 것이었다. 자신의 마음의 정결함을 놓고 돌아보고 점검하는 것뿐 아니라, 이들은 가족과 이웃과 심지어 국가를 위해서도 기도하였다. 그들은 하나님의 나라가 이 땅 위에 임하기를 기도했고, 그것의 시작점은 바로 자신의 삶에서 죄를 제거하는 것이었다. 오직 그렇게 할 때에만 주변에 있는 타락과 부패를 치유할 수 있는 자격을 얻는 것이다.

몇분이 지난 후 그들의 기도의 강도가 조금 수그러들었고, 어떤 젊은 여성이 단 위로 나와서 성경 말씀을 읽었다. 그 뒤로 이어진 것은 매우 민주적인 현상이었는데, 사람들이 앞에 나와서 간증을 하거나 '지식의 말씀'을 말하는 것이었다. 몇십 명의 사람들이 성령이 이끄시는 대로 나와서 발언했다. 예를 들어서 어떤 여성은 마이크를 잡고서는 하나님이 말씀하시는 것처럼 말하는 것이었다.

"너희가 두려워하는 죄로 인해 떨지 말지어다." 그리고는 다른 위로와 권면의 말을 하였다. 이런 간증과 지식의 말씀 중간 중간에 리더는 "오, 하나님, 높임을 받으소서… 우리는 주님을 경배합니다. 주님을 높여 드립니다… 우리의 손을 당신께 올려 드립니다… 우리의 입술을 드립니다… 우리의 발을 받아주소서… 미래와 돈에 대한 우리의 두려움을 가져 가소서." 와 같은 말을 하였다. 이 철야 기도회의 핵심은 다음과 같은 리더의 설교에 잘 요약된다. "여러분 자신을 완전히 하나님께 드리십시오… 거기에는 부끄러움이 없습니다. 만약 여러분께 화평이 없다면 하나님께 완전히 순복할 때 얻게 될 것입니다."

이런 기도와 간증에 간간히 덧붙여지는 소리는 사람들이 방언하는 소리였다. 그들은 영어로 하나님을 찬양한 후에 곧잘 방언 기도로 몰입했다. 방언 기도로의 전환은 억지가 아닌 매우 자연스러운 과정으로 보였다. 자신이 느끼는 것을 말로 더 이상 표현할 수 없을 때, 그들은 대안적인 언어 체계에 의존하게 된다. 그것은 일상적인 구문론의 구속을 받지 않는 언어 체계이다. 여러 사람들이 방언하는 소리를 한꺼번에 들으면 그들에게서 멜로디 이상의 뭔가가 느껴진다. 우리 두 사람은 발코니에 앉아서 이 현상을 비판적이고도 냉소적인 시각으로 바라볼 수도 있었지만, 사실 언어라는 도구로써는 인간의 열망을 전부 표현하기에는 한없이 부족하다는 생각 앞에 그렇게 하지 않았다.

우리는 인간과 신이 조우하는 장면을 우두커니 지켜보면서 그날 저녁의 집회에는 리듬이 존재함을 깨달았다. 그날 밤은 성결을 주제로 시작되었다. 그리고 찬양과 간구가 혼합된 상태로 넘어갔고, 회중의 삶에서 하나님이 행하신 모든 일에 대한 감사로 이어졌다. 이 시점에서 음악은 더욱 활발한 형태를 띠었다. 찬양을 이끄는 리더와 드럼 치는 사람, 키보드를 연주하는 젊은이 외에도 3명이 뒤에서 코러스로 찬송하고 있었다. 어떤 음악은 미국에서 직수입된 것이었다. 어떤 노래는 우간다 현지 찬송이었고, 어떤 것은 캄팔라 오순절 교회가 만든 찬양이었다. 어떤 찬송은 로맨틱한 면이 있었다. 예수님이 우리를 사랑하시고, 우리도 예수님을 사랑한다는 내용의 찬송이었다. 이것은 하나님이나 예수 그리스도에 '대한' 찬양이 아니었다. 사람들은 하나님께 직접 찬양하고 있었다. 그들이 갖고 있는 가정은 하나님이 이 시간 임재하고 계시고, 그러므로 초월적인 존재와의 교통이 가능하다는 것이었다. 하나님은 어떤 개념이 아니고, 저 멀리 성층권에서나 사는 존재가 아니다. 하나님은 사람들과 함께 하신다. 역사에 가정이라는 것은 허락되지 않지만, 만약 성령에 대한 개념이 기독교 역사에서 아직 출현하지 못했더라면, 오늘 이 철야 기도회에서 탄생했을지도 모르겠다는 생각이 들었다.

예배 인도자가 무릎을 꿇고 기도하는 중이었다. 3명의 코러스 멤버들이 키보드 반주에 맞춰서 조용히 찬양하고 있었다. 그 순간에 드럼 치는 사람이 조용해졌다. 그리고 우리는 생각하기 시작했다. 과연 이런 형태의 예배와 시민사회의 구축이 서로 관계가 있을 것인가? 만약 상원의원과 대통령이 이 사람들처럼 하나님 앞에서 엎드려 경배하고, 죄를 고백하고, 자신의 업무를 잘 감당하도록 영감과 도움을 구한다면 어떻게 될 것인가? 이와 동시에 다른 생각이 우리의 의식 속에 끼어들었다. 이런 식의 예배가 혹시 지각없는 카타르시스로 끝나는게 아닐까? 과연 사람들이 예배를 드리고 나면 인간사회를 더 잘 섬기는 사람으로 변화되어 나가는가? 아니면 그냥 집단적인 환각 상태를 경험하고 마는 것일까? 그러나 한 가지 사실만은 확실했다. 이런 식의 예배는 사람들이 서로 협력하는 공동의 작업이라는 것이다. 자신의 삶의 지위와는 상관없이, 모든 이들이 하나님 앞에서 평등하고, 누구나 앞에 나와서 말할 권리를 갖고 있는 것이다.

벌써 자정이 훨씬 지나 있었다. 발코니에 앉아 있던 우리는 몇 블록 떨어진 곳에 위치한 쉐라톤 호텔의 숙소에 들어갈 생각을 하고 있었다. 그런데 예배 인도자는 "우리는 하나님을 만나기 위해 여기에 나와 있습니다."라고 말했다. 그래서 우리는 다음에 이어지는 짧은 설교만 듣기로 하고 계속 앉아 있었다. 설교는 출애굽기 33장을 인용하면서 우리는 단지 시간을 때우려고 이 세상에서 살고 있지 않으며, 각자는 삶의 목적이 있다는 것이 요지였다. 설교의 한 부분에서 설교자는 날카롭게 질문했다. "여러분은 각자의 은사에 대해서 알고 있습니까?"

이 질문을 통해 그는 모든 신자가 하나님께 은사를 받았으며, 그것을 잘 활용해야 할 책임이 있다고 호소했다. 은사는 의무이지만, 동시에 하나님이 맡기신 사명을 감당할 때 기쁨으로 충만해질 수 있는 기회라고도 말했다. 그 때 우리는 슬며시 자리 밖으로 나와 뒤쪽의 계단으로 내려왔다. 그 때 회중들은 자리에서 일어나 자신의 은사가 무엇인지 하나님께 묻고 있는 중이었다. 이 사람들이 세상에서 감당해야 할 사명이란 무엇인가? 그리고 하나님은 그들이 어떤 사람이 되기를 원하시는 걸까?

에밀 뒤르케임의 주장이 옳은가?

어떤 면에서는 이 장이 이 책의 주제장이 될 수 있다. 왜냐하면 우리가 보기에 성령운동 교인들의 사회 참여의 뿌리는 공공 예배의 경험에 있기 때문이다. 하나님과 만나는 체험이 성도들로 하여금 주변의 이웃을 돕도록 하고, 지역사회를 만들어가는 다양한 일에 나서도록 하기 때문이다. 또한 하나님과 만나는 경험이 성도들을 겸손케 만들며, '다른 사람을 위한 종'으로 일하는 것을 가능케 한다. 앞에서 말한 예에서 충분히 드러난 것처럼, 성령운동 교인들은 이기적인 욕망과 죄의 사욕을 버리는 것이 하나님이 자신의 삶에서 원하시는 바를 알게 되는 첫 번째 단계라고 믿는다. 두 번째, 예배는 사람들에게 에너지와 활력을 주는 역할을 한다. 성령운동가들은 자신의 이익을 따라 살지 않고, 자신을 하나님의 대리자로 바라보며, 자신의 삶을 향한 신의 뜻과 소원을 수행하기 위해 노력한다. 세 번째, 예배는 공동체적 활동이다. 각자가 소명을 감당하는 것은 영웅적 개인주의로는 가능하지 않다. 왜냐하면 모든 사람은 공동체의 일원이며, 그리스도의 '몸'이라는 유기체의 일부분이기 때문이다.

종교와 공동체의 관계에 대한 고전적인 명제는 프랑스의 사회학자 에밀 뒤르케임에 의해 제시되었다.[1] 뒤르케임이 보기에 모든 인간 집단은 공동체를 유지하기 위해서 제의적인 활동을 필요로 한다. 공동체와 종교의 관계는 고대 사회에서 가장 극명하게 드러난다. 고대 사회에서는 제의적 활동을 통해 공동체가 공유하고 있는 가치를 높이고 기리기 때문이다. 뒤르케임은 집단 가치와 정서는 공동체를 대변하는 상징물에 잘 구현된다고 말했다. 다양한 제의적 활동에서 상징물은 숭배되지만, 이 상징물 자체가 성스러운 것으로 간주되는 것이 아니라 상징물이 대변하는 공동체의 집단 가치가 성스러운 것으로 여겨진다. 따라서 종교적 제의의 사회적 기능은 집단의 구성원들 속에서 공동체를 하나로 묶어주는 가치를 강화시키는 일이다. 특히 잘 실현된 제의 속에서는 집단 구성원들이 뒤르켐이 말하는 '집합적 흥분'(collective effervescence)을 경험한다. 그 집합적 흥분 속에서 사람들은 개별성을 떨어내고, 집단과 일체감을 강하게 느끼게 된다. 그리하여 심지어 사람들은 거기에 모인 개인을 합한 것 '이상의 그 무언가' (something more)가 존재한다는 사실을 믿기 시작하는 것이다. 이 '그 이상의 무언가'가 바로 하나님, 혹은 신적 존재로 해석된다. 하지만 뒤르케임은 현실 세계에서 그 이상의 무언가는 단지 집단의 공동체적 가치일 뿐이라고 말했다.

비록 뒤르케임은 불가지론자였지만, 그는 종교가 고대 사회에서는 매우 중요한 역할을 감당했고, 현대 세속 사회에서도 어느 정도 중대한 역할을 했다고 느꼈다. 왜냐하면 공동체의 도덕을 재창조하기 위한 제의적 활동을 필요로 하지 않는 사회란 인류 역사에 존재하지 않는다고 믿었기 때문이다.[2] 뒤르케임은 종교에는 아무런 실재가 없다고 주장하는 이론가들에게 강하게 반대했다. 그러나 뒤르케임이 종교인들이 생각하는 식의 실재를 염두에 둔 것은 아니다. 뒤르케임이 보기에 성스러운 실재란 완전히 인간적이다. 다시 말해 공동체를 하나로 엮는 집단적인 감정이 성스러운 실재이다. 그러므로 종교란 기능적인 실재만 갖고 있을 뿐이고, 비록 형이상학적인 기반이 없더라도 여전히 중요할 수 있는 것이다.

물론 성령운동 교인들은 뒤르케임의 이론을 매우 환원주의적인 것으로 본다.[3] 그럼에도 불구하고 종교적 제의의 역할에 대한 그의 통찰이 시사하는 바는 크다. 예를 들어서 사람들이 함께 모여 드리는 예배의 인간적인 측면을 무시할 이유는 없는 것이다. 교회에서건, 사교 모임에서건 사람들이 합창을 하면 집단 에너지가 존재하기 마련이다. 그리고 집단적 예배가 공유된 가치를 강화시키는 것에 대해서도 의심의 여지가 없다. 공동체적 제의란 그것이 정치적이건 종교적이건 간에 뒤르케임이 말한 바 '도덕적 재창조'(moral remaking)를 일으키게 마련이다. 다시 말해 공동체적 가치가 제의 속에서 지탱되고 경축되는 과정을 거치는 것이다.

제의의 역할을 설명하는 자리에서 성스러운 것과 세속적인 것을 너무 엄밀하게 구분할 필요는 없다. 인간적 요소는 늘 성스러운 것과 얽혀 있다. 인간적 역동성이 오순절 예배에 존재하는 '집합적 흥분'에 기여한다고 말하는 것은 맞는 말이다. 그러나 인간적 요소 때문에 성령의 역사가 없다고 주장한다면 성령운동 교인들은 받아들이지 않을 것이다. 사실 기독교의 근본적인 가르침에 의하면 신적인 존재는 인간의 형상을 입고 현현한다. 바로 예수 그리스도가 가장 큰 모델이기도 하다. 성령운동 교인들이 동의할 수 없는 부분은 예배가 '오직' 인간적인 현상이라는 뒤르케임 식의 주장이다.

이런 내용들을 마음에 두고, 우리는 오순절적 예배의 여러 요소들을 기술하고자 한다. 먼저 예배가 이뤄지는 물리적인 공간에 대해 기술하고, 음악과 기도와 치유, 축사(逐邪), 성령에 의해 넘어지는 현상이 예배에서 담당하는 역할에 대해 말할 것이다. 이 모든 요소들은 매우 세심하고 종합적으로 어우러져 인간의 몸과 마음을 공동체적 예배에 흠뻑 빠지게 하는 역할을 한다.

물리적 공간

오순절 교회의 예배에 대해서 일반화하여 말한다는 것은 쉽지 않다. 왜냐하면 오순절의 예배는 크기와 구조가 매우 다양하기 때문이다. 우리가 방문했던 교회들 중 가장 돈이 많이 들어간 건물은 싱가포르의 시티하비스트 교회였다. 그 교회는 4천 7백만 달러가 들어갔으며, 신식의 쇼핑몰 형태의 건물로서 카페도 있고, 2백만 달러나 되는 스크린이 있고, 교회 안의 의자도 극장식으로 되어 있으며, 비디오를 제작하는 정교한 스튜디오도 있다. 이것은 우리가 이제까지 본 가장 현대적인 예배 건물이고, 또 가장 큰 것이기도 하다. 그러나 성장하는 교회가 가장 사고 싶어 하는 것은 장사가 잘 안되는 영화관이다. 그곳에는 의자, 무대, 화장실이 이미 마련되어 있다. 따라서 교인들이 새로 만들어야 할 것이라고는 주일학교 교실과 몇 개의 사무실이다. 사실 어떤 때에는 근처 빌딩에서 세를 얻어 사무실을 얻기도 한다. 이런 교회들은 대개 집에서 모이는 소그룹 활동이 활발하기 때문에 교육을 위해 큰 건물을 장만한다는 것이 별로 의미가 없다.

우리가 100명 미만의 성도들이 앉을 수 있는 작은 교회들을 주로 방문했지만, 미국에서나 볼 법한 초대형 교회와 닮은 오순절 교회들도 확인할 수 있었다. 예를 들어 브라질의 상파울로에서 우리는 '천국 보편 교회'(The Universal Church of the Kingdom of God)에서 예배를 드린 적이 있다. 그 교회는 도시의 한 블록을 완전히 차지하고 있어서 수마일 밖에서도 뚜렷하게 보일 정도이다. 교회 건물은 하나의 커다란 박스처럼 되어 있어 건물 기둥이 없고, 천장을 가로질러 플라스틱으로 된 빛나는 십자가가 있다. 거대한 층계가 거리에서 교회 건물까지 이어져 있고, 그 다음으로는 비스듬히 기울어진 복도가 무대까지 연결되어 있는데, 복도에는 극장식 의자들이 놓여 있다. 앞의 무대에는 왼쪽에 오르간이 있고, 오른쪽에는 성찬용 탁자가 놓여 있다. 연설용 탁자가 중앙에 놓여 있고 무대 뒤에는 혼용지로 만든 커다란 촛대가 배치되어 있었다. 교회 건물 뒤에는 잘 꾸며놓은 서점이 있어서 신앙 관련 도서나 여러 물품 뿐 아니라 다국어로 녹음한 비디오테이프를 구매할 수 있었다. 모든 것이 깨끗하고, 산뜻하고, 빛나고, 외형적으로 약간 위조된 것 같은 느낌도 있었다. 중산층이나 중상층에 속하는 사람들이 이런 것들을 좋아할지 의문이 들었지만, 그들이 교회의 주된 멤버들은 아니었다.

우리는 이런 목적을 가지고 건축된 다양한 초대형 교회를 방문하여 예배를 드렸다. 외양은 단순하고 깔끔하지만, 다용도로 활용할 수 있는 아주 좋은 건물들이었다. 현수막이 건물 외벽에 붙어 있어서 스테인드 글래스나 성상(聖像)이나 종교 예술품이 차지할 자리가 없기는 하다. 그러나 그 교회들은 훌륭한 음향 시스템을 갖추고 있고, 밴드를 위해 시설이 잘 갖춰진 넓은 방을 갖고 있다. 미학이 아니라 효율성이 이 교회를 설명하는 단어이다.

우리가 관찰했던 교회 건물 중 일부는 크게 변경을 하였다. 예를 들어 부에노스 아이레스의 한 교회는 쇼핑몰을 인수했다. 예배는 1층에서 거행되고, 2층의 예배 장소를 둘러싸고 있는 것들은 작은 가게와 음식점들인데, 긴 예배 시간 동안 사람들이 간식을 먹기에는 최적의 장소였다. 아르메니아에서 우리는 구소련의 스포츠 궁전에서 열린 예배에 참여한 적이 있는데, 거기에는 1천 5백 명의 젊은 청년들이 모여 매주 예배를 드리고 있었다. 만약 죽은 레닌이 천정이 뚫어져라 크게 울리는 예배 음악 소리를 듣는다면 무덤에서 몸을 뒤척일 것이다.

그러나 기실 예배의 역동성은 예배가 일어나는 장소와는 거의 관계가 없다. 인도의 체나이(Chennai) 지방에서 우리는 주석으로 된 천정과 창문이 열린 큰 건물에서 예배를 드렸는데, 비가 매우 많이 쏟아지는 바람에 우리는 거의 귀가 먹는 것 같았다. 중국에서 우리는 교인이 넘쳐나서 도저히 건물에 수용되지 않아 교회 근처의 공터에서 예배를 드리곤 했다. 남아공에서 우리는 큰 운반식 텐트에서 있었던 예배에 참여했다. 이디오피아에서 우리는 이엉으로 엮은 지붕만 있을 뿐 벽이 없는 곳에서 벤치에 앉은 채로 예배를 드리기도 했다. 그리고 인도의 하이데아바드(Hyderabad) 외곽에서 우리는 석공인 목회자가 손수 지은 작은 교회에서 예배를 드렸고, 미처 들어가지 못한 교인들은 교회와 붙어 있는 정원에서 예배에 참여했다.

예배는 오순절 교인들에게 내적 경험이다. 외부적인 치장이나 도움이 별로 의미가 없다. 그래서 종교적 예술이나 건축미를 통해 예배 분위기를 조성하려는 노력은 거의 하지 않는다. 음악이 중요하지만, 음악은 사람들을 하나가 되게 하는 정도의 역할만 한다. 건물도 만약 그것이 있다면 성령이 임재하는 곳이라는 정도의 의미밖에는 없는 것이다.

주님을 향해 즐거운 소리를 외치기

우리는 칠레의 산티아고 지역의 부활 2000교회(Resurrection 2000 Church)에 도착했다. 이미 우리는 가난한 자들을 위해 음식을 제공하는 그 교회의 사역을 방문한 후였다. 교회의 건물은 영화관을 변경시킨 것이었고, 상영 영화 목록 대신 교회의 이름과 예배 시간들이 자리를 차지하고 있었다. 우리는 조심스럽게 예배 실황을 비디오로 녹화해도 되느냐고 물어보았고, 1명의 부목사가 무대 근처에 우리가 녹화할 만한 좋은 곳을 지정해 주었다. 예배는 조금 후에 시작되었고, 담임 목회자의 딸이 인도하였다. 그녀는 젊은이와 어른들이 함께 모인 성가대를 지도하고 있었고, 성가대 좌우에는 밴드가 연주하고 있었다. 예배홀은 발코니까지 꽉 차 있었고, 사람들은 모두 일어나서 음악의 리듬에 맞춰 노래하였다. 모인 사람들 중 몇 명의 아이들이 우리의 눈길을 끌었다. 그 아이들은 가사에 맞춰서 몸짓을 하고 있었고, 찬양 중에 넘치는 기쁨으로 인해 말 그대로 방방 뛰고 있었다. 우리는 성가대석의 십대 아이들의 강렬함에 매료되었다. 남자 아이들은 흰색 셔츠와 넥타이를 말쑥하게 입고 있었고, 여자 아이들은 실크로 된 블라우스와 거기에 맞는 스커트를 입고 있었다. 그들은 매우 열성적이었고, 보기에 좋은 아이들이었으며, 아이들의 기쁨이 회중에게 직접 전달되는 것 같았다. 회중은 아이들을 따라 함께 흥겨운 찬양에 빠져들었다. 음악은 상당히 옛스러운 중세풍이었지만, 예배드리러 나온 회중의 사회적 계층에 부합하는 '대중적인' 요소도 있었다. 찬송가나 고전적인 내용의 음악은 없었다. 거기서 해야 하는 일은 단지 음악을 '느끼는' 것이었다. 가사는 단순한 한 줄짜리였고 심지어 교회에 처음 온 사람도 몇 번 하면 따라할 수 있던 것이었다.

음악을 하는 방식은 나라마다, 교회의 크기마다 달랐다. 인도에서 우리는 작은 교회의 바닥에 깐 매트에 앉아 있었고, 몇 명의 드럼 치는 사람들이 반주만 해주었다. 다른 장소에서는, 특히 소그룹의 환경에서, 사람의 육성이 주된 음악이었다. 그러나 우리는 세계화의 영향력을 여기서도 확인할 수 있었다. 대부분의 교회에서 전자 기타와 드럼 세트, 키보드, 그 외 연주할 수 있는 여러 악기들을 차려 놓고 있었다. 어떤 때에는 색소폰 연주자도 있었고, 어떤 때에는 플룻 연주자도 있었고, 바이올린, 호른 등 다양한 악기가 선을 보였다. 음악 연주 수준도 다양했으나 대부분의 연주들은 프로급의 수준이었다. 그들이 만약 교회에서 연주하지 않았다면, 그 지역의 나이트클럽에서 연주해도 될 만큼 실력이 좋았다. 사실 우리가 인터뷰한 몇 사람들은 교회의 찬양 팀의 일원으로서 봉사하고 있지만, 그렇지 않았다면 음악으로 먹고 살았을 것이라고 말했다.

이런 음악가들을 '연주가'라고 명명한다면, 예배 때 일어나는 일들을 놓치는 결과를 낳는다. 음악의 목적은 하나님을 친밀한 방식으로 임재하시도록 하여 사람들이 성령의 만지심을 직접적으로 느끼게 하는 것이다. 그러므로 이것은 듣는 사람을 위해 연주하는 콘서트가 아니다. 오히려 음악팀의 역할은 사람들이 하나님의 임재를 경험하는 기쁨을 누리도록 하는 것이다. 이 점을 잘 드러내는 것이 우리가 마닐라에서 인터뷰한 한 목회자의 말이다. "우리는 주일 예배가 축제와 같은 기쁨의 자리가 되어야 한다고 믿습니다." 과거에 마약 중독자였던 어떤 홍콩 사람은 예배 때는 하나님이나 예수 그리스도에 대해서 노래하는 것이 아니라 하나님을 직접 '만지는' 것이라고 말했다. 그녀는 어떤 때에는 예배 때 아무 이유 없이 운다고 한다. 그녀는 하나님의 임재의 즐거움을 그냥 만끽하는 것이다. 오순절 교회의 예배는 신학적 명제를 지적으로 인정하는 자리가 아니다. 그것은 하나님의 임재를 체험하는 것이고, 바로 이런 이유로 인해 예배는 모든 몸을 동원하여 표현되는 무언가가 된다.

사람들은 찬송을 부르면서 손을 든다. 그들의 몸은 리듬에 맞춰 흔들린다. 어떤 사람은 춤을 추기도 한다. 요하네스버그에서 우리는 텐트에서 펼쳐지는 부흥회를 참석했는데, 거기에서 수십 명의 여자들은 긴 줄을 만들어 서로의 손을 옆 사람의 엉덩이에 대고, 텐트 바깥과 안쪽에서 격렬하게 춤을 추었다. 그러면서 모인 회중과 함께 찬양을 부르는 것이었다. 앞에서 말한 대로 카라카스에서 우리는 약간 관능적인 몸짓과 예수 그리스도에 대한 찬양을 조화시킨 젊은 청년의 그룹의 모습을 본 적이 있다. 우리가 예배 때의 몸짓에 대해 여러 사람들에게 물어보았을 때, 그들은 다윗이 하나님 앞에서 춤추었던 것에 대해서 언급했다. 그리고 예배에 대한 히브리적 이해는 육체와 정신을 분리시키는 전통적인 개신교적 이해와는 다르다고 덧붙였다.

오순절 교회 예배의 구조

오순절 교회의 예배는 특정한 리듬을 따른다. 시작 음악은 대개 활기차고 격렬하다. 사람들은 자리에서 일어선다. 그 뒤로는 점점 차분한 음악 쪽으로 넘어간다. 축제적이거나 들뜬 분위기가 아니라 이런 노래들은 기도하기 좋고 진지한 분위기를 연출하여 성령이 각자의 삶에 오시도록 하는 효과가 있다. 외부자의 시각에서도 이 순간에는 뭔가 '달콤함'의 분위기가 있다. 그 때는 사람들이 하나님과 교제하는 시간이고, 사람들은 하나님이 자신에게 개인적으로 말씀하시기를 간절히 기다린다. 시간은 각기 다르지만, 대략 30분이나 45분 정도가 지나면 예배 인도자가 사람들에게 같이 기도하자고 제안한다. 어떤 때에는 중간에 잠깐 방언하는 것이 끼어들고, 그 뒤로 많은 노래들, 헌금, 성경 봉독, 설교, 치료나 구원받기 원하는 사람을 앞으로 불러내는 것이 이어지고, 밴드가 다시 나타나 사람들이 축제적인 느낌의 찬송들을 합창한다.

분석적으로 보았을 때 예배의 목적은 일상의 속된 세상으로부터 하나님을 만질 수 있는 성스러운 시간으로 옮겨간 후, 다시 속세로 돌아와서 일과 제도와 생산의 삶으로 돌아가는 것이다.[4] 외부인에게 놀라운 것은 이런 움직임이 꽤 빠르게 진행된다는 점이다. 사람들은 자신을 또 다른 세계로 인도해줄 무언가를 기대하는 마음으로 예배에 참여한 것처럼 보인다. 비록 그런 경험의 깊이는 시간에 따라 다르지만, 예배 인도자는 사람들이 일상적 삶의 긴장을 내려놓고, 비록 찰나적이지만 초월적 존재(하나님)가 침투할 수 있는 무방비의 무자아적 상태에 진입하도록 돕는 목적을 가지고 있다. 어떤 사람들은 이런 시간이 거룩하게 사랑을 나누는 시간이라고 말한다. 다른 사람들에게 성령은 직접 말씀하시고, 격려하시며, 때때로 책망하시기도 한다.

예배 인도자와 함께 한 인터뷰에서 비록 예배가 즉흥성과 비공식성의 분위기를 띤다고 해도 많은 생각과 준비가 필요함을 알 수 있었다. 우리가 인터뷰하면서 계속 들었던 말은 예배는 일반 사람들의 언어로 진행되어야 한다는 점이었다. 브라질에서는 이것이 아프로-라틴(Afro-Latin) 계열의 리듬이 예배의 주된 톤이 된다는 것을 의미한다. 사실 우리는 가사는 다른 것으로 바꿔서 사용하였지만, 카니발 음악을 예배에서 사용하는 교회를 방문한 적도 있다. 싱가포르에서는 예배의 음악이 강한 서구의 느낌을 자아내었다. 인도에서는 음악의 박자가 매우 특이해서 서구인의 귀에는 이상하게 들렸다. 나이로비에서 매우 사려 깊은 예배 인도자는 자신의 교회에서 19세기에 사용되던 찬송가는 더 이상 사용하지 않는다고 했다. 왜냐하면 그것은 대부분의 사람들에게 어색하기 때문이다. 대신 그 교회의 음악가가 교회에서 사용되는 예배 음악의 대부분을 작사했다. 그 노래들은 스와힐리어와 영어를 절묘하게 섞어 놓았는데, 그게 사실 사람들이 일상 속에서 말하는 습관이기 때문이었다. 더 나아가 예배 음악의 리듬은 전형적으로 전통적인 아프리카의 박자를 활용하였지만, 서구의 음악적 영향도 반영된 것이었다. 그게 나이로비에서 사람들이 경험하는 일이기 때문이다.

음악의 가사와 사람들 사이의 문화적 일치는 케냐 근처에 있는 우간다의 캄팔라에서 잘 드러난다. 어느 일요일에 우리는 성공회 성당에서 아침에 예배를 드렸다. 그 교회는 고딕 스타일이었고, 예배는 매우 전통적이었다. 많은 수의 젊은이들이 참여한 가운데, 예배 인도자는 우리가 오후에 다시 와서 젊은이들을 위한 '대안적' 예배가 어떤지 봐야 한다고 말했다. 그 예배는 대성전 좌측에 떨어져 있는 작은 건물에서 드려졌다. 대략 70명이 되는 20대의 젊은이들이 참석했다. 예배석의 앞줄은 드럼을 치는 사람들을 위해 마련되었다. 한 젊은 여성이 모인 사람들이 찬양하도록 강하게 인도했다. 어떤 반주도 없었다. 그러나 사람들이 일어나서 노래 중간에 간증을 하고, 회중들에게 각자의 필요를 위해 기도하라고 요구할 때 성령은 강하게 임재하셨다. 분명 이런 식의 언어는 성공회의 딱딱한 찬송과 의식이 할 수 없는 편안한 방식으로 사람들에게 다가갔다.

이보다는 덜 극적인 방식이지만, 일요일 아침에 여러 번 예배를 드리는 교회들은 매 예배에 참석하는 특정한 그룹에 맞는 음악을 구사한다. 그래서 나이로비에 있는 한 교회는 아침 8시 30분에 예배를 드리는데, 그 때는 활발하고 재미있는 음악으로 대학생들을 사로잡고 있었다. 10시 예배는 가족을 위한 예배인데, 부모들이 나이가 많기 때문에 음악은 더 전통적이고 공식적이다. 12시 예배는 젊은 전문인 층에 호소하는데, 음악은 한가롭고 편안하다. 이 교회는 매 예배에 맞는 음악팀을 구성하였고, 연령층에 맞는 음악을 제공한다. 어떤 때에는 같은 음악이 다양한 예배에 연주되지만, 템포는 다르다.

세 대륙(남미, 아시아, 아프리카)의 예배를 관찰하게 되면, 우리는 세계화된 시대에 살고 있다는 인상을 받는다. 호주와 미국에서 만들어진 곡이 영어나 현지어로 번역되어 전 세계에서 불린다. 현재로서는 음악적 수출의 흐름이 뒤바뀔 것으로 보이지 않지만, 머지않아 그렇게 될 것이다. 많은 대형 교회들이 스스로 음악을 만들고 있고, 자체적으로 CD를 제작하고 있으며, 몇 주 안에 새로운 음악이 전 세계로 퍼져 나간다. 미국에서 일어나고 있는 한 가지 현상은 세속적인 기업이 기독교 시장이 수익성이 있다는 것을 깨달은 것이다. 그 결과 유명 음반사들이 기독교계의 음악 '스타'들을 잡고 음반을 내고 있다. 그런데 문제는 이런 식의 마케팅 전략이 노래 실력에만 집중한 나머지 기독교 음악을 기독교 음악답게 만든 종교적 경험을 표현하는 데에는 실패하고 있다는 점이다.

정신과 육체를 연결하기

춤은 우리가 방문한 많은 교회에서 예배의 중요한 요소였다. 예를 들어 상파울로의 레네서 교회(Renascer Church)에서는 카페트가 깔린 무대에 베니어판이 깔려 있어서 소녀들이 예배 중에 탭댄스를 추거나 흥겹게 몸을 움직일 수 있도록 하고 있다. 카라카스에서는 젊은 여성 그룹이 예배 중에 한 순서로 예배당 정중앙에 있는 복도에서 춤을 춘다. 그러나 이런 춤의 대부분은 비공식적인 것이다. 사람들은 성령에 감동되어 자신을 육체적으로 표현한다. 나이로비의 예배 인도자는 자신의 부족어에서는 노래와 춤이 같은 말이라고 말했다. 그가 보기에 노래를 부르는 사람이 춤을 추지 않는다는 것은 어불성설이다. 그 사람은 '육체는 마음의 연장(延長)이다.'라고 말한다. 만약 어떤 사람이 무언가를 느낀다면 그것을 표현하게 되어 있다는 것이다.

우리가 방문한 많은 교회에서 예배 때 육체적으로 움직이는 것이 그냥 서 있는 것보다 더 자연스러웠다. 음악은 사람들을 움직이려고 있는 것 같았다. 마음과 정신, 육체와 영혼 사이의 구분이 모호해지는 상황에서 움직이지 않고 버티는 것 자체가 어려웠다. 사실 우리가 예배드리러 들어오는 사람들에게서 관찰한 것은, 그들이 음악이 시작되기를 애타게 기다리고 있다는 점이고, 또한 자신을 자유롭게 '풀어 놓으면서' 성령의 임재를 체험할 수 있는 시간을 갈망하고 있다는 점이었다. 우리 모두의 마음 깊은 곳에서는 자유롭고, 긴장을 풀고, 감정을 드러내고픈 욕망이 자리 잡고 있다. 왜냐하면 우리의 일상은 우리가 책임져야 하는 일들로 인해 긴장감으로 점철되어 있기 때문이다. 성령운동 교인들에게 예배는 정기적으로 이런 긴장의 해소 시간을 제공하고 있으며, 이때에는 일상적인 영역 밖으로 나갈 수 있는 공식적인 허가가 주어진다. 우리가 스스로를 억제하는 경향에서 벗어날 수 있는 것이다. 함께 모여 드리는 예배는 마음과 육체와 영혼의 통일성을 깨닫는 장소이다. 감정이 자유롭게 표현되고 기쁨의 눈물과 슬픔의 눈물과 치유의 눈물이 서로 뒤섞인다. 이런 혼합 속에서 육체에 대해서는 잠시나마 잊게 되고, 그리하여 사람들은 자연스럽게 춤을 추게 되고, 하나님 앞에 넙죽 엎드리기도 하는 것이며, 자신의 손을 하늘 높이 들기도 하는 것이다.

예배 때 방출되는 에너지는 정신의학자들이 흔히 말하는 바 삶의 리비도적 에너지와 유사하다. 그 에너지는 악한 일을 위해서도 얼마든지 사용될 수 있다. 그러나 그것은 좋은 일을 위해서도 활용될 수 있는 힘이다. 예배를 단지 심리적 보상기제라고 간주하면서 종교 생활에 비판적인 사람들은 예배가 생산적인 활동이라는 점을 놓치게 된다. 예배는 사회봉사를 위해 헌신하도록 힘을 주는 에너지의 근원인 것이다. 예배와 사회봉사 사이에 존재하는 이 연관성을 파악한 사회과학자는 매우 적다. 사회과학자들은 뒤르케임처럼 종교를 순전히 기능적인 관점에서 바라보거나, 또는 프로이트나 그의 제자들처럼 부정적이거나 억압적인 관점에서 파악하였다.[5] 그러나 오순절 교회의 예배가 자아내는 기쁨과 환희는 개인을 새롭게 하고 힘을 주어 종국적으로 타인을 향한 사회봉사로 이어지도록 하는 효과가 있다.

종종 외부 관찰자들은 오순절주의를 원초주의(primitivism)로의 복귀라는 시각에서 접근한다. 마음과 육체의 이분법을 끈질기게 붙잡고 있는 서구인들이 볼 때에는 이런 시각은 어느 정도 타당하다. 그러나 관점을 완전히 뒤바꾸어서 오순절주의는 원초적이라기보다는 탈근대적(postmodern)이라고 주장하는 것도 가능하다. 왜냐하면 오순절주의는 사람들로 하여금 마음과 육체를 하나로 융합시킴으로써 감정적인 표현과 육체적인 표현 모두를 예배의 중요한 요소로 간주하기 때문이다. 이런 식으로 본다면, 오히려 시대에 뒤떨어진 예배는 감각을 배제한 채 단지 머리로만 드리는 예배가 된다. 기쁨에 찬 황홀경은 현대인의 생활과 병립될 수 있으며, 세속적이며 억제되어 있는 근대적 세계관에서는 존재하지 않았던 삶의 활력을 제공해주는 면이 있다.

신학자 하비 콕스(Harvey Cox)는 오순절주의의 매력은 현대 사회의 특징인 황홀경의 부족을 채워주는 것이라고 말한다.[6] 개인주의적인 뉴에이지 종교와는 달리 오순절주의는 공동체적인 경험이면서 동시에 영적 존재와의 개인적인 만남이기도 하다. 우리가 인도에서 이야기를 나눈 어떤 목회자는 자신의 영적 여정에서의 전환점은 어려운 결정을 내리기 위해 하나님의 도우심을 구하던 어떤 예배 때 일어났다고 고백했다. 그 예배에서 그는 '내 영혼에 밀려드는 커다란 기쁨을 체험했던' 것이다. 그는 이런 경험이 자신을 떠나지 않았다고 말한다. 오늘날까지 그는 '기쁨의 신선함'을 간직하고 있으며, 이 모든 것이 하나님으로 인해 가능했다고 털어놓는다.

라틴 아메리카에서 우리가 인터뷰한 어떤 사회학자는 오순절주의가 '따뜻한' 종교라고 말한다. 그가 보기에 로마 가톨릭은 '차가운 종교'이다. 이런 구분에 내재된 관점은 가톨릭의 의례는 상하 위계적 구조를 통해 일반 신도에게 행해지는 것이지만, 오순절의 예배는 매우 참여적이라는 것이다. 오순절 교회의 예배에도 질서와 구조가 있지만, 사람들은 성스러운 드라마를 만드는 일에 모두 동참한다. 사람들 사이의 접촉도 로마 가톨릭이나 성공회에서 흔히 볼 수 있는 '평화의 입맞춤'에 제한되지 않는다. 그리고 사람들의 움직임도 언제 앉고, 무릎을 꿇고, 일어서는지에 대해 정해놓은 규정에 의해 통제되지 않는다. 예배 때 사람들로 하여금 참여하게 만드는 우발성이 존재한다. 그리고 아마도 이런 식의 따뜻함이 사람들을 가톨릭에서 벗어나서 오순절 교회로 오도록 만드는 힘일 것이다. 특히 라틴 아메리카의 경우에서는 더욱 그러하다.

우리는 연구를 진행하면서 성령운동 교인들에게 신체적 접촉이 얼마나 중요한 것인지에 대해서 자주 인지하게 되었다. 예배 때 사람들이 기도를 받기 위해 앞에 나오면, 목회자나 평신도 사역자는 자주 손을 그 사람의 머리, 어깨, 팔에 댄다. 교인들이 믿음의 고백을 하거나 병 고침을 원하면, 그 사람을 돌보는 사역자는 필연적으로 그 사람의 몸을 만지게 되는데, 어떤 때에는 그의 팔이나 등을 때리기도 한다. 이것은 최근까지 사람들이 가족 안에서 서로 대하였던 방식이다. 오순절 교회는 신자끼리 서로 사랑하고 돌보는 가족 공동체처럼 보인다. 오순절 교회는 결코 직업적 거리두기가 규범으로 자리 잡은 회사 공동체가 아니었다.

오순절주의의 '신체접촉주의'(physicality)는 때때로 다양한 특별 의례에서 관찰된다. 예를 들어 어떤 오순절 교회는 성찬식 때 세족식을 거행하고 있으며, 포도주에 빵을 담아 먹는 대신 교인들이 함께 모여 식사를 한다. 세례도 때때로 매우 신체적인 것이다. 우리는 인도의 시골 지역에 있는 교회의 예배를 반쯤 드리고 있었는데, 목회자가 잠시 멈추더니 그날 세례받고 싶은 사람이 있는지 물어보았다. 7-8명의 사람들이 손을 들었다. 그러자 즉시로 모든 성도들이 밖으로 나와 몇 백 야드 떨어진 곳으로 내려갔다. 그들은 논으로 들어갔는데, 거기에는 관개용 웅덩이가 있었다. 웅덩이의 콘크리트 박스는 그 위에 목회자가 올라서면 물이 허리 정도에 오는 자리에 놓여 있었고, 자신이 기독교로 개종했음을 다른 사람들에게 알리기를 원하는 새신자가 뒤따라 들어갔다. 각각의 사람들이 완전히 물에 잠기면, 다른 교인들은 찬송가의 후렴구를 계속 불러준다. 그리고 물에 들어가는 것이 끝난 후에 우리는 다시 교회로 들어가 예배를 마쳤다. 물론 우리가 걸어 올라가면서 젖은 옷은 햇볕에 다 말라버렸다.

오순절적 기도의 경험

기도는 오순절 교회의 예배에서 너무나도 확고한 정규적 부분이기에 기도를 묘사하기 위해 예배의 특정 장면을 골라낸다는 것 자체가 매우 어렵다. 그러나 우선 몇 개의 이미지가 떠오른다. 예를 들어 우리는 태국의 방콕에서 청년들의 저녁 예배에 참석한 적이 있다. 아마 40명의 사람들이 모인 것 같았는데, 사람들은 잠시 찬송을 부른 후에 빈 의자를 회중 중앙에 놓았다. 각각의 사람들이 돌아가면서 자원하여 의자에 앉았고, 나머지 사람은 무릎이나 어깨에 손을 대면서 그를 위해서 기도해주었다. 기도를 시작하자 어떤 사람이 잠시 나갔다 오더니 기도를 받는 사람이 흘리는 눈물을 닦아주기 위해서 티슈를 가져왔다. 이디오피아의 아디스 아바바에서 우리는 공공 회관에서 예배를 드리는 하나님의 성회 교단의 성장하는 교회를 찾아갔다. 회관의 바깥에는 텐트가 쳐져 있었고, 거기에서는 주일학교 교육이 행해지고 있었다. 한 텐트는 기도하는 곳으로 따로 분류되었는데, 예배를 드리는 시간 내내 일군의 사람들이 모여 회관에서 예배를 드리는 사람들의 구원과 병 고침을 위해 열정적으로 기도하고 있었다. 상파울로에서 우리는 평범한 외관의 교회의 주일 저녁 예배에 참여하였다. 예배는 다소 형식적이고 전통적이었지만, 예배의 어떤 때에는 담임 목사와 부목사가 사람들 사이를 걸어 다니면서 다양한 사람의 머리에 안수하고 기도해주었다. 우리의 앞에서 찬양을 부르던 여자는 바닥에 앉아 하나님께 울부짖고 있었다. 그녀의 작은 아들은 그녀 곁에 있었는데 늘 그런 일이 있는 것처럼 대수롭지 않게 바라보는 눈치였다. 싱가포르에서 우리는 새로운 사역을 시작하려는 목회자의 예배에 참여했다. 보통 부르는 찬송을 한 후에 예배를 인도하는 목회자는 모든 사람이 팀으로 모여 기도할 것을 요청했다. 어떤 사람은 무릎을 꿇었다. 다른 사람은 일어서서 때때로 다른 사람의 어깨에 손을 얹었다. 이 목회자들이 싱가포르의 영적 갱신을 위해 하나님께 부르짖으면서 기도는 매우 열정적이었고, 때때로 감정적으로 변해갔다.

그렇다면 이렇게 기도할 때 무슨 일이 일어나는 것일까? 윌리엄 제임스(William James)는 종교적 생활에 대한 자신의 고전적인 분석에서 기도는 모든 종교의 심장이라고 말했다. 우리는 그에게 동의하게 된다.[7] 기도는 매우 복잡한 현상이다. 어떤 면에서 그것은 신적인 것과 교통하려는 사람들의 시도이다. 어떤 기도는 감사로 가득 차 있다. 어떤 기도는 탄원과도 같다. 의례의 매순간에 맞는 기도문뿐 아니라 1년의 절기에 맞는 기도문을 모아놓은 기도집을 갖고 있는 가톨릭, 성공회와 같은 교단의 수려한 문장의 기도와는 달리, 오순절 교인들의 기도에는 원초적이고 친밀한 느낌이 있다. 그들의 기도는 가슴에서 우러나오며, 찬송의 감정과 마음의 깊은 슬픔을 동시에 표출하기도 한다. 어떤 때에는 이런 기도는 개인의 필요에 집중하기도 하고, 다른 때에는 사랑하는 사람과 전체 교회와 지역사회와 세계의 필요에 초점이 맞춰진다. 그리고 기도가 필요를 충족시키는 것과 감사하는 것, 개인적인 것과 공적인 것의 혼합물이 되는 경우가 적지 않다.

기도는 하나님께 하는 것이지만, 특히 공공 예배에서는 다른 사람이 기도를 듣게 된다. 그래서 기도는 공동체적 경험이 된다. 그 때 각 개인의 필요가 모든 회중에게 전달되기도 하고, 감사해야 할 일들이 함께 경축되기도 한다. 어떤 때에는 자신이 하나님께 기도하고 있다는 것을 잊어버린 듯, 기도하는 중간에 간단한 간증을 기도처럼 하는 경우도 있다. 그래서 기도는 타인을 위한 염려를 외적으로 표현하는 수단임과 동시에 공동체 구성원들에게 신학적 성찰을 전달하는 도구가 된다. 순수하게 개인적인 수준에서 보자면, 기도는 카타르시스적인 요소가 있다. 그리하여 개인들로 하여금 다른 식으로 표현했다면 아무도 들어주지 않을 법한 자신의 감정과 걱정을 드러내는 기회가 되는 것이다.

기도가 가지고 있는 카타르시스적인 역할은 단순히 감정을 배설하는 것에 그치지 않는다. 그것은 사람에게 잠재적인 힘을 실어주는 권능부여의 역할을 한다. 자신의 고통을 다른 사람과 나눔으로써, 사람들은 인생의 역경을 이겨낼 새로운 힘과 에너지를 얻는다. 이렇게 공유된 짐은 더 이상 개인적인 문제가 아니다. 그들의 염려는 하나님께 넘겨졌으며, 덜 직접적으로는 공동체에게 넘어갔다. 이 세상에서 일하시는 하나님의 역사를 믿는 성령운동가들에게 교회는 책임이 없는 공동체가 아니다. 그들은 반드시 자신의 믿음을 실천해야 하며, 아픈 사람을 위해서 기도해주고, 병원에 데려다 주어야 하고, 신자 공동체의 책임있는 구성원으로서 기능해야 한다. 하지만 또 다른 수준에서는 모든 일의 결과는 하나님께 달려 있는 것으로 간주된다. 인간은 단지 이 세상에서 하나님의 대리인일 뿐이다. 그래서 우리의 걱정을 신께 맡기면, 우리는 일상의 삶을 재미있게 추구할 수 있도록 자유로워진다. 물론 성령께서 세상에서 하나님의 도구로서 일하도록 지시하지 않는 이상 말이다.

글로솔랄리아(Glossolalia), 방언

인간의 언어는 우리의 마음의 깊은 곳을 표현하기에는 한계가 있다. 그것이 찬송이건, 탄원이건 인간의 말로 다 담을 수 없을 때가 있다. 바로 이런 점에서 방언이라는 특이한 현상이 개입하게 된다. 1세기 때 처음 나타난 현상으로서, 당시 예수의 제자들은 오순절에 자신도 알지 못하는 외국어를 말하게 되었다. 가끔 이런 일들이 오늘날도 일어난다. 그러나 더 흔한 것은 개개인의 영혼의 은밀한 곳에서 흘러나오는 듯이 보이는 독특한 언어들이다. 어떤 때에는 공동체의 유익을 위해서 방언이 통역된다. 공동체적으로 행해지는 방언 말하기나 영으로 노래하기가 더 흔하게 일어난다. 각자가 자신의 톤으로 말하지만, 전체적으로 합해지면 아름다운 조화를 이루는 것이다.

이런 식의 언어가 외부인들에게는 매우 이상하게 보일지 모르지만, 예배라는 맥락에서 보면 매우 자연스럽게 보인다. 이 연구를 수행한 우리 두 사람도 방언을 말하지 못하지만, 수없이 이런 현상을 접하다 보니 자연스러워졌다. 예배는 유한한 인간이 무한한 존재와 교통하는 시간이다. 언어는 그것이 어떤 언어이건 간에 인간이 만든 것이고 내적 한계를 품고 있다. '성령 안에서' 말하고 노래하는 것은 언어적 한계를 넘어서, 모든 존재의 근원이라고 생각되는 무한자와 직접적이고도 개인적으로 대화하려는 몸부림이다. 방언을 말하는 사람들이 예배 중간에 넣는 허밍 소리는 멜로디가 있고, 종종 키보드의 반주가 따르든지, 아니면 뒤에서 조용히 연주나 노래를 하고 있는 사람들의 뒷받침을 받는다.

이성적, 단선적 사고방식에 익숙한 사람들에게 방언은 잘 이해되지 않는 현상이다. 왜냐하면 이런 현상은 확실히 비이성적이기 때문이다. 물론 이것이 늘 부정적 의미를 띠고 있는 것은 아니다. 인간의 경험 중에는 상당히 많은 비이성적 행동, 예를 들어 웃음, 울음, 꿈꾸기와 같은 요소가 있기 때문이다. 그렇지만 우리는 이런 경험을 인간의 삶에서 축출해 버리려고는 하지 않는다. 오히려 이런 것들은 우리의 깊은 속에서 우러나오는 표현과 의사소통의 형태이다. 방언도 우리와 같은 진절머리가 난 사회학자들에게도 이와 비슷한 현상으로 보인다. 성령운동 교인들은 분명히 이 현상을 놓고 성령이 자신을 통해 말씀하신다는 식의 신학적 해석을 하고 있다. 우리는 인간적 수준에서 관찰 가능한 것들을 가지고 분석하지만, 성령운동 교인들의 영적 해석도 무시하지는 않으려고 한다.

이 장을 마치면서 한 가지 단서 조항을 달고자 한다. 우리가 이 연구를 처음 시작했을 때, 거의 모든 순간마다 방언이라는 현상에 직면하리라고 예상했다. 그러나 현실은 그렇지 않았다. 어떤 오순절 교회의 예배에서는 '성령의 은사'가

전혀 나타나지 않았다. 방언은 개인별 기도 시간에나 하는 사적인 '은사'로 규정되었다. 다른 교회에서는 방언을 저녁 예배와 같은 특정한 때에만 하도록 제한하기도 했다. 그리고 몇 안 되는 경우였지만, 방언을 금지하는 것이 마케팅을 위한 조치라는 말을 들은 적도 있다. 교회 지도자들은 교회에 처음 오는 사람들이 방언을 듣고 놀라서 도망가는 것을 원하지 않기 때문이었다.

신과의 조우(Divine Encounter)

인간이 하나님과 교통하려는 노력의 이면에는 하나님이 인간과 교통하는 것, 조금 완화시켜 표현한다면, 하나님이 자신과 교통하였다는 인간의 주장이 놓여 있다. 더 큰 해석적 수준에서 본다면, 성령운동 교인들은 성경을 하나님의 권위 있는 말씀이며, 인간에게 말씀하시는 일차적인 자료라고 생각한다. 물론 이런 시각은 대부분의 기독교인들에게 보편적인 것이지만, 성공회 같은 곳에서는 인간 이성과 전통에도 성경에 두는 것과 같은 무게를 둔다. 기독교인들끼리 서로 갈라지는 지점은 성경을 얼마나 문자적으로 혹은 비유적으로 해석하느냐이다. 이런 틀에서 본다면, 성령운동가들은 성경에 대한 문자적 해석 쪽으로 강하게 기울어져 있다. 성령운동가들은 인간의 이성의 역할을 무시하지는 않지만, 일상사에 신이 초자연적으로 개입한 이야기를 귀하게 여기고 전통의 중요성을 최소화한다. 하지만 성경에 나와 있는 전통은 소중하게 여기는데, 예를 들어 1세기 초대교회의 모델은 기독교의 다른 모든 시기보다 우선적인 권리가 있다고 주장한다.

이런 맥락 하에서 우리는 신과 인간의 만남에 대해서 이야기하려고 한다. 우리가 이미 말했듯이 공공 예배는 매주 성령이 사람들 사이로 초대되는 주된 시간이다. 그러나 성령운동 교인들은 하나님이 자신의 피조물과 사적인 시간에 말씀하신다고 믿는다. 예를 들어 꿈이나 환상이나 기타 신의 인도와 관련하여 개인이 느끼는 미묘한 감정 속에서 말씀하신다는 것이다. 우리가 자주 들었던 표현은 특정한 주제에 대해 '하나님이 내게 계속 말씀하신다.'는 것과 '주님은 내 마음에 부담을 주신다.'와 같은 것이었다. 신이 개입하는 첫 번째 단계는 자신이 특정한 사역이나 행동을 하도록 '부름을 받았다'는 생각이 떠오르는 것이다. 가끔 사람들은 명확한 해석이 가능한 생생한 꿈을 꾼다. 이보다는 덜 자주 일어나는 일이지만, 어떤 음성을 듣기도 한다. 이런 음성이 신체적 귀로 직접 들리는 경우는 많지 않고, 우리가 조사한 바에 의하면 삶의 방향을 제시하는 식의 비유적인 방식이 더 많았다. 그 뒤에 그 사람에게 주어진 과제는 '성령에 순복하는 것'이 되는데, 이것은 자주 상당한 정도의 긴장, 노력, 갈등 등을 수반한다. 어떤 사람들은 이 과정을 군사적 용어를 빌어 '영적 전쟁'이라고 지칭한다. 영적 전쟁이라고 표현하는 이유는, 성도들의 일차적 욕구는 자기가 가고 싶은 길로 나아가는 것이지만, 그 길의 끝에 실망과 불행이 놓여 있다면, 자기의 길을 내려놓고 '하나님의 뜻을 구하는' 일에 착수하기 때문이다.

우리가 성령운동 교인들과 대화하면서 들을 수 없었던 내용이 있다. 그것은 자기실현과 행복을 찾을 수 있는 요법에 대한 수사들이었다. 자기실현은 완전히 다른 개념에서 이뤄진다. 진정한 행복은 하나님의 뜻을 추구할 때 주어진다. 어떤 사람의 우선순위가 하나님의 뜻과 일치된다면, 세상적 성공은 무의미해진다. 세속적 성공 대신 주어지는 것은 마음 속의 깊은 평안과 거의 현기증이 날 정도의 행복감이다. 물론 이런 감정은 진공 상태에서 얻어지는 것은 아니다. 그래서 공공 예배에 적극적으로 참여하는 것이 중요하게 여겨지는 것이다. 예배에 참여할 때 신자들은 성령으로 새롭게 되고, '하나님의 나라'를 이 땅에 실현하는 공동의 과제에 참여하는 기쁨을 경험하게 된다.

성령의 다른 은사들

주일 예배 때 다양한 '성령의 은사들'이 어느 정도 활용되는지는 오순절 교회들마다 매우 다르다. 우리가 연구를 하며 관찰한 결과, 가끔 어떤 사람들이 예배 중간에 일어나서 예언의 말씀을 하는 경우가 있었다. 대개 그런 예언은 방언으로 행해지는데, 그 뒤로는 해석이 뒤따른다. 이런 예언은 대개 일반적인 내용을 담고 있어서 다양한 해석의 가능성을 남겨 둔다. 더 자주 볼 수 있는 현상은 병 고침이다. 목회자는 사람들에게 기도받기 원하면 앞으로 나아오라고 한다. 그는 어디가 아픈지 물어보고 손을 얹은 후에 하나님께 이 병을 고쳐 달라고 기도한다. 이런 기도로 극적인 치유가 일어나는 경우는 많지 않다. 사람들이 목발을 걷어 내거나 눈먼 자가 곧바로 시력을 회복하지는 않는다. 사실 사람들이 앞에 나와 내놓는 기도 제목은 세속적이고, 때때로 병 고침보다는 관계에서 오는 어려움을 호소하는 경우가 많다. 어떤 경우에는 매우 직접적인 필요를 내어 놓기도 한다. 예를 들어 인도의 시골에서 어떤 사람이 우물을 팠는데 거기에 물이 없었다. 그래서 그는 다음에 우물을 팔 때에는 물이 나올 만한 곳을 찾을 수 있도록 기도하였다.

이와는 달리 의료 서비스가 거의 없는 지역에서는 직접적인 신의 치유를 요구하는 경우가 많다. 예를 들어 우리는 인도의 하이데라바드 외곽 지역에서 특별히 하나님에 의해 능력을 받았다고 여겨지는 한 신자가 열고 있는 신유 집회에 참여하였다. 1,000명 이상 되는 사람들이 어떤 탁 트인 건물에 모여 있었다. 그 건물은 햇빛을 막는 지붕만을 제공할 뿐 외벽은 없었다. 신유 사역자는 백색의 옷을 입고 있었다. 그는 이 집회를 금식하면서 준비하느라 약간 초췌해 보였다. 우리가 집회 후에 그를 인터뷰했을 때, 그는 몇 사람이 병이 나은 이야기를 해주었다. 그가 다른 사람의 치유를 위해 하나님이 부르셨다고 깨달은 것은 거의 우연인 것처럼 보였다. 그는 죽은 사람을 일으키는 등 자신의 사역 가운데 일어난 많은 초자연적 기적을 묘사하였는데, 기적을 기대하고 모인 군중과 치료의 도구로 일하기 위해 주어진 그의 능력 사이에 강한 상호작용이 일어나고 있었다. 집회 중에 사람들은 수백 명 씩 그에게 기도를 받기 위해 줄을 서 있었다. 그런데 그들이 기도를 받는 시간은 기껏해야 10초에서 15초 정도였다. 집회의 끝에는 사람들이 그의 주변에 둘러 모여 단지 그가 만져주기를 기다렸다. 시간이 지난 후에 그는 점점 약해졌고, 마침내는 걷지 못하고 앉아 있어야만 했다. 그의 주변에서 사람들이 주는 압박은 그칠 줄 몰랐고, 급기야 몇 시간 후에 수행원들은 사람들에게 집으로 돌아가라고 말해야 할 지경이 되었다.

우리가 그 사람과 인터뷰를 마친 후에도 여전히 사람들은 옹기종기 모여 있었다. 우리를 안내하는 사람은 현지인이었는데, 그는 약간 튀는 외모를 가지고 있었다. 그러자 사람들은 그의 앞에 모여서 기도해 달라고 줄을 섰다. 그는 사람들을 돌려보낼 수가 없어서 한 사람씩 돌아가면서 병 고침을 위해서 기도했다. 집회를 마치고 차를 타고 돌아가면서 우리는 이 현상에 대한 현지 가이드의 해석은 무엇인지 들어보았다. 우리 가이드의 종교적 배경은 비(非)은사주의적인 '플리마우스 형제회'(Plymouth Brethren)였다. 우리는 어떻게 그가 사람들에게 안수하여 기도하는지를 물어보았다. 그는 사람들에게 이런 식으로 기도해준 경험이 자신의 신학을 통째로 바꾸었다고 대답했다. 그는 복음서나 사도행전에서 나오는 것과 똑같은 방법으로 사람들이 낫는 것을 보고, 신유는 오직 1세기 교회에나 일어나는 일이라는 세대주의적인 신학을 버릴 수밖에 없었던 것이다.

며칠 후에 우리는 신유 사역자가 감독하는 많은 교회들을 방문했다. 우리는 그에게, 자신의 교인들 중 죽은 사람이 다시 살아났다는 목회자의 증언에 대해 물어보았다. 그는 이 여성을 우리가 만나보고, 그 이후 직접 판단을 내려 보라고 말했다. 그래서 다음 일요일에 예배를 드리고 나서 우리는 차를 타고 그녀가 사는 마을로 내려갔다. 그녀의 집까지 가는 길은 차 한 대가 지나갈 정도의 넓이여서 마차를 끌고 가는 트랙터 뒤에 놓이게 된 우리 차는 느리게 갈 수 밖에 없었다. 우리가 마침내 도착했을 때, 서구인들을 거의 본 적이 없는 동네였기 때문에 우리는 구경거리가 되었다. 그 여성은 어린 자녀 몇 명을 데리고 집 밖으로 나왔고, 그녀의 남편이 곧 합류했다. 몇 분 이내에 많은 이웃들이 대화에 참여했는데, 그 중에는 마을의 대표처럼 보이는 사람도 있었다. 그 여성은 비디오로 찍히는 것에 개의치 않았으며, 자신이 죽은 후에 일어난 사건에 대해서는 별로 기억하는 것이 없었다. 다음 30분 동안 그 사건에 목격자였던 사람들의 증언들을 모아 재구성하였다.

증언을 구성해본 결과, 몇 년 전에 근처 오순절 교회의 목회자가 마을을 다니면서 사람들을 심방하고 어려운 사람들을 위해서 기도해 주었다. 그 때 이 여성은 10대 소녀였는데 귀신들린 자로 판명되었다. 그 목회자는 그녀를 위해서 기도해 주었고, 귀신을 쫓아내 주고, 자신이 가던 길을 걸어갔다. 그런데 마을을 통과해 되돌아오는 길에 그 목회자는 스스로 소녀를 죽였다고 말하는 한 지역 주민을 만났다. 사실 그 마을의 의사는 벌써 도착해서 그녀가 죽었다고 선언한 상황이었고, 그녀를 매장하기 위한 준비가 진행되고 있었다. 이런 상황에서 자신의 목숨까지 두려워하면서 그 목회자는 자신의 동료들과 함께 그녀를 위해 기도하였다. 몇 시간이 지난 후에 그녀는 소생의 기미를 보이기 시작했고, 일어나 앉더니 물을 달라고 말했다. 힌두교 마을의 장로가 이 이야기를 듣고서는 그녀가 실제 죽었으며 다시 살아났다고 증언하였다. 이 '부활'에 대해 우리가 내린 즉각적 해석은 소녀가 아마 혼수상태에 있다가 얼마 정도 시간이 흐른 후에 목회자가 기도했던 바로 그 시간에 다시 의식을 회복했다는 것이다. 이런 해석은 우리가 미국에 돌아와서 저명한 의사를 만나 이야기를 나누면서 깨어졌다. 그 의사는 개발도상국에서 다년간 일한 경험이 있는데, 아무리 시골 마을 의사와 같은 자격증이 없는 의사라도 사람이 숨을 쉬는지, 맥박이 뛰는지 정도는 충분히 감지할 수 있다고 주장했다.

인도의 다른 여러 장소에서 사람이 죽었다 살아났다는 이야기를 들었다. 우리는 나이가 많은 종교 지도자를 인터뷰한 적이 있는데, 그는 이미 죽어서 코에서 벌레가 나오고 있는 여성을 위해서 기도했다고 말했다. 1시간 30분 동안 그녀를 위해서 기도하자 그녀는 의식을 되찾고 방금 사람들이 하얀색 옷을 입고 있는 다른 세상에 갔다 왔다고 말했다. 그녀는 또한 불이 활활 타오르는 세계(아마도 지옥일 것이다)를 보았다고 했고, 어떤 천사가 그녀에게 지금 지상에서 너를 위해서 울면서 기도하는 사람(아마 시신을 놓고 기도하는 그 목회자)이 있다고 말해주었다고 전했다. 이 '부활 사건'은 지역사회에서 커다란 반향을 일으켰고, 지역 신문에 게재되었다. 그로 인해 다양한 정부의 관리들이 그 목회자를 찾아오는 일도 있었다.

이런 부활과 같은 극적인 사건들 외에도, 우리는 사고를 당했거나 동맥 이상 확대(aneurysms)와 같은 증상으로 인해 혼수상태에 빠졌다가 다시 의식을 회복한 사람들의 이야기를 많이 들었다. 예를 들어 폴란드에서 우리는 한 여성을 인터뷰했는데, 그녀는 자신의 남편에 대해 매우 감명적인 이야기를 전해주었다. 그녀의 남편은 차에 치여서 3일 동안 의식을 차리지 못했다. 의사는 그가 식물인간이 될 것이라고 말했다. 그럼에도 불구하고 그녀는 남편을 위해서 간절히 기도했고, 남편은 완전히 회복되었다. 그녀는 "매일이 하나님이 주신 선물로 느껴져요."라고 말했다. 이런 사례와 다른 사례들에서, 사람들은 이런 현상을 하나님이 초자연적으로 개입하신 결과로 간주하고, 의사들도 이런 기적을 설명하지 못한다는 식의 간증을 한다. 특히 인도에서는 우리가 만난 대부분의 기독교인들이 신유를 일상적인 일로 생각하고 있었다.

우리는 신유에 대한 가장 정교한 해석을, 아주 유명한 캐나다 계통의 신학교에서 박사 학위를 취득한 어떤 홍콩 사람에게서 들었다. 그는 종교 지도자들이 행하는 신유의 기적을 목격했을 뿐 아니라 그 자신이 신유의 은사가 있는지도 모른 채 신유의 도구로 사용되고 있는 사람이었다. 예를 들어 그는 턱에 병원균이 침입한 한 여성을 위해서 기도한 적이 있었다. 그녀는 기도 후 즉시 나았고 함께 있던 의사가 검사 후에 기적을 인정할 정도였다. 그가 털어놓는 많은 이야기들 속에서 흥미 있었던 점은 그는 치유 현상의 일부는 심리적 회복이 몸의 회복으로 이어진 것이라고 믿고 있었다는 것이다. 그리고 과도한 소문에 불과한 치유 사건들도 존재한다고 이야기했다. 그는 이것 아니면 저것이라는 식의 극단적 해석은 피하였다. 말하자면 모든 치유가 초자연적인 신의 개입의 결과라고 주장할 이유도 없고, 그렇다고 모든 치유가 과학적으로 설명될 수 있다고 주장할 이유도 없다는 것이다. 인도에서 우리를 안내한 사람의 경우에서처럼 경험이 그의 신학을 바꾸어 놓았다. 그렇지만 그는 치유 현상을 자연주의적으로 설명하기를 더 좋아했는데, 예를 들면 면역 체계를 강화시킬 수 있는 암시(suggestion)의 효과와 같은 것에 관심이 많았다.

우리는 홍콩에서 만난 이 사람의 관점이 매우 유용하다고 생각한다. 우리가 들었던 치유의 간증들 중 일부는 질병이 일시적으로 사라진 것일 수 있고, 단지 간질병적인 증세를 보이는 사람일 수도 있고, 아니면 시간이 지나면서 눈덩이처럼 과장된 정황의 증거들이 만든 결과일 수도 있다. 그러나 종교적인 영향으로 말미암아 육체와 정신 사이의 활발한 상호작용이 일어났을 수도 있다. 신자들은 대개 이런 현상을 초자연적 신의 역사라고 해석한다. 비록 건강한 의심을 품는 것이 연구를 수행할 때는 방법론적으로 옳다고 하더라도, 사람들의 이런 판단을 무시해 버리는 것은 사회과학자의 역할이 아니라고 믿는다. 이와는 반대로 이데올로기적 편견에서 발원한 의심은 전적으로 온당하지 않다. 우리는 귀머거리가 듣고, 맹인이 보고, 암이 고쳐지고, 때로는 죽은 자가 살아났다는 식의 엄청난 일이 일어났다는 사람들의 주장을 즉석에서 거부해 버리지 않을 것이다. 그렇지만 신적 치유의 사건에는 쇼맨십의 요소도 있는 것으로 보인다. 예를 들어 우리는 상파울로에 있는 천국 보편 교회(Universal Church)에서 약 20명의 사람들이 앞에 나와서 치유 간증을 하는 것을 유심히 본 적이 있다. 한 여성이 자신이 나았다는 것을 다리를 들어서 표시하도록 요구받았다. 이 뚱뚱한 여성은 약간 힘을 기울여서 다리를 바닥 위로 60센티미터 정도 들어 올렸다. 성도들은 이것을 보고 따뜻하게 환영해 주었다. 하지만 우리는 성도들 중에는 이런 치유 사건을 보고 악의없는 농담과 조롱을 하는 사람도 있는 것을 보고 당황했다. 요약하자면, 성스러운 것과 속된 것을 너무 크게 연결시키려고 하는 것은 실수로 연결될 수 있다. 왜냐하면 오순절 교인들의 세계관에서는 이미 둘 사이의 구분이 그렇게 심하지 않기 때문이다.

축사(逐邪)와 성령에 의해 사로잡힘

성경을 진지하게 받아들이는 오순절 신자들은 예수의 본을 따라 병을 고칠 뿐 아니라 귀신도 내어 쫓는다. 비록 우리가 방문한 거의 모든 나라에서 이런 현상과 맞닥뜨렸지만, 마귀의 존재는 브라질에서 특히 강하게 감지되는 것 같았다. 브라질에서 오순절 교회 목회자들은 사람들을 괴롭히는 마귀의 이름을 20개에서 30개까지 알고 있었다. 상파울로에 있는 국제 교회(International Church)에서 우리는 화요일 저녁 집회에 참석했다. 그 예배는 귀신을 쫓기 위해서 만들어진 예배였다. 예배의 앞부분은 매우 평범했다. 찬양이 있었고, 그 뒤에 설교가 이어졌다. 그러나 설교가 끝나갈 무렵 목회자는 악마적 세력으로부터 사람들을 구해내는 일로 초점을 돌렸다. 그의 목소리는 매우 커졌고, 권위로 가득 찼으며, 귀신의 이름을 하나씩 부르더니 성도들에게서 나가라고 명령했다. 그와 동시에 한 젊은 소녀가 매우 화음이 맞지 않는 음악을 키보드로 연주하고 있었다. 이런 음악은 귀신이 나타날 수 있는 분위기를 만들어 내는 것에 일조하였다. 몇 분 후에 한 중년 여성이 귀신들림의 증상을 보이면서 소리를 지르고 몸을 부들부들 떨었다. 한 젊은 목회자가 나와서 자신의 팔로 그녀의 머리를 고정시키고, 몸을 뒤트는 여성을 붙잡고 있었다. 그 와중에 여성의 안경이 날아가 버렸고, 담임 목회자가 그것을 다시 주워들었다. 그 때 몇 명의 여성 평신도 사역자들이 교회 안을 돌면서 사람들에게 기도를 해주었다. 마이크를 잡고 있는 담임 목회자는 마귀에게 사로잡힌 것으로 보이는 사람을 하나씩 부르며 말했다. "예수의 이름으로 나는 네가 떠나기를 명령한다. 너는 이 사람의 삶에 아무런 권한이 없다. 그들은 예수께 속했기 때문이다." 15분 정도 지난 후에 화음이 맞지 않는 음악은 화음이 잘 맞는 음악으로 변하였고, 그 목회자는 명령조의 톤에서 부드럽고 감미로운 톤으로 바꾸었다. 그리고 사람들은 소리를 높여 찬양했다. 그들은 하나님이 모든 우주를 다스린다고 고백했다. 예배는 아직 끝나지 않았다. 성전 안에 있는 모든 사람은 손수건 크기의 하얀 천을 받았다. 그 위에는 기름을 부은 흔적이 남아 있었다. 모인 사람 각자는 한 주 동안 이 천 위에다 신앙생활을 방해한

'저주'를 기록하게 되어 있었다. 사람들은 그 손수건을 돌아오는 화요일에 제출하도록 지시받았고, 함께 모여서 그것들을 태워 버렸다. 이런 의식을 통해서 그들을 가로막는 저주를 날려 버리는 것이다.

손수건을 태우는 행위는 정결 예식을 상징하는 것으로 보인다. 그것은 실제 존재하는 악령과, 비유적 언어로 받아들여지는 악령의 '저주' 사이의 흥미로운 구분을 수행한다. 예를 들어 우리는 사람들과 대화를 나누면서 강간과 아동 학대의 악몽에서 구출 받아야 함을 알게 되었다. 그러나 이런 식의 악몽이 신자의 마음속에서 실제적 악령과 동일시되는지에 대해서는 의구심이 든다. 그보다는 계속 마음에 남아서 사람의 삶을 통제하는 어떤 사건이 치유의 대상이다. 이런 상황이 되면 마치 악령이 사람의 감정과 행동 능력을 통제하는 것과 같은 느낌이 든다. 방콕에 있는 한 목회자는 두 가지 종류의 축사를 분명하게 구분하고 있다. 첫째는 심리적 상처로서 그것에는 '내적 치유'가 필요하다. 둘째는 실제로 사람을 사로잡는 악령도 있는 것이다. 태국에서 우리가 인터뷰한 이 목회자와 다른 성도들은, 불교 신자였다가 기독교로 개종한 사람은 악령의 세력에서 구원 받아야 한다고 주장한다. 왜냐하면 그들이 우상을 섬기던 중에(예를 들면 부처에게 기도하는 것) 마귀가 실제 그들에게 들어갔다고 보기 때문이다.

귀신들림에 대한 해석

서구인의 관점에서 보면 귀신을 인정하기란 상당히 어렵다. 어떤 사람이 귀신들림의 증상을 보이면 서구인의 첫 번째 반응은 이것이 간질병적 발작이거나 히스테리 현상이 아닌가 살펴보는 것이다. 비록 영적 세계에 대해 열려 있는 사람이라도 영적인 진단은 의학적 진단과 겹쳐질 수 있다고 보는 것이 일반적이다. 우리가 할 수 있는 일은 실용적인 질문을 던지는 것일 것이다. 바로 축사 행위가 유용한 것인지, 파괴적인 것인지를 구분하는 것이다. 그것에 대해 대답하기 위해서는 축사 행위가 일어나는 문화적 배경을 고려하여야 한다. 예를 들어 축사 행위가 간질병을 앓고 있는 사람에게는 별 효과가 없지만, 심리적인 쇼크로 고통받는 사람들에게는 긍정적인 효과가 있다. 적어도 이런 축사 행위는, 일시적 병의 경감 현상이 없다고 했을 때에는 낮은 완치율을 보이고 마는 서구의 심리치료술만큼의 효과가 있다.

　이런 질문을 던지는 것은 그것이 아무리 적합한 것처럼 보인다 해도 성령운동 교인들이 내쫓는 악마가 상징적인 것이 아닌 실제적인 존재인지에 대한 문제를 해결하지 못한다. 우리가 이런 문제에 대해 적합한 대답을 할 수 없음은 자명하다. 그러나 우리는 적어도 많은 사회과학자들이 내어 놓는 환원적 설명에 대해 의구심을 제기하고 싶다. 우리가 동아프리카 지역의 한 침례교회 목회자와 인터뷰하면서 이런 생각은 더욱 굳어졌다. 그는 자신의 교회에는 두 부류의 회중이 생겨났다고 했다. 하나는 상대적으로 가난한 사람들로서 영적 세계에 대해 믿는 회중이고, 다른 회중은 대개 영어를 사용하는 사람들로서 영적인 세계보다는 세속적 관점에 경도된 사람들이다. 어떤 면에서 이 목회자는 완벽한 통역자였는데, 그는 영적 세계관과 세속적 세계관 모두를 이해하고 있었기 때문이다. 그는 목격은 했지만 서구적 인식틀로는 설명할 수 없는 초자연적 현상들을 담담하게 이야기했다. 그는 영매(靈媒)로서 유명했던 한 여성의 예를 들었다. 그녀에게 들어간 귀신을 내어 쫓는 힘든 과정에서 그녀는 초자연적인 힘에 이끌린 듯 교회 바닥에 넙죽 엎드러졌다. 그러나 우리가 보기에는 굳이 초자연적인 힘을 이야기할 것이 아니라 자연적인 설명 방식으로도 설명이 가능한 부분이 많이 있었다. 사실 그런 행동의 대부분은 학습이 가능하고, 어느 정도 규정된 방식만 따르면 재현이 가능한 것처럼 보였다. 이와는 달리 우리는 세속적인 설명 방식으로는 전혀 설명되지 않는 악귀의 현현을 보고서, 귀신의 존재를 말 그대로 믿는 교육받은 사람들과도 대화를 나눈 적이 있다. 더 나아가 그들은 귀신에게서 해방을 받은 사람의 '이전' 모습과 '이후' 모습을 보았다. 그래서 축사가 서구의 심리학자들이 생각하는 것 이상으로 정신 요법보다 한 단계 발전된 치료법이거나, 아니면 어떤 때에는 그저 그런 의례 행위에 지나지 않거나 판단하기 어렵다.

성령에 사로잡힘

신학적으로 볼 때, 악마에게서 놓여나는 것의 반대는 성령에게 사로잡히는 것이다. 우리에게 매우 선명하게 남아 있는 기억 중 하나는 요하네스버그 근처에서 어떤 일요일 아침에 학교 교실에서 드렸던 예배이다. 그 예배는 놀라우리만큼 친절하여 가고 싶은 마음이 저절로 드는, 100명의 교인들이 세대를 뛰어넘어 모인 교회에서 드려졌다. 우리는 앞좌석에 위치한 상석(上席)에 앉게 되었는데, 사진이나 비디오 촬영을 해도 무방하다는 이야기를 들었다. 다소 축제적인 분위기가 나는 예배의 말미에 사람들은 특별한 기도를 받기 위해 앞으로 나왔다. 나머지 성도들은 찬송을 부르고, 사역자는 앞으로 나온 사람 각자에게 손을 얹어 기도하였다. 몇분 이내에 사람들은 성령의 능력 아래에서 나가 떨어졌다. 우리는 얼마 있지 않아 말 그대로 '참여적 관찰자'가 되었는데, 왜냐하면 키가 1미터 80센티미터가 넘는 한 건장한 남자가 성령에 의해 넘어지면서 우리 일행 중 한 명을 넘어뜨렸기 때문이다. 모두 합해서 12명의 사람이 예배가 끝나기 전까지 성령에 취해 엎드려 있었다.

우리는 칠레의 산티아고에 있는 '부활 2000교회'(Resurrection 2000 Church)에서 이와 유사한 극적인 체험을 했다. 우리는 성전의 가장자리에 있는 복도에서 촬영을 하고 있었는데, 어떤 목회자가 우리를 끌고 무대로 올려 보냈다. 그는 '좋은 일'이 일어날 것이라고 말했는데, 실제로 그러했다. 밴드가 음악을 연주하고, 성가대가 찬양을 부르는 와중에 목회자는 사람들에게 성전 앞쪽으로 나와 기도를 받으라고 했다. 그가 사람들에게 손을 대자, 그들은 성령의 능력으로 인해 넘어졌다. 그러나 모든 사람이 다 그렇게 극적으로 넘어지는 것은 아니었다. 성령을 받을 준비가 된 사람들은 뒤로 넘어질 때 무릎을 굽혀 뒤에서 대기하고 있는 사람들의 손에 안기는 방법을 택했다. 여성이 넘어졌을 때 다리를 가려줄 천이 준비되어 있는 것을 보았을 때 이런 일은 교회의 정기적 행사인 것으로 보인다. 성령의 능력에 제압당하지 않는 사람들은 고개를 숙여 기도하였다. 어떤 여성은 마치 발작에 걸린 듯 경련하였는데, 자신의 몸을 천천히 원 모양으로 비틀면서도 기쁨의 미소를 얼굴에 지어 보였다. 우리가 보기에 앞으로 나와 기도를 받은 사람들은 남성이건, 여성이건, 심지어 어린이이건 성령이 임하는 것 같았다.

결론

이 5장의 중심 주제는 교수들의 정치 이외에는 모든 것이 합리성과 경험적 증명가능성의 가정 위에서 운영되는 학문의 보호막 내부에 종사하는 사람에게는 잠재적인 위협일지 모른다. 우리가 이 주제를 다루어온 이중적인 태도에서 확연히 드러나듯이, 우리는 결코 순진한 접근법을 택하지 않았다. 모든 순간에서 우리는 신유와 방언과 축사와 같은 현상에 대해 오순절의 초자연적 설명법과 자연주의적 설명법 사이에서 균형을 잡으려고 노력했다. 그러나 이런 2가지의 설명법을 병치해서 제시하는 것은 다소 소심한 처사로 보인다. 양자의 설명법이 서로에 대해 '대체적'인 것이 아니라 '보완적'인 것이라고 말하는 것이 더욱 날카로운 지적이 될 것이다. 앞에서 말한 것처럼, 하나님이 인간의 형태로 자신을 드러내셨다는 것은 매우 기독교적인 생각이다. 만약 이것이 사실이라면, 신적인 나타남이 세속적인 옷을 입지 않고 이뤄진다는 것이 오히려 놀라운 것이 될 것이다. 사회학자인 크리스천 스미스(Christian Smith)는 최근 자신의 저서에서 사회과학의 이론의 몇 가지를 검토하면서, 각 이론의 한계를 지적하고 다음과 같이 말했다. "다른 이론과는 대조적으로 여기에 정말로 논쟁적이며, 대담하면서도 극단적인 이론이 있다. 이는 바로 신이 모든 곳에 현존하기 때문에 인간의 종교는 모든 곳에서 존재해왔고, 또 존재하고 있다는 주장이다. 그리고 근대 과학과 학문에 의해 눈이 멀지 않은 사람들 중 많은 수는, 존재하는 신을 다양한 방식으로 제대로 알고 경배하려는 '내재적'인 소원을 반복적이고도 깊이 있게 느낀다."[8] 그는 더 말하기를 "그 이론을 책으로 출판한다면, 여타 이론들 중 어떤 이론이 정말 논쟁적이고 대담한 것인지 알게 될 것이다." 그가 보기에 이 이론은 경험적으로 증명할 수는 없지만, 간결하면서도 표준 사회과학이 설명할 수 없는 많은 것을 설명하는 이점이 있다.

몇몇 측면에서 크리스천 스미스의 주장은 끌리는 면이 있다. 어떤 오순절적 경험은 순전히 기능주의론의 관점에서 잘 설명되는 것도 있다. 하지만 사람들의 깊은 내면적 동기를 단순히 합리적 선택이론, 박탈이론 등과 같은 것들로 설명하려는 것은 뭔가 벽에 부딪히고 있다는 느낌이 자주 든다. 아마도 특정한 시간에 특정한 사람들의 경험 속에서는 '더 큰 어떤 것'(something more)이 역사하고 있을 것이다. 만약 우리가 이 가설을 받아들인다고 해도, 사회과학자들이 즐겨 조작하여 사용하는 개념인 사회계층, 지역, 인종과 종족 등과 같은 변수를 제거한다는 뜻은 아니다. 분명 이런 변수들은 종교적인 활동이 일어나는 배경을 제공해준다. 그것보다는 성령의 영역이라고 하는 하나의 새로운 변수를 이론적 분석틀 안에 첨가한다고 보는 것이 타당하다. 만약 그렇게 된다면, 일상화와 관료화와 관련된 사회학적 범주가 흥미있는 주제가 된다. 왜냐하면 그런 사회학적 범주야말로 거룩한 존재에게로 다가가는 방법에 대한 많은 함축을 담고 있기 때문이다. 어떤 조직은 그 조직의 지도자를 위한 조직처럼 보이는 반면, 다른 조직은 열려져 있어서, 종교를 힘이 있게 한다고 여겨지는 성령에 대해 직접적으로 연결되는 것을 촉진하기도 한다.

제6장

신자의 삶을 윤택하게 하는 교회

제6장
신자의 삶을 윤택하게 하는 교회

　마닐라의 북적대는 교통 속을 헤집고, 슬럼가인 톤도(Tondo)에 도착하였다. 그곳은 작은 가게, 거리에서 살고 있는 사람들, 어디서든 자질구레한 것들과 냉수병을 찾아내려는 사람들로 가득했다. 며칠 전, 우리는 옥외에서 열린 집회에 5천명의 사람들이 모인 곳에 참여했다. 그리고 '예수는 주님'(Jesus Is Lord)이라는 운동에 주축이 된 한 집단을 방문하고자 하였다. 톤도 교회의 외형은 정말 간소하였다. 교회는 주름진 금속으로 건축되었고, 바닥은 콘크리트였으며 접이식 의자로 채워져 있었다. 방의 앞쪽에는 강단이 있었고, 여러 색깔의 글씨로 'Jesus Is Lord'라고 적혀 있었다. 건물의 뒤편에는 예배 공간과는 분리되어 있는 곳에 목사의 작은 사무실이 있었고, 우리가 이 교회의 장로들 중 한 사람을 만난 것도 이곳이었다.

　40대 중반의 그 장로는 상당히 수수하고 겸손했다. 그 작은 사무실에서 우리가 무릎을 맞대고 가깝게 앉자, 그는 자신의 이야기를 들려주었다. 그와 아내는 교회에서 몇 블록 떨어져 살았는데, 그는 작은 좌판에 담배와 잡다한 물건을 팔아서 생계를 이어나갔다. 하지만 최소 생계비만을 벌 수 있었으며, 술을 마시면서 수입의 3분의 1을 날린 적도 자주 있었고, 어떤 때에는 노름판에서 크게 잃어 수입을 초과한 적도 있었다. 그런데 어느 날, 아내가 그에게 '예수는 주님 교회'

(Jesus Is Lord Church)에 나가자고 설득하였다. 그는 그곳에서 교인들의 온정과 관대함에 큰 매력을 느꼈고, 예수를 구주로 인정하는 것을 통하여 인생을 근본적으로 바꿀 수 있다는 메시지를 듣게 되었다. 그는 가톨릭 가정에서 태어났음에도 불구하고 아내를 따라 자신의 죄를 고백하며 예수가 자신의 삶에 찾아오시기를 바라는 기도를 무릎을 꿇고 드렸다.

그는 곧장 술과 도박을 끊었으며, 수주 후 이제는 더 큰 좌판이 필요하다는 것을 알았다. 왜냐하면 이윤이 남기 시작했으므로 그 돈으로 비록 보잘것없는 물건이었지만 새로운 물건을 더 살 수 있기 때문이다. 그로부터 1년 안에 그는 작은 상점을 빌릴 만큼 사업이 확장되었다. 그는 가족들을 더욱 잘 보살피게 되었고, 동시에 자신의 이윤을 지속적으로 사업에 재투자할 수 있었다. 현재 그는 마닐라에 여러 개의 편의점을 소유하고 있으며, 세를 놓을 집도 두 채나 있었고, 자가용도 소유하고 있다. 톤도에 살고 있진 않지만, 그는 자신에게 변화를 갖다 준 그 교회를 계속 다니고 있다. 왜냐하면 자신에게 새로운 삶을 제공해 준 이 공동체에게 무엇인가 빚을 지고 있다고 생각했기 때문이다.

베네주엘라의 카라카스에서, 우리는 위와 동일한 경제적 지위 향상의 잠재력을 목격하였다. 그들은 앞의 3장에서 기술한 말레나 수녀가 돌보는 젊은이들이다. 그들 대부분은 결손가정 출신들로서, 대다수가 산테리아(Santeria)와 여러 형태의 정령 숭배(spirit worship)에 매달려 있었다. 그들은 어릴 때부터 성관계를 가지고 있었다. 어느 날 저녁, 우리는 그들을 불러 회심 경험과 그 이후 인생이 어떻게 달라졌는지 한명씩 물어 보았다. 그 이야기의 큰 줄기는 더 정제된 삶의 습관들에 대한 것이었다. 다시 말해서 술을 그만 마시고, 파티를 중지하며, 우발적인 성행위를 하지 않는 것에 대한 것이었고, 결과적으로 그들은 학교 수업에 더욱 충실해질 수 있었다. 우리가 인터뷰를 했던 때는 그들 중 다수가 이제 막 직장에 다니기 시작했거나, 대학 또는 직업학교에 입학한 때였다. 그래서 그들의 회심 체험의 경제적 효과를 양적으로 측정하기는 어려웠다. 그렇지만 많은 시간과 돈을 여전히 비생산적인 일에 낭비하고 있는 동료 집단에 비해서 그들이 이점을 가지고 있다는 것에는 의문의 여지가 없었다.

개신교 윤리 논제의 업데이트

물론 경제와 종교 사이의 관계를 생각한 것은 우리가 처음이 아니다. 영향력 있는 독일의 사회학자 막스 베버(Max Weber)는 고전인 『개신교 윤리와 자본주의의 정신』(The Protestant Ethic and the Spirit of Capitalism)에서 경제와 종교 사이의 관계를 밝혔다.[1] 여기서 그의 아이디어를 간단히 설명하는 것이 성령운동과 자본주의 사이의 관련에 대한 우리의 논의의 틀을 세우는 데 도움을 줄 것이라고 본다. 20세기 초에 베버는 놀라운 사실을 관찰하였다. 개신교인들은 관리직에 많이 있는 반면, 가톨릭교도는 노동계급에 많이 있었다. 그는 왜 이러한 차이점이 나타나고 있는지 생각하고 여기에 종교가 관련이 있을지도 모른다고 생각했다. 베버는 자신의 논증을 통해 2가지 다른 유형의 윤리를 구분했는데, '전통적 윤리'와 '자본주의적 윤리'로 불렀다. 이 둘의 차이점을 밝히기 위해, 그는 밭을 갈아 돈을 버는 사람을 예로 들었다. 베버에 의하면 전통적 윤리를 가진 남자는 현재 생활에 필요한 만큼만 밭을 갈고 저녁이 되면 친구들과 동네 술집으로 가서 맥주를 마시는 반면, 자본주의적 윤리를 가진 남자는 늦은 저녁까지 열심히 일하며 돈을 모아 현재 자신이 경작하고 있는 밭의 '주인이 되기'를 원한다는 것이다. 베버의 자본주의적 윤리 사상의 모델은 '시간은 돈이다.'라고 주장하며, 부지런한 생활습관이 윤리적 의무이고 따라서 자신의 즉각적인 필요를 채우는 것 이상으로 일할 것을 강조한, 개신교 노동윤리를 구체화한 벤자민 프랭클린(Benjamin Franklin)이었다.

자본주의의 발달을 연구하던 중, 베버는 종교가 자본주의 발달에 중요한 역할을 하였을 것으로 가정했고, 개신교 종교개혁에서 발생한 2가지 핵심 개념에 주목하였다. 첫 번째는 종교적이든 세속적이든 모든 직업은 가치가 있음을 나타내는 마틴 루터(Martin Luther, 1483-1546)의 '천직'(calling)의 개념이다. 신의 눈으로 볼 때, 성직자와 목사가 되는 것이 우체부 또는 농장의 일꾼이 되는 것보다 중요하지 않다. 신이 자신에게 어떠한 사명을 주었는지를 확인하고 그 천직에 충성을 다하는 것이 요구될 뿐이다. 이것이 설령 그다지 급진적인 이념으로 보이지 않더라도, 이런 신학적인 교리는 신이 특정 직업을 맡겼기 때문에 그 직업을 신성화하게 되는 결과를 낳는다. 그래서 사업가가 되는 것도 성스러운 소명이 될 수 있으며 성직자가 되는 것보다 본질적으로 낮은 가치를 갖지 않는다.

베버의 두 번째 신학적 아이디어는 마틴 루터의 사상과 종교개혁의 사상의 상당수를 체계화한 쟝 칼뱅(John Calvin, 1509-1564)에 의해 제안되었다. 예를 들어 가톨릭 내에서 일어난 부패 - 죽은 사람을 천국으로 보내기 위한 금전적인 헌금 - 를 제거하기 위해서 종교개혁자들은 신의 구원이 오직 신의 은혜에 달려 있다고 생각했다. 이런 사상에 의하면 개인은 어떠한 일을 행하더라도 사후 자신의 운명을 바꿀 수는 없다는 것이다. 사실 쟝 칼뱅은 신약의 로마서의 구절을 해석하기를, 신은 누가 천국에 갈지를 '예지' 할 뿐 아니라, 영생할 사람을 '예정' 한다고 해석하였다. 따라서 나머지 사람들은 영원한 지옥의 나락으로 떨어질 것이라 보았다.[2]

베버는 칼뱅주의파의 개혁자들에게 넓게 확산되어 있는 예정설이 신실한 교도들에게 일정 정도의 불안을 안겨 줄 것이며, 과연 죽음 이후에 어떻게 될 것인지에 대한 문제를 제기하게 할 것이라 보고 있다. 베버의 주장은 불안해하는 기독교인들은 자신들의 목사를 찾아가게 될 것인데, 이 때 목사들은 이러한 충고를 해줄 것이다. 신이 모든 것의 주권자이다; 사람이 구원을 얻기 위하여 스스로 할 수 있는 것이 없다; 구원은 오직 신의 은혜일 뿐이다. 하지만 신에게 선택받은 사람들은 구원의 '징표'(sign), 즉 예정의 징표를 보일 것이다. 그러므로 사람이 천국에 가느냐 못 가느냐에 관한 걱정은 자신이 선택되었다는 것을 자신의 삶의 방식으로 증명하는 것으로 처리된다. 다시 말해 어떤 사람이 천국에 갈 만큼 훌륭한 삶을 살지 못했더라도, 선택의 징표가 나타난다면 지옥의 영원한 불

속에 떨어지는 것에 대한 근심은 줄어들게 된다.

그렇다면 종교는 과연 경제에 무슨 관련이 있을까? 베버는 이 질문에 대해 이렇게 답했다. 성직자가 선택의 징표를 정직하고 절제된 삶과 연관시켰기 때문에, 교인들은 음주, 외도, 도박 등과 같은 경솔한 행동들을 멀리하게 될 것이다. '선택된 사람들'은 신이 주신 직업을 근면하게 이행하는 데에 시간을 들일 것이며, 이것은 벤자민 프랭클린에게서 극명하게 드러난 개신교 직업윤리의 고전적 징표이다. 결과적으로 청교도의 노동윤리를 받아들인 개개인은 자신들이 소비할 만큼의 돈보다 많은 돈을 축적하게 되는데 저급한 욕망을 충족시키는 것이 금지되어 있기 때문이다. 그들은 과연 이 돈으로 무엇을 할까? 바로 자본주의의 본질인 자신의 잉여 자본을 다시 사업에 재투자하는 것이다.

성령운동 윤리와 자본주의의 정신

성령운동파는 칼뱅주의의 예정설 교리를 강조하지 않는다. 사실 성령운동파들은 칼뱅주의와 많은 차이를 가지는 알미니안 신학(Jacobus Arminius 1560-1609의 이름을 땀)을 신봉한다. 그럼에도 성령운동파의 윤리는 막스 베버가 말한 개신교 윤리와 매우 흡사하다. 성령운동 교인에게 '그리스도 안에서 새로운 피조물'이 되는 것은 도박, 음주, 혼외정사 등을 하지 않는 것이며, 하찮은 것에 돈을 낭비하지 않는 것을 의미한다. 새로운 피조물의 의미를 긍정적인 관점에서 말한다면, 항상 올바르며, 자신의 인간관계와 사업관계에서 정직하고 투명하며, 신이 자신에게 맡겨준 일을 성실하게 수행하며, 부모 및 배우자로서의 책임감을 가지고, 예수의 행동을 따라 교인이건 아니건 간에 모든 사람들에게 자비롭게 대하는 것을 말한다.

성령운동은 예정설을 강조하지 않지만 성령운동 교인들의 생활양식은 베버가 말한 청교도들의 생활양식과 크게 다를 바 없다. 그 결과 돈을 음주나, 마약, 파티에 사용하지 않는 성령운동 교인들은 나머지 돈으로 사업을 확장하거나 가족들의 교육을 위해서 투자한다. 그들의 사업은 정직한 거래라는 명성을 얻게 되고, 소비자들의 신뢰를 얻게 됨으로써 거래의 양은 계속 늘어난다. 만약 그들이 자영업자가 아닐 경우 이 근면한 사람들은 직장에서 다른 게으른 동료들보다 빨리 승진할 것이다. 그러므로 성령운동 윤리는 개신교 윤리와 상당히 유사하다. 다시 말하면 성령운동 윤리는 정직하고, 잘 훈련되어 있고, 사업을 투명하게 하고, 자신의 직업을 보잘 것 없는 것이든 고귀한 것이든 간에 신이 주신 일로 알고 헌신하는 사람들을 배출한다.[3]

상승적 경제 이동의 몇 가지 예

성령운동으로의 개종이 경제적 상승과 갖고 있는 관계성을 설명하기 위해, 우리가 케냐의 나이로비에서 수행한 몇 개의 인터뷰 자료들을 보도록 하자. 나이로비 근처의 한 빈민가의 편모 밑에 자란 존(John, 가명)은 굉장히 운동 실력이 뛰어났으며 복싱과 태권도로 돈을 벌고 있었다. 이런 직업을 가진 그는 술집과 디스코텍에 많이 출입하게 되었다. 그는 말하기를 "나는 마약을 접했다. 그리고 그 습관은 점점 더 심해져 갔다. 나는 대마초를 피웠다. 그리고 결국엔 폭력적으로 변했다. 나와 내 친구들은 어떤 때에는 한주 내내 술집에서 술집, 디스코텍에서 디스코텍으로 옮겨 다니곤 했는데, 입장료를 낸 적이 거의 없다. 내가 운동선수로서 사람들을 때려눕히는 습관이 있었기 때문에 우리는 무력으로 입장하곤 했다. 나는 미래를 위한 삶의 비전이 없었다, 나는 많은 돈을 술, 마약에 써버렸다." 하지만 어느 날 그는 그의 삶이 무의미하다는 것을 깨닫게 된다. "나는 갑자기 신에 대해서, 그리고 그가 어떻게 나를 지금의 삶에서 구해낼 수 있는지 생각하게 되었다. 그리고 마음속에서 그를 깊이 갈망하게 되었다."

존은 자신으로 하여금 기독교를 믿도록 도와준 어머니의 기도에 감사한다. 친구들은 처음에는 그의 믿음이 얼마 가지 않을 것이라 했지만, 그는 말하기를 "나는 고린도후서 5장 17절 곧, '그런즉 누구든지 그리스도 안에 있으면 새로운 피조물이라.'라는 말씀에 의해 새로운 피조물이 되었다. 나는 내 마음이 한층 긍정적인 쪽으로 바뀌고 있다는 걸 알았다. 또 나는 더욱 건강하고, 건전하고, 창조적인 생각을 하게 되었다. 나는 삶이란 가치가 있다는 것을 알게 되었고, 삶에 대한 뚜렷한 목적을 갖기 시작하게 되었다. 이제 난 비전을 가지게 되었다." 그는 교회의 성가대에 참여하고 기도하는 법을 배웠고, 교회에 헌금하기 시작했다. 그는 "내 삶을 그리스도에게 드리는 것이 나에게 새로운 건전한 사회적 환경을 갖다 주었다. 하지만 나를 둘러싼 물리적 환경은 빨리 바뀌지 않았다···. 나는 마약과 술을 끊고 디스코텍에도 더 이상 가지 않았다. 여자들과 동침하지 않고 신이 나를 성결하게 지켜주기를 믿었다."라고 말했다.

그는 작은 매점을 열었지만 그것만으론 생활이 변변치 않았다. 하지만 그의 아내가 미장원을 시작하면서 존은 그녀에게 기술을 배우게 되었다. "사실 많은 손님들이 내가 머리를 깎아주길 바래서 많이들 옵니다. 우리 사업은 성장했고, 하루에 5,000 케냐 실링을 벌어들였습니다. 우리는 그 돈을 지혜롭게 투자했고, 1명의 미용사 직원을 고용했습니다." 그리고 존은 수출업과 자동차 판매에도 뛰어들었다. "나의 모든 비즈니스는 십일조를 통해서 축복을 받았습니다. 이에 더하여 저는 근면의 가치를 깨달았습니다. '네가 무엇을 하든지 최선을 다해서 일하라'는 주님의 말씀을 깨달았습니다."

두 번째 예는 스테판(Stephen, 가명)으로서 케냐의 한 시골에서 태어났다. 그의 아버지는 알코올 중독자였다. 그는 성적이 부진하고, 부모님이 학비를 대지 못하는 관계로 일찍 학교에서 중퇴했다. 얼마 동안 그는 농부로 일하다가 직업에 만족하지 못하고, 나이로비로 이주하여 건설 현장의 일용직 일꾼으로 일하게 되었다. 그 동안 그는 몇 가지 절도사건에 연루되었고 아무런 경제적 안정성이 없는 직장을 계속 옮겨 다녔다. 그런데 어느 날 성령운동 교회를 만나게 되고, 자신의 마음을 예수 그리스도께 드린다고 말하고 나자, 실질적인 삶의 변화가 일어나고 있음을 인식하게 되었다. "처음으로 그동안 살아 왔던 삶을 계속 살아서는 안 된다고 깨달았습니다. 그것은 쉽지 않았는데, 왜냐하면 저의 노동 환경, 특히 건설회사 안은 우리가 늘 물건을 훔치는 곳이기 때문입니다." 하지만 그는 개종을 한 후 '절대자로부터 오는 진정한 기쁨과 평화'를 얻었다. 그는 "주님은 저의 기질까지 바꾸어 놓았습니다. 흡연의 욕구가 사라졌거든요."라고 덧붙였다.

그는 회심하고 몇 년 후 작은 상점을 열었다. "너무나도 많은 사람들이 제 상점을 이용해서 저의 물건이 빠르게 동이 났고, 저는 물건을 자주 보충해야 했습니다." 5년 후, 그는 자신의 판매 능력을 이용하여, 다른 소매상점에 물건을 공급하는 도매 사업을 시작했다. 이 때 그는 결혼했으며 부인은 그와 같이 일했다. "우리는 하루에 순익만 7,000 케냐 실링을 기록할 수 있었습니다. 사업이 발전됨에 따라 우리들은 더 좋은 주거지역의 땅을 살 만큼의 돈을 벌었습니다. 우리는 집을 지었습니다. 저의 사업은 계속 성장했고, 더욱 많은 투자를 실행하였죠." 사실 스테판의 아내는 양복점을 시작했고, 그것이 더 많은 부를 안겨다 주었다. 그리고 스테판과 아내는 당시에 고등학교에 재학 중이던 세 아이들을 교육시킬 수 있게 되었다. 그는 자기의 친형제와 친자매들이 공부할 수 있도록 등록금을 지원해 주었는데, 그 중에는 대학까지 공부시킨 형제도 있었다. 또한 그는 자신이 성장한 시골 지역에 있는 부모에게 집을 지어 드렸다. 그는 교회에 낸 헌금에 대해서 이렇게 말했다. "제가 교회를 다니기 시작했을 때 십일조에 대해 배우고 있었습니다. 저는 그것이 이러한 축복을 갖다 주었다고 믿습니다. 저는 규칙적으로 마음과 정성을 모아 주님께 십일조를 드립니다. 왜냐하면 주님이 지금의 저를 있게 하신 분이고, 제가 소유한 모든 것을 주신 분이라고 믿기 때문입니다." 그는 시간의 십일조도 드리기 위해서 매주 얼마의 시간을 내어서 교회의 활동을 돕고 있었다.

이러한 예들을 계속 말할 수 있지만 마지막으로 중간계급 출신의 한 사람을 살펴보고자 한다. 마틴(Martin, 가명)은 대학교를 다닐 때 당시 캠퍼스에서 유행했던 정치적 행동주의에 빠져 하나님에 대한 신앙이 '굳어져' 버렸다고 한다. "우리의 주장은 급진적이었어요. 거리에서 경찰을 상대로 빈번히 반항하거나 폭동을 일으키기도 했지요. 우리는 가난한 사람들을 위해 싸운다고 강하게 믿었어요." 그러나 마틴은 주변의 맑스-레닌주의자 동창들이 졸업 후에 곧장 자본주의의 틀 안에 적응해버린 것을 보고 환멸을 느꼈다. 그는 "이것은 가장 똑똑하다는 사람들이 저지른 배신이었습니다. 저는 실망하였고, 내가 이전에 품었던 확신이 모두 환상이 아닌지 의심이 들기도 했습니다." 그는 훈련을 받았던 교직의 일을 하지 않고 대기업에 들어가서 일하게 되었다. "저는 걱정 없는 삶을 살게 되었습니다. 술도 많이 마시고, 술집에서 게으르게 시간을 보내곤 했습니다." 몇 년 후 그의 몸은 극도로 나빠져 병원에 입원하게 되었다. 기독교인으로서 이미 '중생'한 그의 아내는 그를 커다란 사랑으로 대해 주었다. "제 아내가 저를 위해 해준 일, 제게 준 사랑, 그녀의 친구들의 진실된 도움은 저를 감동시켰습니다. 저는 이러한 사랑을 본 적이 없었으며, 특히 술집에서 만난 친구들에게선 전혀 볼 수 없었습니다. 사실 제 친구들 중 아무도 저를 찾아오지 않았습니다."

마틴은 그의 아내에게 그가 퇴원하면 목사를 자신의 집으로 초대해 달라고 하였다. "저는 제 삶을 신에게 바치기로 결정했습니다. 목사님은 저희 집에 오셔서 저를 예수께로 인도하셨습니다." 그로부터 빠르게 그의 삶은 변화하기 시작했다, 그는 "저는 밖에서 술 마시는 것을 중단했습니다. 저는 더 이상 아내의 지갑에서 돈을 훔치지 않습니다. 오히려 아내에게 제 돈의 씀씀이를 투명하게 보여줍니다. 저는 돈이 많든 적든 이것을 관리하는 방법을 배웠습니다. 저는 지금까지 제 삶에서 결여된 훈련들을 받은 셈이지요." 또한 그는 돈을 다른 용도로 사용하기 시작했다. "이젠 돈을 모으기도 가능했으며, 조금이나마 유용한 곳에 투자할 수 있었습니다. 저는 돈을 다르게 보기 시작했습니다. 돈을 저의 여가생활에 낭비하는 것이 아니라, 하나님이 저에게 제 가족을 돌보고 어려운 사람들을 돕게 하기 위해 맡겨주신 것이라고 생각했습니다. 그리고 하나님의 일에 드리는 것도 배웠습니다." 직장에서 마틴은 순탄한 생활이 시작되었다. 그는 직업을 바꾸어 자신이 교육을 받아왔던 교사직을 시작했다. "저의 상사는 저에게 더 많은 일과 학생들을 맡겨도 된다고 신임하게 되었습니다." 마틴은 빠르게 승진하였다. 그는 교사직 밖에서도 잘 나갔다. "저는 재정 관리를 잘 하였습니다. 돈을 필요한 곳에 현명하게 사용하였으며, 저축도 하게 되었습니다. 투자하는 법 또한 배우게 되었습니다. 저는 제가 살던 곳에 주택 임대업을 시작하여 아내에게 경영을 맡겼습니다." 그리고 그는 택시 사업을 시작하였다. 이전의 삶과는 달리 그는 이렇게 말한다. "저는 보통 술을 많이 마시는 사람들이 으레 그렇게 하듯 친구들에게 재정적인 도움을 받는 일을 더 이상 하지 않습니다. 그들은 서로에게 계속해서 돈을 빌려야만 하며 결과적으로 빚은 점점 쌓이게 됩니다. 저는 하나님이 재정적인 부분에서도 신뢰할 만한 분이라는 것을 깨달았습니다."

주장의 확장

앞의 예에서 나타나듯이 상승적인 사회 이동과 정직하고 절제된 삶을 사는 것은 뚜렷하게 연관되어 있다. 사람들이 쓸데없는 것에 시간과 돈을 낭비하지 않게 되면서 경제적으로 형편이 나아질 가능성은 커진다. 그러나 중요한 것은 기독교로 회심하는 목적이 경제적 풍요가 아니라는 점이다. 오히려 경제적 향상은 변화된 삶의 '의도하지 않은' 결과로 다가오는 것이다. 사람들이 영적으로 훈련을 받게 되면 그것이 직장 생활과 사업 활동에도 도움이 되는 생활 습관을 형성시킨다. 그러나 이런 새로운 윤리가 진공 상태에서 존재하는 것은 아니다. 성령운동과 경제적 향상 사이의 관계를 뒷받침하는 다양한 요소들이 거기에 함께 존재하는 것이다.

첫째, 가난한 사람들이 가난에서 벗어나지 못하게 되는 요소는 자존감의 결여이다. 언제나 자신은 실패작이라는 말을 들었기 때문에 그들은 경제적 신분 상승이 가능하다고 믿지 못한다. 그러나 성령운동 신학은 사람의 자존감의 문제를 직접적으로 다룬다. 하나님의 자녀는 가치를 가지고 있다. 실제로 성령운동 교인들은 모든 인류가 하나님의 형상을 따라 만들어졌기 때문에 하나님 앞에서 동일한 가치를 갖는다고 주장한다. 따라서 사람이 불행한 환경에서 태어나든지 아니면 좋지 않은 삶의 스타일을 가지고 있든지 하는 것은 문제가 되지 않는다. 하나님은 그래도 사랑하신다. 그렇기 때문에 우리의 삶에는 목적이 존재하며, 하나님을 통해서 모든 것이 가능하다. 낮은 자존감을 갖고 있는 사람에게 이것은 놀랄 만한 긍정이다. 이것이 그들로 하여금 희망을 갖고 삶의 환경을 바꾸게 만드는 동기가 된다.

둘째, 베버는 삶의 문제와 씨름하는 개인들에게 예배가 줄 수 있는 강력한 힘을 무시하였다. 어떤 면에서 보면 회심은 매우 개인적인 사건이다. 그러나 성령운동의 강점은 활기차고 생기 있는 분위기의 신앙 공동체를 개인들에게 제공한다는 점이다. 고립된 개인이 음악, 간증, 감동적 설교 등에 의해 새로운 정체성을 획득하게 되는데, 그것은 다름 아닌 다른 예배자들과 함께 '그리스도와 한 몸'이 됨에 따라 얻게 되는 집단 정체성이다. 이런 집단 정체성 속에서 새로운 힘이 존재하게 된다. 그런데 이 힘은 대규모 도시 문화 속에서 혼자서 생존을 위해 몸부림치는 사람은 거의 경험할 수 없는 힘이다.

셋째, 베버는 개인적 변화에 관심을 둔 나머지 친밀하게 연결된 종교 공동체가 개인들에게 안전망이 될 수 있다는 점을 간과하였다. 특히 정부의 기능이 제한된 나라에서는 이런 안전망이 더욱 힘을 발휘한다. 일자리를 잃고, 가족이 병에 걸려 위기에 처하고, 모든 사람이 감정적 위로를 받아야 하는 상황은 필연적으로 일어나게 되어 있다. 성령운동 교회는 확대 가족과도 같은 지원 네트워크를 가지고 있다. 대규모 교회에서는 모든 사람을 셀 그룹 혹은 여타 소그룹 모임 연합에 소속되도록 한 후에 그 작은 조직이 안전망의 역할을 한다. 교회의 규모가 작다면 목회자는 사회복지사의 역할까지 떠맡게 되는데, 교회의 성도들이 서로 도움을 주고받을 수 있도록 연결해주는 일을 한다.

넷째, 많은 대형 성령운동 교회들은 잘 발달된 사회봉사 프로그램과 교육 시설을 제공함으로써 교인들이 비교인들보다 경쟁적 비교우위에 있도록 한다. 어떤 경우에 이런 서비스들은 외부의 비정부기구에 의해 재정적인 지원을 받는다.

그러나 다른 경우에는 교회가 자체 교인들의 리더십과 재정적 힘을 이용하기도 한다. 만약 교회에서 관리하는 학교가 30명의 학생들이 수업을 듣고, 정부가 운영하는 학교에서는 2배에서 3배가 많은 학생들이 수업을 듣는다면 둘 중에 더 좋은 교육을 받는 쪽은 자명하다. 마찬가지로 교회 안에는 의사, 치과의사, 안과의사, 간호사 들이 출석하면서 그들은 교인들에게 조언과 의료 서비스를 해준다.

다섯째, 이것은 설명하기가 어렵고도 미묘한 것인데 그럼에도 불구하고 성령운동과 경제에 대한 논의에 적합한 것이다. 예를 들어 영에 사로잡히는 현상은 많은 개발도상국가에서 하나의 이슈이다. 사람들이 이 현상을 어떻게 설명하든 간에, 결과적으로 사람들은 삶 속에서 비합리적인 세력에 굴복하게 된다. 성령운동은 이 문제를 '악령'을 몰아내는 것을 통해 직접적으로 처리한다. 어떤 사람이 악령을 문자 그대로 믿는지 아니면 은유적으로 바라보는지는 우리의 논의와 별 상관이 없다. 중요한 것은 사람들이 삶에 대한 통제권을 갖도록 의례적인 도움이 주어진다는 것이다. 다시 말해서 사람들을 이 방향, 저 방향으로 몰아치는 여러 개의 영에 사로잡히기보다, 오직 한 영 – 이른바 성령 – 에 의해서 인도함을 받게 되면 통일성이 증대된다. 그리고 성령은 성령운동 공동체의 절제된 윤리와 연관되어 있다. 그런 까닭에 우리가 개종자들로부터 듣게 되는 증언에는 악령으로부터의 '해방'이 포함된다. 악령으로부터 풀려난 이후 개종자들은 삶을 더 합리적인 방식으로 살아가게 된다. 그리고 성령운동의 다른 요소들과 결합하면서 이 '해방'은 경제적 상승 이동에 잠재적으로 이바지한다. 왜냐하면 악령으로부터 해방은 그가 더 목적 지향적인 사람이 되고 또한 비합리적 세력에 통제되지 않도록 보호해주기 때문이다.

여섯째, 우리는 성령운동 교회에서 배운 전도에 대한 기술과 사업 경영을 하는 데 필요한 기술 사이에는 상관관계가 있다고 생각한다. 성장하는 성령운동 교회들은 정기적으로 그들의 메시지를 알리고, 새로운 지교회를 설립하고, 고객(신도) 만족을 관리한다. 이에 더하여 대형교회의 목회자들은 조직 발전, 재정

회계 등과 같은 것에 대해서 상대적으로 세련된 지식을 갖고 있는 경우가 많다. 게다가 그들은 인터넷을 통해 '가장 좋은 실천' 모델을 서로 공유하며, 컨퍼런스에 참여하고, 종종 서구의 최신 경영 서적을 읽는다. 그래서 이런 기술들이 교인들에게도 전파되게 되고, 교인들은 자신의 일터에서 이 기술을 적용한다. 그 결과 종교 영역에서 획득한 기술이 비즈니스 영역으로 전이되는 것이다.

일곱째, 우리는 금식, 철야기도, 성욕 절제 등과 같은 다양한 영성 실천과 관련된 규율이 세속적 노동생활에도 필연적으로 적용된다고 믿는다. 앞서 언급한 영적 실천의 종류를 더 많이 제시할 수 있지만, 중요한 점은 성령운동과 경제적 상승 이동이 여러 측면에서 공통점을 가지고 있다는 것이다. 그렇지만 자본주의의 노동윤리와 성령운동 개종자들의 개인적인 윤리 행태를 연관시키는 것은 너무 단순하다. 종교와 경제의 상호작용을 파악하려면, 성령운동의 실천 관행과 예배 등과 관련된 다양한 요인들의 집합을 염두에 두어야 한다.

현세 지향적인 기쁜 신비적 금욕주의자

베버의 『개신교 윤리와 자본주의 정신』에서 청교도의 지배적인 이미지는 자신의 일에 헌신적인 이미지이다. 그들은 저녁 늦게까지, 심지어 주말에도 일하며, 돈을 축적하고, 다시 재투자하며, 재물 축적 과정에서 즐거움을 추구하지 않는다. 그런데 우리가 성령운동가들과 함께 지내본 경험으로는 이들은 베버가 기술한 청교도와는 매우 다르다. 성령운동가들도 청교도들처럼 매우 엄격한 윤리를 따르지만, 윤리를 지키는 과정에서 즐거움을 얻는다. 이들의 음악은 기쁜 것이며, 서로 간에 많은 포옹을 하고, 자신의 감정을 전혀 억압하지 않는다. 도덕적 규율을 지키는 데에 수반되는 모든 괴로움은 이들 공동체의 따뜻함에 의해 해소된다. 성령운동 교인들의 즐거운 금욕주의는 베버가 묘사한 완고한 청교도들과 다른 점이다. 감동적 예배가 그들에게 활력소 역할을 하며, 성령께서 하시는 말씀을 받겠다는 열린 자세가 현실적인 제약을 뛰어넘는 사고를 하도록 만든다. 실제 그들은 정치적 변혁가가 아닐지라도 비전 중심의 사고를 한다. 그들의 비전 중심적 사고는 그들이 지은 초대형 교회에서, 그들이 탄생시키는 지교회들의 네트워크에서, 그리고 예수를 위해서 세상을 구원하겠다는 장대한 비전속에 잘 드러나 있다.

세계의 다양한 종교 사이의 실천의 차이를 연구하면서 베버는 신비적 종교와 금욕적 종교를 구별하였고, 다른 한편으로는 현세 지향적 종교와 내세 지향적 종교를 구별하였다.[4] 개념적으로 이것은 4가지 유형을 만들어 낸다. (1) 내세적 신비주의, (2) 내세적 금욕주의, (3) 현세적 신비주의, (4) 현세적 금욕주의. 베버의 관점에서 볼 때, 청교도들은 현세적 금욕주의자들이었는데, 왜냐하면 그들의 삶의 스타일과 자본주의 사이에 '선택적 친화성'이 존재하였기 때문이다.

베버의 유형 내에 성령운동가들을 범주화하려는 시도는 유용한 작업이다. 왜냐하면 이렇게 함으로써 우리가 성령운동의 다양한 갈래를 구별할 수 있게 되기 때문이다. 예를 들어 성령운동의 최초의 표현은 매우 신비적이고도 내세 지향적이었다. 그러나 성령운동의 조직이 일상화의 과정을 겪으면서 다소 금욕적인 방향으로 흘러갔다. 이는 하나님의 성회와 같은 고전적인 성령운동 교단이 율법주의적으로 변하고 조직의 형태가 관료적으로 굳어지면서 성령의 자유로운 표현이 억압된 것에서 잘 드러난다. 이와 대조적으로, 번영의 복음을 외치는 성령운동가들은 천국에서 보상을 받는 것보다 이 세상에서 상을 받는 것을 원하면서 한층 현세 지향적인 쪽으로 나아가고 있다. 이에 덧붙여 그들은 초월적인 것에 대한 믿음에 강한 신비주의적인 요소를 받아들여 신유와 신적 개입의 역사를 믿는다. 앞의 장들에서 기술한 선진적 성령운동가들은 이런 범주들의 여러 군데에 걸쳐 있어서 주목할 만하다. 아마도 이것이 그들의 성공의 비밀일지 모른다. 그들은 성령에 대한 의존으로 따져본다면, 신비주의자들이다. 이와 동시에 그들은 금욕적 삶의 방식을 추구하는데, 죽음 이후의 삶을 강하게 믿는다는 점에서 내세 지향적이면서도 예수가 사람들을 치료한 것을 본받는다는 점에서 현세 지향적이다. 다소 용어가 길지만, 우리가 보기에 선진적 성령운동가들은 다소 금욕적인 삶의 스타일을 실천하는 '현세 지향적인 기쁜 신비주의자들'(Joyous Inner-Worldy Mystics)이다. 그들은 성령을 믿는다. 그러나 천국만을 강하게 소망한 나머지 이 세상에 발을 붙이지 않는 것은 아니다. 그들의 도덕적 삶은 절제되어 있고, 다소 청교도적인 방식으로 금욕적이다. 동시에 그들은 예배를 집단적으로 드리든 개인적으로 드리든 모든 감각을 작동시켜 예배를 드리면서 기쁨을 얻는다. 우리가 지나치게 논의를 확대한 것일 수도 있지만, 선진적 성령운동가들은 베버의 도식 안에 있는 다양한 유형의 장점들만 골라서 조합한 것처럼 보인다.

성령운동 교인들과 사회 계급

지금까지 우리는 성령운동으로 개종한 개인의 상승 이동의 잠재력에 초점을 모았다. 그러나 성령운동이 전체 사회 계급의 상승 이동을 부추길 수 있는지도 중요하다. 역사적으로 가난한 사람들과 성령운동 사이에 선택적 친화성이 있어 왔다. 그런데 최근에는 점점 많은 성령운동 교인이 중간 계급에서 나오고 있다. 우리는 이 현상을 2가지 관점에서 설명할 것인데, 모두 의미가 있는 설명일 것이라 판단된다. 첫째, 하층 계급의 성령운동가들이 우리가 기술한 다양한 요인들의 결과로 중간 계급으로 상승 이동을 하였다. 둘째, 성령운동은 중간 계급의 사람들에게 매력을 주는 방식으로 자신을 쇄신했다. 예를 들어 최근 성령운동은 특히 신(新)성령운동 교회들 속에서 의복과 화장과 관련된 율법주의적 금지를 떨쳐 내고 현대적인 음악을 수용하였다. 우리가 보기에 이 2가지 현상은 동시에 일어나고 있다. 일단 성령운동이 하층 계급 사람들에게 매력을 주는지를 검토한 다음 어떤 해방적 잠재력을 갖고 있는지도 밝혀보고자 한다.

인도의 마드라스에서 우리는 아침 6시 기도회에 초청되었다. 우리는 대략 10명 남짓한 사람들만이 참석했으리라 예상했지만, 그 곳에는 수천 명의 사람들이 와 있었다. 남자들은 그 방의 오른 편에 앉았고, 복도 건너편에는 여자들이 자리를 하였는데, 모두 바닥 위에 다리를 꼬아 앉았고 성경과 공책을 갖고 있었다. 그들의 사리(saris)와 옷은 여러 가지 색깔로 요란했지만, 참석한 이들은 가난한 사람들임에 틀림없었다. 그러나 그들의 열의와 진지함은 놀라웠다. 오랜 시간 성경공부를 하면서 그들은 필기를 하고 성경 구절에 조심스럽게 표시를 하는 등 그야말로 대단한 집중을 하였다. 우리는 교회 지도자 몇 사람과 이야기하면서 그들이 아침 6시 예배에 참석한 것은 예배 후에 직장에 나가기 위한 것임을 알게 되었다. 왜 그들이 주변 힌두교도들에게 박해를 받으면서도 기독교로 개종했는지를 살펴보았을 때, 가장 먼저 제기된 대답은 기독교는 힌두사회의 계층화된 카스트 제도와는 달리 평등한 종교라는 것이었다. 기독교의 하나님이 보시기에 달릿(Dalit) 카스트 출신 구성원은 브라만(Brahmin) 카스트 출신의 사람과 동일한 가치를 지니고 있다. 개종은 박해를 낳기도 하지만 성령운동은 하층 카스트 출신의 사람들에게 매력적이다. 다시 말해서, 성령운동의 매력은 하층 카스트 출신 사람들에게 자존감을 제공하고, 힌두교 내에서는 존재하지 않는 희망을 선사하는 데에 있다.

우리가 조사한 바에 의하면, 성령운동 교회가 인간의 존엄성과 자존감을 강조하는 사례는 인도에만 국한되지 않는다. 우리는 과테말라에서 원주민(인디언)을 포함한 사람들이 참여한 한 예배에 참석하였다. 그 때 모든 참석자들은 정말로 아름다운 숄을 두르고 있었다. 그리고 설교자는 원주민 참석자들이 인구의 여타 집단과 동일한 정치적 권리를 갖고 있다는 것을 반복적으로 강조하였다. 분명 이것은 잇따른 내전에 휘말렸던 사람들에게 매력적인 메시지였다. 우리는 상파울로의 한 교회에서도 동일한 현상을 목격하였다. 그 교회는 가난한 사람들을 위해 일하였는데, 교인들은 자신들이 하나님께서 창조한 인간이며 따라서 각자가 '아무 것도 아닌 사람'이 아니라 '대단한 사람'임을 노래하였다. 이집트의 카이로에서 마마 매기(Mama Maggie)가 직면한 가장 중요한 도전은 쓰레기 더미 속에서 살고 있던 사람들이 불행한 삶을 운명으로 받아들였던 사실이었다. 그들은 자신의 운명을 개척할 수 없다고 체념하였다. 이런 상황에서 그녀는 유치원,

캠프 및 기독교 복음을 통해서 그들에게 대안적 삶의 방식이 존재함을 보이려고 노력했다. 그리고 우리는 동아프리카의 대규모 교회 연합체의 회장과 인터뷰했는데, 그는 성령운동의 매력은 사람들에게 희망을 주는 데 있다고 말했다. 실제로 가난한 사람들은 그들의 목사가 멋진 집에 살고 비싼 차를 몰고 다니는 것에 크게 신경을 쓰지 않는데, 그 이유는 목회자들의 상승 이동을 자신의 것처럼 생각하기 때문이다. 그는 모든 사람은 자신이 가치가 있고 중요한 사람이라고 느끼기를 원하는데, 성령운동은 이런 욕구를 직접적으로 채워주고 있기에 성장하고 있다고 주장했다. 그는 이렇게 말했다. "오랫동안 억압당해온 사람들에게, 한낱 물물교환의 대상처럼 다뤄졌던 사람들에게, 사회에서 주변인의 자리를 맴돌던 사람들에게, '우리는 도대체 누구인가?'라는 질문을 제기해온 사람들에게, '당신은 중요한 존재이며, 당신은 왕이며 왕자이고 왕비이다.'라고 말해주는 복음이 나타났다." 그가 보기에 이것이야말로 성령운동이 현재 아프리카에서 가장 빠르게 성장하는 운동이 된 제일의 원인이다.

상파울로에서 천국 보편 교회(Universal Church) – 브라질에서 가장 큰 성령운동 교단 – 의 한 목회자는 삶에서 문제를 겪고 있는 사람들은 모두 예배당 앞으로 나오라고 초청하였다. 그 때 회중의 약 4분의 1쯤 되는 사람들이 앞으로 나갔다. 매우 부드러운 목소리로 이 목회자는 삶이란 문제들로 가득하며, 이것은 피할 수 없는 것이지만 하나님께서는 난관을 극복하도록 인도해 주신다는 것을 확신시키면서 기도하였다. 그런 의식을 주술적 사고나 슬기로운 권고 정도로 격하시켜 생각할 수 있지만, 신자들이 이런 의식을 통해서 삶의 문제를 직면하겠다는 의지가 강해진 것은 명백한 사실이었다.

번영의 복음

성령운동 중 가장 빠르게 성장하는 분파 중 하나는 '번영의 복음'(Prosperity Gospel) 혹은 다소 비난받는 명칭인 '건강과 부'(health and wealth)의 복음을 외치는 교회이다. 오랄 로버츠(Oral Roberts), 케네스 해긴(Kenneth Hagin), 프레데릭 프라이스(Frederick Price), 그리고 몇몇 사람에 의해서 시작된 이 운동은 자신의 경제적 지위를 상승시키려는 가난한 사람들과 병에 걸려 육체적 치료가 필요한 사람들에게 매력을 주었다.[5] 불행히도, 이 운동은 장차 백배로 축복 받게 될 것이라는 기대를 갖고 헌금을 하는 가난한 사람들을 착취하는 일이 많다. 또한 너무 아파서 고통을 제거해주는 어떤 치료책이라도 붙잡으려고 하는 사람들을 착취하기도 한다. 비록 우리의 연구가 이런 집단들에 초점을 모으지 않았지만, 우리는 그런 집회에 참석하였다. 외부인의 시각으로 볼 때 거기에서는 교묘한 조작이 명백하게 일어나고 있었다. 어려움에 처한 사람들은 음악과 설교자의 수사와 군중들의 집단행동이 일으키는 '집합적 황홀감'에 의해서 감정적으로 흥분되었다. 수많은 사람들이 설교자와 접촉하고 그의 기도를 받기 위해서 집회 장소의 앞으로 나왔다. 예를 들어 베네주엘라의 카라카스에서 우리는 한 목회자가 사람들에게 헌금을 하면 직접적으로 재정적 이익이 주어진다고 말하면서 자신의 교회에 더 많은 헌금을 하도록 유도한 것을 본 적이 있다. 인도에서 우리는 신유의 은사가 있는 것으로 알려진 한 흰색 옷을 입은 평신도 사역자 주위에 군중이 운집한 것을 보았다. 그리고 필리핀에서 우리는 엄청난 숫자의 사람들이 모여서 자신의 지갑을 위로 들고서 하나님의 축복을 구하는 것을 목도했는데, 그들은 대규모의 축성(祝聖)에 참여하기 위해 물병과 다른 가재도구를 위로 치켜들고 있었다. 이런 것들은 모두 다소 주술적으로 보였는데, 우리가 관찰하였던 선진적 성령운동의 교회들과 너무도 다른 모습이었다.

번영의 복음을 외치는 교회에서 그것이 정말 신이 개입해서 일어난 치료이든 아니면 플라시보 효과로 인해서 고침 받은 것이든 간에 치료의 역사가 일어나는 것은 사실이다. 우리는 또한 십일조로 인해서 재정적으로 축복을 받았다는 증언도 지속적으로 들었다. 그렇다면 외부의 관찰자는 이런 주장을 어떻게 이해할 것인가? 아마도 사람들은 십일조가 번영을 직접적으로 초래하였는지 물어볼 것이다. 아니면 규율적인 삶을 살아가다보니 잉여 자본을 축적하게 되고, 그 잉여 자본으로부터 십일조를 하게 된 것이 아닌지 물을 것이다. 상관관계가 종종 인과관계로 잘못 받아들여지는데, 이것은 심지어 사회과학자들도 하는 실수이다.

이와 동시에 마닐라에서 우리가 만난 사람은 성령운동 교인이 아니었지만 번영의 복음에 관해서 전혀 냉소적이지 않았다. 그녀가 보기에 가난한 사람들이 직면한 가장 큰 문제는 미래의 발전에 대해서 아무런 소망도 갖고 있지 않다는 점이다. 번영의 복음을 외치는 설교자들은 사람들이 새로운 방식으로 생각하도록 자극한다. 이들의 설교를 들은 사람들은 빨리 부자가 되려고 기대한다면 실망할 수도 있지만 그래도 상승적 사회이동을 가능하게 하는 방식으로 삶을 새출발하게 된다. 게다가 이런 번영의 복음을 설교하는 사람들 중 일부는 실제로 생활양식의 변화, 재정관리, 가족계획, 그리고 사업 투자에 대해서 건전한 충고와 자문을 제공한다. 예를 들어 한 설교자는 회중 가운데 있는 여성들에게 그들이 소유한 닭들을 잡아먹기보다는 이 닭들을 잘 키워서 닭이 재생산할 수 있도록 하여 작은 사업으로 발전시킬 것을 주문했다. 일부 번영의 복음 설교자들이 건전한 신학보다는 주술에 더 의존하기는 하지만, 번영의 복음은 사람들에게 과거와 다르게 삶에 대해 생각하게 만들며 상승적 사회이동을 초래하는 일련의 행위를 추구하게 만드는 잠재적 힘이 있다.

성령운동과 민주주의 사이의 일치

우리가 이 책에서 반복적으로 밝혔듯이, 성령운동은 많은 다양한 갈래를 갖는 복합적 현상이다. 성령운동의 한 요소가 뚜렷이 우익의 정치적 성향을 가졌던 것이 사실이다. 미국에서는 다양한 성령운동의 지도자들과 공화당의 가장 보수적 요소 사이에 연합이 존재하고 있다. 칠레에서 일부 성령운동 지도자들은 군사 독재자 아구스토 피노체트(Augusto Pinochet)를 지지하였다. 이와 비슷하게, 과테말라에서는 성령운동 지도자들과 리오스 몬트(Rios Montt) 독재 정권 사이에 결탁이 존재하고 있다. 그래서 언론은 종종 성령운동가들을 반(反)민주적이며 억압적 정부와 동맹을 맺고 있는 것으로 간주한다. 그러나 이 과정에서 전형적으로 무시되고 있는 성령운동의 다른 측면이 있는데, 이것은 그들의 뿌리 깊은 민주적 정신이다.[6]

성령운동의 근본이념 중 하나는 모든 신자들이 사제라는 것이다. 모든 사람은 신의 눈으로 볼 때 동일한 가치를 가지고 있다. 교회 조직은 서로 다른 부르심을 갖는 사람들로 구성된 조직적 위계이지만, 모든 사람이 신에게 동일하게 접근한다. 누구든 신에게 공적(公的)으로 기도할 수 있다. 성령은 누구에게나 동일한 정도로 열려 있다. 사실 성령운동은 기독교 내부의 다른 운동보다 더 평등주의적인 운동이었다. 성령운동 교인들은 초기 아주사 거리 시절 인종적으로 분리되지 않았다.[7] 여성들은 목사직을 수행할 권리를 포함하여 지도적 자리에 접근할 권리가 있었다.[8] 원칙적으로 보면, 교인들 중 가장 낮은 위치의 사람도 예언을 하거나 성령으로부터 지식의 말씀을 받을 수 있다.

이런 평등주의 정신은 경제적 효과를 낳아서 구성원들에게 힘을 주고, 카스트에 얽매인 정치 구조에 도전하도록 하는 결과를 낳는다. 그리고 평등주의 정신은 민주주의 발전에도 기여한다. 모든 사람이 투표권이 있다는 이념은 모든 사람이 인종, 수입 혹은 사회적 배경에 상관없이 모두 평등하다는 가정에 기초한다. 모든 사람이 하나님이 보시기에 동등하기 때문에 가난한 자가 던지는 한 표는 부자가 던지는 한 표와 똑같은 무게가 있다. 다른 말로, 성령운동적 예배에 사람들이 전적으로 참여할 권리가 있는 것처럼 모든 시민은 민주적 과정에 참여할 권리가 있는 것이다. 그래서 전제적 정치가들은 지도자를 선출하지 못하게 되면 성령운동가들을 두려워하게 된다. 왜냐하면 성령운동의 이데올로기는 그 뿌리가 반(反)권위주의적이기 때문이다. 실제 성령운동 내부에 많은 분파가 존재하는 이유는 모든 사람들이 자신이 지도자만큼이나 신의 음성을 들을 권리가 있다고 생각하기 때문이다. 그래서 어떤 정치인이 법 위에 있는 것처럼 행세하게 되면, 성도들보다 위에 있다고 생각하는 성직자가 받는 비판만큼이나 같은 비판을 받게 된다.

많은 측면에서 성령운동은 대중적 종교이다. 신에 의해서 부르심을 받은 사람은 누구든지 목회자가 될 수 있다. 일상화의 과정을 거친 교단을 제외하고는 목회자에게 공식적인 신학교 교육을 요구하지 않는다. 이런 대중주의가 정치적 영역에도 전이될 수 있으며, 그 결과 엘리트와 부자에 대한 불신으로 연결된다. 성령운동은 인민의 종교이다. 그래서 그들의 입장에서 정부가 인민의 의지를 따라야 한다고 주장하는 것은 큰 무리가 아니다. 성령운동과 자본주의 사이에 존재하는 선택적 친화성과 함께 우리는 성령운동과 민주주의 사이에 관련이 있다고 주장한다. 다시 말해서 성령운동은 많은 개발도상국에서 민주주의의 탄생 혹은 민주주의의 개혁을 위한 토양을 제공한다. 성령운동 교회들은 잠재적으로 민주주의를 가르치는 작은 학교로서 기능하고 있는데, 특히 만인제사장설과 신 앞에서 모든 사람이 평등하다는 이념을 고수할 때 더욱 그렇다.

성령운동, 민주주의 그리고 자본주의 사이의 관계에 대해서 우리가 너무 낙관적이 되지 않기 위해서, 여기서 잠시 멈추어서 맑스와 그의 제자들이 가한 비판에 주목할 필요가 있다. 거칠게 말하자면, 맑스주의자들은 성령운동과 자본주의 간의 관계를 침몰하는 '타이타닉 호' 위에서 갑판의 의자들을 재배열하는 것으로 보았다. 성령운동적 윤리를 실천하는 크리스천들은 방탕한 삶을 사는 일반인들보다 경쟁상의 비교우위에 서 있다. 그러나 성령운동은 정의와 관련된, 근본적이고도 구조적인 쟁점에 대해서는 아무 것도 주장하지 않는다. 그렇기 때문에 맑스주의자들은 성령운동과 민주주의의 관련성에 대해서 의심하는 것이 당연하다. 맑스주의자들이 볼 때, 종교적 대중으로부터 나온 민주주의는 기껏해야 미온적인 것이다. 어떻게 종교에 중독되어 감각을 상실한 사람들이 자신의 권리를 주장할 정도로 억압의 고통을 크게 느낄 수나 있단 말인가?

맑스주의자들의 비판

맑스의 종교이론은 상대적으로 직선적이며 그의 사회이론의 논리적 연장물이다.⁹⁾ 간단히 말해서 맑스는 사회에는 두 개의 주요한 계급, 곧 프롤레타리아(노동계급)와 부르주아(자본가)가 존재한다고 주장한다. 이 두 계급 사이의 관계는 착취의 관계이며, 부르주아는 노동계급에게 생존할 만큼의 임금을 지불하는 것을 통해 이익을 얻고 생산비와 생산물의 시장 가치의 차이는 부르주아가 독식한다.

종교는 이 두 계급에게 달리 기능한다. 프롤레타리아에게 종교는 대중을 진정시켜서 자신을 착취하는 체제에 저항하는 것을 막는다. 종교는 빈곤의 고통을 달래주는 일종의 마약이다. 종교는 세상의 시련에 반비례하는 내세의 보상을 약속하며 위안을 제공한다. '심령이 가난한' 사람들이 다음 세상에서 하늘의 보상을 받게 될 것이기에 이런 보상은 그들의 소외된 노동을 계속 견뎌나가게 한다. 부르주아에게 종교는 그들이 가진 특권적 지위를 정당화하는 이데올로기 - 신이 사회질서를 수립하였고 무질서한 대중을 통제하는 것이 그들의 역할이다 - 를 제공한다. 그런 까닭에 성직자 계급에게 재정적 지원을 하는 것이 자신들에게 유리하다. 왜냐하면 성직자 계급이 '마약 공급자들' 이기 때문이다. 말하자면, 성직자 계급이 프롤레타리아를 마약에 취하게 하기 때문이다. 만일 혹시나 부르주아가 자신들의 착취에 관해서 양심의 가책을 느낄 경우 아내들이 가난한 사람들을 위해 약간의 구제 활동을 펼친다. 이로써 남편의 착취 행위에서 오는 죄책감을 돈을 주고 없애는 것이다. 맑스가 종교를 일종의 아편이라 말했을 때, 그는 가난한 사람들의 삶을 생각할 때 종교가 얼마나 매력적인 도구인지 이해하고 있었다. 그러나 그가 볼 때 종교가 갖고 있는 문제는 가난한 사람들을 노예로 만든다는 점이다. 그래서 종교를 없애야 하는 이유는 그것이 거짓이기 때문이 아니라, 사람들로 하여금 빈곤을 생산해내는 억압적 체제에 저항하는 것을 막고 있기 때문이다. 종교라는 마약을 제거하게 되면, 사람들은 자신의 고통을 절실하게 느끼게 되고, 공정한 사회를 만드는 일에 매진하게 될 것이다.

사회정의에 관한 사비에르 신부의 견해

우리가 수행했던 인터뷰 중 한층 주목해야 할 인터뷰는 가톨릭 사제 사비에르(Xavier)의 집에서 이루어졌다. 그는 인도 첸나이(마드라스)의 한 가난한 교구에서 보조 신부로서 성직을 시작했다. 그는 시골 지역에 와서 일하면서 이른바 '불가촉' 천민이 무엇인지 깨닫기까지 카스트 제도의 효과를 알지 못했다고 고백했다. 그는 교회의 구성원들에게 문자 그대로 존엄이란 존재하지 않았고, 인정머리 없는 정치가들이 그들을 끊임없이 인간 이하로 취급하였다고 말하였다. 이런 상황에서 그는 신학교 교수 중 한 해방신학자의 가르침이 이해되기 시작했다. 그는 예수가 불행한 사람들 – 절름발이, 빚을 갚을 수 없었던 노동자들, 창녀들, 그리고 카스트 때문에 아무런 미래도 갖지 못했던 아이들 – 을 해방시키기 위해서 이 세상에 오셨다는 이념에 깊은 영향을 받았다고 말했다. 사비에르 신부가 보기에 크리스쳔이 되는 것은 그리스도를 따르는 것보다 상대적으로 쉽다. 왜냐하면 예수를 따르는 것은 아무런 목소리도 내지 못한 채 억압받는 사람들을 위해서 기꺼이 죽는 것이기 때문이다.

사비에르 신부의 영감이 맑스와 그의 추종자들로부터 왔다고 말할 수도 있다. 하지만 사비에르 신부는 그들의 사고에 영향을 받았지만 진정한 영감은 가난한 사람들과 소외된 사람들을 위해서 일했던 예수의 삶을 연구하면서 얻게 되었다고 말했다. 사회운동을 조직해 보려는 노력이 교착상태에 빠졌을 때, 사비에르 신부는 주교의 권유로 법대에 진학했다. 그는 여기에서 인권, 소수자 권리, 그리고 환경 보호를 위해서 일할 때 필요한 무기를 얻었다고 고백했다. 그러나 정치적 행위를 지지해주는 진정한 힘은 집합운동에 참여하여 자신의 권리를 외치는 민중들이다. 이것이 그가 노동자해방운동을 일으킨 이유이다. 이 운동의 초창기에 사비에르 신부는 200명의 여성들을 모아서 빈 물통을 정부 관리에게 가져가서 마을에 우물을 만들어주도록 요구하게 했다. 그들은 폭행을 당했고 일부는 병원으로 실려 갔지만 결국 그들은 승리하였다. 그는 또한 약 5천 명 가량의 힘센 농부들을 조직하여 그들의 권리를 요구하도록 하였고, 그 다음에는 비슷한 집합행동에 어부들을 불러 모았다. 그리고 그는 계속해서 어린아이들과 수녀들을 모아서 교육체제의 변화를 위해 싸우도록 만들었다.

사비에르 신부의 말을 빌리면, "나에게 영향을 준 한 사람이 있다면, 그 분은 예수 그리스도이다." 사비에르 신부는 좌익 사회이론가들의 책을 많이 읽었지만 그것들은 단지 분석의 도구만을 제공해줄 뿐이었다. 그런 이론은 자신의 사역의 대상인 민중들의 경험에 비추어보아 계속 검토되어야 할 대상에 불과했다. 그는 자신이 예수의 예언적 전통에 서서 하나님의 나라를 세상에 가져오려고 노력한다고 생각한다. 그는 이 과정에서 목숨을 잃게 될지 모른다고 생각하지만 정의가 마침내 승리할 것을 확신한다. 그가 보기에 권력에는 두 종류가 있다. 억압적 통치자의 힘과 인민의 힘이 그것이다. 그는 결국에는 인민의 힘이 정치적 권력을 갖고 있는 사람들의 힘보다 더 강한 것이라고 말했다. 왜냐하면 가난한 사람들은 잃을 것이 아무 것도 없기 때문이다. 일단 그들이 권리를 위한 투쟁에 들어가게 되면, 사비에르 신부는 "그들 속에 있는 힘이 폭발하여 표출된다."고 말했다. 그것이야말로 그가 자신의 삶을 바쳐 하는 일이다.

사제로서의 사역을 시작한 초기 시절에 사비에르 신부는 가톨릭의 카리스마적 운동에 매우 깊게 참여하였다고 말했다. 그는 기도, 방언, 신유를 믿고 있다고 말하였다. 그의 견해 속에서 이런 것들에는 아무런 오류가 없다. 그렇지만 문제는 카리스마적 크리스천들이 개인에게 초점을 모은 나머지 자신들이 특정 사회 속에서 살고 있다는 점을 무시한다는 데에 있다. 그 결과 그들은 문제의 뿌리 즉, 그의 관점으로 볼 때 구조적인 부분을 깨닫지 못한다. 결과적으로 종교는 개인적인 수준에서 '아편'으로서 기능할 뿐이다. 그러나 사비에르 신부가 볼 때 종교가 이런 식으로 기능하면 안 된다. 그는 가난한 사람들을 집합적으로 조직하는 데 초점을 모으기로 결정하였다. 왜냐하면 이런 집합행동만이 인민을 억압하는 사회구조를 변화시킬 수 있기 때문이다. 카리스마적 크리스천들은 개인의 삶의 스타일 변화에 너무 치중한다고 사비에르 신부는 생각한다. 그의 견해로는, "신앙인, 그리스도의 제자는 사회적 변혁, 문화적 변혁에 자신을 헌신해야만 한다." 그렇다고 기도를 하지 않아야 한다는 것은 아니다. "나는 기도의 힘을 깊이 믿는다. 우리는 기도해야만 한다. 우리는 어떤 방식으로든 기도할 수 있다. 관상기도, 통성기도, 부르짖는 기도, 춤추기 등 말이다." 그러나 이런 기도는 반드시 성경에 대한 통전적 이해 안에서 추구되어야 한다. 만약 문자주의적 관점, 다시 말해서 한 성경구절을 취해서 그것만 가지고서 해석하는 것은 복음의 해방적 메시지를 잃어버리는 결과를 낳는다.

결론

인도의 카리스마적 가톨릭에 대한 사비에르 신부의 비판은 가난의 문제를 한 번에 한 사람씩 해결하려는 선진적 성령운동가를 포함하여 오순절 운동 전체에 적용될 수 있다. 해방신학과 성령운동의 중요한 차이점의 하나는 성령운동은 그리스도의 임박한 재림을 믿기 때문에 장기적인 사회적, 경제적 투쟁을 싫어한다는 점이다. 두 번째 차이는 성령운동은 해방신학이 좋아하는 출애굽의 이야기보다 예수의 삶과 가르침에 초점을 모은다는 점이다. 우리가 사비에르 신부와 대화를 마쳤을 때, 그는 19세기 예술가들이 그린 인자하고 부드러운 모습이 아니라 체 게베라(Che Guevara)를 닮은 예수의 포스터 한 장을 주었다.

사람들이 21세기의 인류가 직면한 문제들을 살펴볼 때, 성령운동과 잘 맞는 문제가 있는가 하면, 그렇지 않은 것도 존재한다. 예를 들어 전 세계적으로 퍼지는 에이즈의 경우 한 번에 한 사람씩 치유하는 것이 필요하다. 콘돔을 사용하는 것에 대한 논쟁은 차치하더라도, 결혼 전 성관계를 삼가는 것과 혼인관계 안에서 정절을 지키는 것이 에이즈의 확산을 막는 데 지대한 역할을 할 것이라는 데에는 이견이 없다. 물론 부모가 에이즈로 죽어서 생겨난 고아의 문제나, 에이즈 환자를 돌보는 일, 그리고 모든 사람들이 성령운동 교회에서 주창하는 성적 규범을 따르지 않는다는 사실을 이겨내야 하는 점은 장기적으로 해결해야 할 문제이기는 하다. 그리고 다른 한편으로 빈곤의 문제는 종종 체제와 연관되며 구조적이다. 분명히 우리가 앞에서 지적한대로 일부 성령운동가들은 자본주의 체제 안에서 빈곤을 이겨내고 성공할 수 있다. 그러나 빈곤이 만들어 내는 더 큰 문제는 국제적 비즈니스와 교역에 대한 정책을 포함하여 다양한 수준에서의 정책적 변화를 통해서만 해결될 수 있다.

그래서 구조적 악을 강조하는 해방신학은 성령운동가들로 하여금 도덕적 완성을 추구하는 개인주의적 관점을 뛰어넘어 인간의 삶을 제한하는 구조적 요인의 중요성을 이해하도록 촉구한다. 현재까지 오순절 교인들은 글로벌 자본주의 내에서 부의 분배의 공정성에 대해 문제제기를 하지 않고 있다. 그 대신 성령운동가들은 자본주의 경제 체제가 수많은 사람을 빈곤 속에 가둬두는 일을 함에도 불구하고, 이 체제 안에서 자신의 신분상승을 위해서 노력해왔다. 그 결과 성령운동과 자본주의 사이의 상호상승 효과에 대한 우리의 주장은 많은 개종자들이 상승적 사회이동을 체험한다는 점에서 경험적으로 옳다. 그러나 이 방정식에서 빠진 것이 있다면 바로 유대-기독교적 전통의 중요한 요소로서 사회정의에 대한 성경적 강조이다.

제 7 장

평신도를 리더로 세우는 교회

제 7 장

평신도를 리더로 세우는 교회

　우리가 연구한 많은 교회들은 개척 1세대 교회들이거나 아니면 담임 목회자가 부임했을 때 성도들이 거의 모이지 않던 교회들이었다. 십년 이내에 교회들은 급성장했고, 수천 명이 다니는 초대형 교회로 성장하기도 했다. 담임 목사는 대개 역동적이고 카리스마적이고 어떤 면에서는 권위주의적인 리더들이었고, 그들의 가치관이 교회 전역에 스며들어 있었다. 동시에 이 교회들 대부분은 모든 신자가 제사장이라는 사실을 굳게 믿고 있었고, 평신도에 의해 사역이 진행되어야 한다는 원칙도 가지고 있었다. 표면적으로 보면 이것은 모순이다. 어떻게 위에서 강력한 지도력을 발휘하는 리더가 평신도의 적극적인 지도력을 인정할 수 있겠는가? 이 수수께끼를 풀기 위해서 우리는 교회의 스탭들과 평신도 지도자들과 인터뷰를 하기 시작했다.

　이처럼 매우 크게 성장하고 있는 교회의 목회자들은 비전으로 충만하고, 창조적이며, 자신을 향한 하나님의 뜻에 대해 확신을 가지고 있는 사람들이었다. 싱가포르의 한 대형 교회의 목회자는 "하나님은 위원회를 세우시지 않고 리더를 세우신다."라고 말했다. 그는 계속해서 말하기를 성령운동 교회와는 대조적으로 주류 교단의 교회들은 모든 일에 위원회를 세우고, 아주 시시콜콜한 문제에도 끝없는 논쟁을 펼치며, 문제의 해결보다는 갈등을 더 양산하는 모임에 시간을 소모한다고 말했다. 우리가 연구한 교회들은 성도들이 직접 사역할 수 있도록 권한을 부여함으로써, 담임 목회자가 가진 비전을 실천하는 특징이 있었다.

만약 어떤 사람이 교회가 나아가는 방향에 대해 만족하지 못한다면, 그 사람은 나가도 된다. 대형 교회의 목회자가 권위주의적이지 않은 경우는 거의 없다. 싱가포르의 카리스마적 교회들의 성공을 지켜본 어떤 목회자는 "당신이 나를 따르던가 아니면 나가든가"가 이 교회들에게 잘 적용된다고 말했다. 그러나 사람들이 계속 교회에 남아 있는 것은 담임 목회자가 하나님이 주신 비전에 맞추어 일한다고 믿기 때문이다. 불만이 있는 사람들은 교회를 떠난다. 그렇다고 모든 사람을 붙잡으려고 하나의 틀 안으로 구속하려는 시도도 없다. 우리가 연구한 대도시 지역의 사람들은 성령운동 교회를 비롯하여 선택할 만한 교회들이 무수히 많다. 그러므로 세심한 노력을 기울여서 모든 사람의 동의를 얻고 만족시키는 일은 그다지 큰 미덕을 갖지 못한다. 사실 사역을 더욱 효과적으로 하기 위해서는 불평하는 사람들이 자신의 취향에 맞는 교회로 떠나고, 남아 있는 사람들이 하나의 비전을 붙잡고 나아가야 한다.

우리에게는 민주적 방식에 대한 본능적인 선호감이 있고, - 특히 서구인들이 그렇지만, - 사실은 좋은 뜻의 권위주의적 지배에도 미덕이 있기는 하다. 만약 담임 목회자가 모든 의제를 위원회나 이사회에 붙이지 않아도 된다면 의사결정을 빠르게 진행할 수 있을 것이다. 담임 목회자들은 이렇게 단순하게 말한다. "하나님이 나에게 이렇게 하라고 하셨다." 또는 같은 말을 조금 수위를 낮춰서 이렇게 표현하기도 한다. "내가 느끼기에 하나님은 우리 교회에 이런 일을 하라고 맡기신 것 같다." 이런 요소들은 관료주의의 늪에 빠져서 허우적거리는 교회들보다 앞설 수 있는 장점을 제공한다. 대개 관료적 교회들은 위원회에서 모든 사람의 의견을 듣느라고, 그것도 대개 논점에서 벗어난 사람들의 의견을 듣느라고 시간을 허비한다. 성공한 목회자들은 작은 일에 신경을 쓰지 않는다. 그들이 하는 일은 비전을 제시하는 일이고, 그것을 실행하는 것은 평신도들의 몫이다. 담임 목회자가 창조적인 비전을 가지고 있는 자라면, 그 비전을 어떻게 현실화할 수 있는지 잘 알고 있는 사람은 평신도들이다.

담임 목회자들이 진공 상태에서 사역하지 않고 있다는 사실은 명백하다. 그들은 자신의 성도들의 필요를 잘 안다. 담임 목회자는 많은 성도들에게 접근이 가능하고, 목회자도 '교회'의 일부일 뿐이다. 어떤 관찰자에 의하면, 성령운동 교회 목회자의 성공의 비밀은 '성도들의 형편을 매우 잘 안다.' 는 사실이다. 다시 말해 성령운동 교회 목회자는 교회가 위치한 사회적 상황이 만들어낸 작품이다. 신학교나 기타 고등교육으로 인해 그들의 감수성이 무뎌지지 않는다면, 그들은 자신의 성도들의 필요, 욕구, 꿈을 이해할 뿐 아니라 그 교회를 둘러싼 지역사회의 필요도 매우 잘 감지한다. 이것이 바로 비전으로 충만한 목회자가 품은 아이디어가 신선하고도 앞선 것이 되도록 만드는 힘이다. 그들은 단지 책을 읽거나 다른 사람의 아이디어를 빌려서 자신의 비전을 만들지 않는다. 그들은 직접적으로 사람들의 필요에 대응하는 과정에서 비전을 생성시키는 것이다.

사실 목회자가 이루는 혁신의 원천은 그들 자신의 경험인 경우가 많다. 많은 이들이 매우 극적인 회심의 경험을 가지고 있다. 그들에게 변화는 추상적인 개념이 아니다. 그들은 이것을 전인격적으로 경험했다. 예를 들어 어떤 목회자는 자신이 '구원받은' 후에 수개월 동안 눈뜨고 있는 시간은 온종일 성경책을 읽었으며, 심지어 화장실에서도 그렇게 했다고 말했다. 사도 바울처럼 그들은 회심 이후에 완전히 세계관이 바뀐 것이다. 그런 목회자들은 매일 하나님을 찾는 것을 습관화하여 성령께서 자신의 사역에 힘을 주시도록 기도한다. 이런 묵상의 시간에 큰 아이디어들이 번쩍이고, 실천이 가능할까 의심되는 아이디어들도 나온다. 담임 목회자가 성도들에게 제시하는 많은 비전은 위원회에서는 꿈조차 꾸지 못했던 것들이다. 이 비전의 실행에는 어려움이 많다고 말하는 반대자들이 너무나 많다.

목회자의 리더십

많이 성장하는 성령운동 교회들은 매우 수평적인 조직 구조를 가지고 있다. 담임 목회자는 창조적인 비전 메이커이다. 그들 밑에 부목사나 교회 스탭들이 존재하지만 그들은 교회에서 자라난 사람들로서 교회의 일에 대해서 잘 아는 사람이다. 사실 대부분의 성장하는 교회들은 교회 바깥에서 일꾼을 스카웃하지 않는다. 부목사들은 주로 담임 목회자에게 가르침과 교육을 받아서 같은 비전을 품고 있는 사람들이다. 그렇지 않았다면 오래 전에 교회를 떠났을 것이다. 부목사의 역할은 교회의 사역을 직접 '하는' 것이 아니라 다른 사람들이 할 수 있도록 '돕는' 일이다. 그들은 '사역자' 라기보다는 평신도를 훈련하고 돕는 '구비자' 들이다. 대형 교회에서는 모든 성도들을 돌볼 수 있는 충분한 사역자를 채용하는 것이 불가능하다. 만약 만인제사장 교리가 존재하지 않았다면, 그것은 필요로 인해서도 만들어졌을 것이다.

우리가 이야기를 나누었던 몇몇의 똑똑한 담임 목사는 자신이 없으면 일이 안 되는 구조가 아니라 자신의 사역이 복사되고 확장될 수 있도록 하는 일에 우선순위를 두고 있다. 예를 들어 나이로비의 성장하는 교회의 담임 목사는 오직 절반만 설교를 하는데, 그렇게 함으로써 자신이 지도하는 목회자들이 설교의 기술을 개발할 수 있도록 기회를 주는 것이다. 그는 성공을 자신이 중요한 정도나 필수불가결한 정도로 측정하는 것을 거부한다. 그는 다른 사람의 재능을 개발시키는 일을 사명으로 여기고 있다. 다시 말해서 자신의 자리를 이어받은 후에 다른 교회를 개척함으로써 사역을 확대해 나갈 수 있는 인재를 훈련하는 일에 집중하는 것이다.

어떤 측면에서 보면 과도한 카리스마를 가진 목회자는 자기 자신에게나 교인들에게 딜레마를 일으킬 수 있다. 왜냐하면 추종자들이 교회의 비전보다는 지도자 자체에 빠질 위험이 있기 때문이다. 우리는 케냐의 한 목회자와 대담을 했는데, 그는 교회를 개척해서 단기간 내에 대형 교회로 성장시킬 수 있는 능력이 있었다. 그가 말하는 것을 들을 때 그의 매력은 강단에서의 설교라는 것을 감지할 수 있었다. 그러나 단지 개인적 재능을 이용하기보다는 그는 교회를 개척하여 몇 년 후에는 다른 사람에게 넘겨주는 일을 반복적으로 하고 있었다. 물론 대형교회의 목회자에게 다가오는 유혹이란 성도들에게 존경받는 자리에 편안히 안주하거나, 일종의 우상이 되어서 인물 숭배의 안락함을 맘껏 즐기는 것이다. 이런 일이 종종 일어나지만, 우리가 인터뷰한 많은 목회자의 특징은 보통 사람이 빠지는 유혹을 비껴나가 다른 길을 가고 있다는 점이었다.

그럼에도 불구하고, 어떤 사역의 초창기에는 교인들이 개척 목회자에게 개인 숭배적인 애착을 보이기도 한다. 한 젊은 성공한 목회자에 대해 어떤 사람은 이렇게 평한다. 그 목회자의 교인들에게 문제는 과연 목회자의 요청에 점프를 실행할 수 있을지의 여부가 아니라 '얼마나 높이' 점프하느냐의 문제라는 것이다. 특별히 갓 교인이 된 사람이나 젊은 세대들이 이렇게 행동하는 것은 어느 정도 이해할 수 있다. 그러나 이런 스타일의 리더십은 많은 잠재적 문제를 안고 있는 것도 사실이다. 목회자 당사자에게는 하나님의 뜻을 자신의 야망과 혼동하는 문제가 있을 수 있다. 교인들에게는 목회자의 신령한 비전이 아니라 그 사람 자체에 대한 매력에 사람들이 모인다면, 성장이 정체될 수 있는 가능성이 존재한다. 그러므로 강력한 개인적 카리스마를 소유한 지도자들에게 끊임없이 다가오는 도전은 어떻게 비전으로 충만한 리더가 되면서도, 비전을 공유한 평신도들에게 사역을 나눠주느냐의 문제이다.

평신도들에게 사역을 나눠주기

교회가 조직되는 다양한 방식은 2가지의 비유적 표현으로 설명될 수 있다. 가톨릭교회와 다른 주류 개신교 교단과 연관되는 비유는 피라미드의 비유이다. 교황, 대주교, 혹은 통솔 주교(이것은 교단 전통에 따라 용어가 다르다) 등이 피라미드의 최고 정점을 차지한다. 그리고 피라미드의 하층으로 내려갈수록 권위의 수준이 넓게 퍼지고, 맨 밑에는 조직의 절대 다수를 차지하는 평신도들이 위치하게 된다. 분명 이것은 위계적인 질서라고 할 수 있는데, 책임의 소재가 분명이 드러나는 특징이 있다. 이런 조직은 매우 일면적이고, 서로 다른 역할을 매개하는 중간적 집단의 존재를 거의 허용하지 않는다.

또 다른 비유는 대부분의 성장하는 성령운동 교회의 조직을 드러내는 것으로서 이것은 유기적인 모델이다. 이것은 쉴 새 없이 유동적으로 흐르는 연결고리와 서로 다른 집단 간의 연합이 존재하는, 살아있는 생명체와 같은 것이다. 각각의 독립적인 부분은 전체 유기체의 활동에 없어서는 안 되는 존재이다. 어떤 부분도 다른 부분보다 중요하다고 말할 수 없으며, 어떤 한 부분이 죽으면, 몸 전체가 죽는 식이다. 이런 식의 유비적인 표현은 사도 바울이 고린도전서에서 잘 표현한 바 있으며, 성령운동 교회의 목회자와 이른바 '창발적 교회'(emergent church)1)라 불리는 조직의 지도자들이 이 구절을 흔히 인용한다. 사도 바울은 교회를, 예수 그리스도가 머리된 일종의 몸으로 비유한다.

"은사는 여러 가지나 성령은 같고 직분은 여러 가지나 주는 같으며 또 사역은 여러 가지나 모든 것을 모든 사람 가운데서 이루시는 하나님은 같으니 각 사람에게 성령을 나타내심은 유익하게 하려 하심이라 어떤 사람에게는 성령으로 말미암아 지혜의 말씀을, 어떤 사람에게는 같은 성령을 따라 지식의 말씀을, 다른 사람에게는 같은 성령으로 믿음을, 어떤 사람에게는 한 성령으로 병 고치는 은사를, 어떤 사람에게는 능력 행함을, 어떤 사람에게는 예언함을, 어떤 사람에게는 영들 분별함을, 다른 사람에게는 각종 방언 말함을, 어떤 사람에게는 방언들 통역함을 주시나니 이 모든 일은 같은 한 성령이 행하사 그의 뜻대로 각 사람에게 나누어 주시는 것이니라 (고전 12:4-11, 개역개정)."

사도 바울은 계속해서 말하기를 교회는 많은 다른 지체들이 모인 몸이다. 손이 발보다 더 중요하지 않고, 눈이 귀보다 더 중요하지 않다. 사실 바울은 더 약하게 보이는 지체가 더 쓰임이 있으며, 하나님은 더 눈에 잘 띄는 지체만큼이나 약한 지체를 귀하게 보신다고 말한다. 성령의 다양한 은사와 그에 따른 직책 – 사도, 선지자, 교사, 기적을 행하는 자, 신유 사역자 등 – 을 나열한 후에 바울은 모든 기독교인에게는 한 가지 주된 포괄적인 책임이 있는데, 그것은 사랑을 실천하는 것이라 결론짓는다.

우리가 연구한 교회들을 움직이는 조직의 원동력은 사람들로 하여금 은사를 발견케 하여 교회 전체의 유익을 위해 사용하도록 돕는 것이다. 교회에는 '벤치에 앉아 있는 후보 선수'의 개념이 없다. 모든 사람이 무언가 기여를 한다. 목회자의 역할이란 사람들이 은사를 발견하여 직접 실생활에서 활용하도록 돕는 '조력자'에 불과하다. 오순절 교인들의 관점은 다음과 같다. 교회 지체 중에 은사가 없는 사람은 아무도 없다. 그리고 건강한 교회는 모든 성도가 은사를 활용하는 교회이며, 자신을 위해서가 아니라 교회 공동의 유익을 위해서 활용하는 교회이다.

그러나 은사는 개발되어야 할 필요가 있으며, 이를 위해서는 멘토링, 훈련, 공부가 필요하다. 그러나 이런 교회들에서는 어떤 은사 개발의 철학이란 것이 존재하지는 않는다. 그냥 은사는 활용되는 과정에서 개발될 뿐이다. 건강한 교회는 모든 사람이 자신의 기능을 감당하는 교회이다. 예를 들어 마닐라에 있는 한 평신도는 우리에게 이렇게 농담처럼 이야기한 적이 있다. 자신은 '의자 담당자'(chairman)이라 부르는데, 자신의 일은 탁 트인 예배 공간에 5천명이 앉을 의자를 펴 놓고, 예배가 끝나면 주중에 학교에서 공간을 활용하도록 의자를 걷어 치운다는 것이다.

교회가 더 역동적일수록, 교회의 모든 성도들이 어떤 역할을 맡게 될 가능성이 높아진다. 다시 말해서 어떤 사람은 안내를 하고, 다른 사람은 음향 시스템을 조절하며, 또 다른 사람은 성가대에서 찬양을 하고, 아니면 교회의 다양한 사회봉사 사역에 헌신하거나, 병자를 심방하고, 아이들을 교육시키며, 교회를 청소하고, 정원을 가꾸는 등의 일을 한다. 이런 모든 활동이 갖는 함의는 사람들이 교회에 한 식구가 되는 느낌을 갖게 된다는 점이다. 참여를 통해 주인의식이 함양되는 것이다.

자신의 은사를 잘 활용하는 사람의 더 극적인 사례는 바로 홍콩의 재키 풀링거(Jackie Pullinger)이다. 마약 중독자들이 헤로인에 취해서 풀링거의 예배 모임에 처음으로 온다. 중독자들이 환각 상태에 있는데도 풀링거는 어떻게 서로를 위해서 기도하는지 가르친다. 그리고 얼마지 않아 그들은 기적적인 치유를 경험한다고 한다. 그들은 사도 바울이 고린도전서에서 이야기한 은사에 대해 알기도 전에 이미 예언도 하며, 다른 성령의 은사를 나타낸다. 풀링거가 보기에 성령이 주도권을 가지고 먼저 이끄신다. 그리고 책을 통해 얻는 지식이 뒤따른다.

피라미드식 위계질서 속에서는 최고 정점에 위치한 일군의 지도자들이 자신의 자리를 영원히 차지하고 있어서 다른 사람의 진입을 차단하고 있다. 유기적으로 조직이 운영되어 성장하고 있는 조직에서는 새로운 세대가 계속해서 탄생한다. 조직이 커지면, 세포 조직을 발전시키는 일과 함께 사람들이 새로운 역할을 맡도록 훈련해야 하는 필요가 대두된다. 그러나 조직이 성장하지 않는다면, 리더십에 있는 사람들은 딱딱하게 굳어지고 자신의 영역을 지키려는 경향을 나타낸다. 그러나 확장되고 있는 조직에서는 언제나 개인의 발전이라는 가능성이 존재한다.

어떤 면에서는 이런 교회의 조직적 구조는 혁신의 문화를 존중하는 최첨단의 회사의 것과 유사하다. 그런 회사에서는 외부적인 모습은 별로 중요하지 않은 것으로 생각된다. 옷도 캐주얼하게 입고, 직위를 내세우는 일도 없고, 직장 환경도 전체 공동체를 위해 개방되어 있고, 팀도 임시로 형성되어 목적을 달성한 후에는 자동적으로 해체된다. 이런 일이 혁신적인 교회들에게서 많이 일어난다. 협동이 위계질서보다 더 중요하다. 대개 앞에서 비전을 제시하는 사람(예를 들어 담임목회자)이 있지만, 사역은 서로 협력해서 감당한다. 어떤 사람도 직위나, 학위나, 외양적 부속물에 대해서 별 관심이 없다. 소규모 팀들은 자신이 위계질서에서 차지하는 위치가 아니라 자신의 은사에 기반하여 특정한 문제를 해결하려고 노력한다. 목회자는 평신도들이 일을 하도록 돕는 일에 헌신하고 있지만, 그 일이 어떻게 진행되고 있는지에 대해서도 많은 관심을 투자하고 있다.

사역을 감당할 때, 투명성과 겸손은 중요한 가치이다. 학위나 직위를 갖는 것은 그리 중요하지 않다. 사역을 얼마나 진실되게 감당하느냐가 관건이다. 자아성취감이 일을 추진케 하는 원동력이 아니다. 중요한 것은 과연 성령이 그 사역 가운데 임재하는지의 여부이다. 예를 들어 재키 풀링거는 자신이 하는 일을 '사역'이라는 단어로 부르는 것을 거부한다. 그저 자신은 무조건적으로 사람을 사랑하는 일을 실천할 뿐이라고 말한다. 이것은 사도 바울이 성령의 은사에 대해 말하면서 사랑을 강조한 것과 궤를 같이 한다. 심지어 헤로인 중독자도 자신의 친구이며, 가족을 대할 때와 같은 존경심으로 그들을 대해줘야 한다고 믿는다. 풀링거는 '성공'과 '실패'에 대한 통계 자료를 산출하지 않고 있는데, 그렇게 하려면 관료적 조직이 도입되어야 하고, 그렇게 하다보면 인간을 대상화하는 우를 범할 수 있다고 보기 때문이다. 진흙을 물과 섞어서 맹인의 눈에 발라 눈을 뜨게 한 예수 그리스도의 모습에서 착안하여, 그녀는 자신과 주변의 기독교인들을 '진흙을 내뱉는 사람'(mud-spitter)이라 부른다. 풀링거와 그녀와 함께 일하는 봉사자들은 사람들을 위해 기도하며, 사람들을 조건 없이 사랑하고, 나머지는 하나님께 맡기면서 나아가고 있다.

셀 그룹(Cell Group)

우리가 연구한 성장하고 활력 넘치는 성령운동 교회의 많은 교회들은 셀 그룹 모델을 받아들여 교인들을 조직하고 있었다. 부분적으로 이 모델은 스스로를 방어하기 위해서 채택된 것이다. 우리가 한 목회자에게 왜 이런 셀 그룹 모델을 채택했는지 물어보았을 때 그는 이렇게 대답했다. "왜냐하면 우리 교회 목사님이 매일같이 아침 8시부터 밤 12시까지 일하기 때문입니다." 수천 명의 교인들이 출석하고 있기 때문에 그들의 필요와 욕구를 채워주기 위해서는 수많은 교역자들이 필요할 것이다. 그러나 셀 그룹 모델은 일반 성도들로 하여금 일하게 하는 것이고, 교역자는 단지 도와주고 감독하는 역할만 맡는다. 그렇다고 해도 셀 그룹 모델을 어설프게 시행하는 교회는 실패하게 마련이다. 다시 말해서 셀 그룹 모델을 도입하려는 교회는 모든 평신도가 사역에 동참하는 식으로 완전히 시스템을 바꾸어야 하고, 그렇지 않다면 위원회가 있어 교역자들이 일을 많이 하는 과거의 시스템에 안주해야 한다. 이 2가지 시스템을 혼합하는 것은 별로 좋은 대안으로 보이지 않는다. 성공하기 위해서는 사역을 분권화(decentralization) 하는 셀 그룹 모델을 철저하게 수행해야 한다. 이런 강력한 헌신과 투자가 없다면, 피라미드 비유와 유기체 비유가 서로 부딪히는 것에 상응하는 패러다임의 충돌이 생겨난다. 서로 부딪힌 것은 비유였지만, 그 결과는 현실 세계에서 나타나게 마련이다. 바로 유기체적 조직 모델은 상하 위계적 조직 운영과 충돌하게 되는 것이다.

비록 셀 그룹 모델을 운영하는 방법은 여러 개가 있다고 하더라도 다음의 특징을 공통적으로 갖는다. 한 셀 그룹에 적정 인원은 7-10명이다. 셀 그룹이 15명 이상으로 자라나면, 분리해서 새로운 그룹을 만들어야 한다. 대부분의 셀 그룹은 한 명의 리더와 한 명의 부리더가 있다. 셀 그룹이 분리되면, 부리더가 새로운 그룹을 맡게 되고, 기존의 리더는 계속 기존 그룹을 돌본다. 셀 그룹이 계속 분할될 것이라는 전망 속에서 부리더들이 선택되고, 실제로 어떤 셀 그룹은 몇 명의 인턴을 두어서 나중에 부리더, 리더로 성장하도록 돕고 있다.

교인들은 지리적으로 서로 다른 지역으로 구분되며, 각각의 지역은 목회자(또는 평신도 지도자)들이 감독하게 된다. 정기적으로 감독자는 개별 셀 그룹 리더들과 미팅을 갖는다. 어떤 교회에서는 셀 그룹 리더에게 커다란 자율권이 부여되어 리더들의 정기 모임은 단지 일어난 문제들을 조정하는 정도에 그친다. 다른 교회에서는 셀 그룹 리더들이 함께 모여 목회자와 멘토링의 관계를 맺는다. 목회자는 셀 그룹 리더에게 일주일 동안 그들이 가르칠 내용을 전달한다. 셀 그룹 모임은 대개 교회가 아닌 집에서 행해진다. 셀 그룹은 보통 동질적인 사람들이 모이며, 특정한 지역에서 사는 교인들로 구성된다. 이런 경향을 상쇄하기 위해서 직업이나 일과 관련하여 조직된 셀 그룹이 존재한다. 소수의 경우에서, 우리는 다세대로 구성된 셀 그룹을 발견했다. 물론 그런 셀 그룹의 주된 참석자는 어른들이다. 그들은 셀 그룹 안에서 형성된 우정을 토대로 하여 가족들끼리 함께 밖으로 소풍을 나가기도 한다.

셀 그룹 모임은 다음과 같이 진행된다. 첫째, 사람들이 참석하는 과정에서 가벼운 대화들이 오고간다. 특히 사람들끼리 서로 모르는 관계라면 서먹서먹할 분위기를 깨기 위해 게임 같은 것도 한다. 그리고 나서는 기타나 다른 악기를 동원하여 반주를 하면서 짧게 찬송을 부른다. 그런 다음 그룹의 리더가 성경 공부를 인도한다. 리더가 혼자서 성경 공부를 인도하는 경우는 많지 않고, 대개 시작하는 멘트만 한 뒤에 성경 구절에 대한 그룹 토의가 이어진다. 그 때에는 셀 그룹 구성원들이 직면한 문제에 대해 성경 말씀을 적용하는 데에 초점이 맞춰진다. 30분 정도 지난 후에 리더는 기도 제목이나 감사의 제목이 있는지 물어본다. 대개 서로 나누는 대화와 토론은 매우 친밀하고 개인적이다. 멤버들이 처한 문제들, 예를 들면 가족, 직장, 병 등 다양한 주제에 대해서 이야기를 나눈다. 어떤 셀 그룹에서는 병 고침을 원하는 사람 주위에 구성원들이 모여서 손을 얹어 기도하기도 한다. 그렇지 않으면 사람들이 자발적으로 기도하기도 한다. 1시간 정도 지난 후에 정식 모임은 마치게 되고 간단한 음식이 나온다. 이런 모임은 2시간을 넘기는 경우가 거의 없으며, 때때로 멤버들이 가족이나 일이나 직장에 충실하도록 1시간 후에 모임을 끝내자는 합의가 이뤄지기도 한다.

셀 그룹 철학을 강하게 받아들이고 있는 교회에서는 교회의 많은 사역이 셀 그룹의 구조와 연결되어 있다. 그런 교회에서는 아픈 사람이나 어려운 처지에 있는 교우들을 방문하는 부목사들이 활동하기보다 그런 기능은 셀 그룹 자체의 활동에 통합되어 있다. 다시 말해 셀 그룹의 구성원들은 서로를 위해서 기도함으로써 서로 돌본다. 만약 어떤 구성원이 특별히 어려운 상황에 처해 있을 때에는 셀 그룹 자체가 하나의 자원이 된다. 셀 그룹은 옛날의 대가족과도 같은 기능을 하는데, 서로의 감정적인 짐을 지거나, 각자의 단기적인 문제들을 해결하는 데에 힘을 모으는 것이다. 셀 그룹은 그 지역 안에서 어떤 사회적 기능을 담당하고 있다는 자의식을 지닌다. 그들은 지역사회 내의 특정한 필요를 충족시키려고 하고, 그럼으로써 그리스도의 사랑의 윤리를 전파한다. 어떤 때에는 그들은 지역사회 안에서 그 어떤 전략적 의도가 없는 '무작위적인 사랑의 행위'를 실천하기도 한다.

셀 그룹이 존재하는 주된 목적이 전도인 경우는 거의 없다. 그러나 전도는 이웃을 돌볼 때 자연스럽게 이뤄지는 부산물과도 같다. 교회 밖의 사람들은 셀 그룹의 따뜻함과 포용력에 감동하여 이끌린다. 사람들은 몇 번 모임을 지켜보고, 성경을 공부하기 시작하며, 기도 제목을 내어놓게 되고, 만약 기도가 응답되기라도 하면, 완전히 셀 그룹에 사로잡히게 되는 것이다. 그래서 셀 그룹은 교회의 연장(延長)이 된다. 셀 그룹은 벽이 없는 교회이며, 종교에 대한 나쁜 선입견으로 인해 교회 안에 전혀 들어가 보지 않은 사람과 관계를 맺는 통로이다. 교회보다는 어떤 사람의 집에 들어오는 것은 사실 자연스러운 일이다. 특히 다른 사람이 나를 따스하게 반겨줄 때에는 더욱 그러하다.

사역이 셀 그룹 안에서 이뤄지기 때문에 주일 아침 예배는 축제와도 같이 진행된다. 그 때는 모든 형태의 가족들이 함께 모이는 때이다. 주일은 더 이상 기독교인의 삶의 중심점이 아니다. 오히려 진정한 사역은 셀 그룹 안에서 평일에 이뤄지며 따라서 주일은 셀 구성원이 보기에 하나님이 자신들의 삶에서 역사하신 사건을 경축하는 시간일 뿐이다. 주일은 또한 교회의 더 큰 비전을 반복해서 듣는 시간이다. 교회의 공동체적 가치관을 강화함으로써 각각의 셀 그룹 안에서 복제되어야 할 교회 사역의 핵심을 정의하는 시간이다. 셀 그룹의 구성원들에게 교회는 하나의 몸이며, 그렇기에 정기적으로 교회의 정체성을 공고히 하는 것은 중요하다. 그렇지 않으면 교회 안의 다양한 셀 그룹은 전체와 연결되어 있는 느낌을 잃어버리고 말 것이다.

성장하는 성령운동 교회에 왜 셀 그룹이 많이 도입되고 있는지를 평가하면서 몇 가지의 요소를 발견하였다. 이미 앞에서 언급한 것처럼, 첫 번째 요인은 셀 그룹 구조가 성장을 다루는 방법이기 때문이다. 셀 그룹 구조는 사역의 책임을 평신도들에게 나눠준다. 그래서 수천 명의 사람들을 돌보아야 하는 목회자의 부담을 덜어준다. 두 번째 요인은 셀 그룹은 리더십을 기를 수 있는 실험실과도 같다. 셀 그룹의 구조는 리더십을 피라미드의 정점에 있는 소수에게 집중시키지 않는다. 오히려 교인들 중 7명이나 8명 중 1명은 반드시 리더십의 역할을 감당하도록 하며, 성장하는 교회에서는 셀 그룹이 분할되고 새로운 리더가 채용됨에 따라 리더십의 상향 이동 현상이 활발하다. 이것은 대부분의 피라미드형 조직을 이끄는 정체된 리더십과는 너무나도 거리가 먼 이야기이다. 세 번째로 셀 그룹은 기독교인의 정체성을 형성하는 중요한 장이다. 셀 그룹의 모든 사람은 이야기하도록 기회를 부여받는다. 셀 구성원들이 보기에 하나님께서 그들의 삶에서 행하고 계신 일을 간증하든지, 성경 구절에 대한 나름의 해석을 제시하든지, 성령께서 주셨다고 믿어지는 특정한 은사를 사용하든지 그들은 말해야 한다. 네 번째로 셀 그룹은 탈근대의 도시 사회에서 사는 거의 모든 사람이 겪고 있는 문제를 돌본다. 즉 공동체성의 결여, 다양한 세계관과 진리 주장이 각축을 벌이면서 파생되는 불확실성, 경쟁적이고 개인주의적인 환경에서 살기 때문에 나타나는 무규범 상태를 이기도록 도와준다. 잘 작동하는 셀 그룹은 대가족과도 같다. 셀 그룹이 구성원의 감정이나 육체적 문제를 도와주는 장이 될 뿐 아니라 구성원들이 보고 배워야 할 도덕적 모델을 제시하는 장소가 되기도 한다. 그리고 마지막으로 이 점과 관련하여 셀 그룹은 사람들이 사랑과 돌봄과 관심을 받기 원하는 욕구를 채워준다는 것을 기억할 필요가 있다. 셀 그룹 안에서 사람들은 서로 만지고, 껴안으며, 서로를 가치 있는 존재로 받아들인다. 이런 식으로 셀 그룹은 사람들이 타인에게 이타적인 사랑을 보이는 곳이며, 감각중심적인 오늘날의 문화에서는 감히 시행하기 어려운 일이 행해지는 곳이다.

신학적 교육

우리는 매우 성공한 목회자들 중에 얼마나 많은 숫자가 신학교 학위가 없는지를 알고 깜짝 놀랐다. 그들 중 일부는 교육을 잘 받기도 했지만, 신학 교육은 받지 못했다. 그들의 주된 신학 교육이란 성경을 읽거나, 존경하는 목회자의 지도를 받거나, 사역을 위해서 리더십에 대한 일반 서적을 비롯하여 다양한 책을 열심히 읽은 것뿐이다. 우리는 많은 대형교회 목회자들이 정규 교육은 거의 받지 못한 채 단지 성경학교에 조금 다닌 것밖에 없다는 것도 알아냈다. 예를 들어 우리가 마닐라에 처음 갔을 때, '예수는 주님 운동'(Jesus is Lord movement)을 하고 있는 젊은 목회자들 모임에 초대된 적이 있다. 그들은 돌아가면서 자신을 소개하는데, 자신의 교회는 800명, 또는 1,200명, 또는 2,000명이 다닌다고 스스럼없이 말하였다. 대개 그들은 목회한 지 6년이나 7년밖에 되지 않는다. 그들은 극적인 회심을 경험한 후에 목회자의 길에 들어섰다. 그들은 밤낮으로 성경을 읽기 시작했고, 그들이 하는 간증과 가르침에 새로운 신자들이 끌리게 되자 리더십의 위치에 자연스럽게 들어가게 되었다. 그들은 다양한 문제에 직면하였을 때 '예수는 주님 운동'의 리더들을 찾아가 조언을 구하면서 목회적 기술을 개발하였다. 그들은 '예수는 주님 운동'이 제공하는 단기 코스의 교육을 받으면서 배우기도 하였고, 해답을 찾기 위해 교육생들끼리 서로 의견을 교환하고 성경을 탐독하면서 배우기도 하였다.

개발도상국의 많은 목회자들에게 3년 동안의 신학교 교육은 그림의 떡이다. 누가 그들의 수업료를 지불할 것인가? 누가 그들의 가족을 돌볼 것인가? 더 나아가 그들의 지도 속에서 이미 성장해버린 교회를 누가 대신 이끌어나갈 것인가? 신학, 목회 사역, 성경에 대해 단기 코스로 배우는 것이 더 좋은 대안이 된다. 기독교회의 발전사, 다양한 신학 교리의 변천사, 변증학과 해석학의 이론 등을 아는 것은 바람직한 일일 것이다. 그러나 현재 상황에서 이들이 원하는 것은 그들의 삶이 왜, 그리고 어떻게 변화되었으며, 이런 경험이 다른 사람의 삶에 어떻게 적용될 수 있는지 외치는 일이다. 그들은 역사를 쓰고 있는 사람이지 공부하고 있는 사람은 아닌 것이다.

몇 명의 담임 목회자는 젊은 목회자를 신학교로 보내는 일의 위험성을 지적한다. 비록 그들이 그 정도의 여유는 있다고 하더라도, 자칫 그들이 돌보고 섬겨야 할 사람들과 자신을 동일시하는 감각을 잃어버릴 수 있다는 주장이다. 신학교에 가게 되면 늘 어울리는 사람은 동료 목회자들이다. 그들의 말과 언어가 달라진다. 그들은 하나님이 가서 섬기라고 부르신 그 사람들이 사용하는 언어를 잃어버리게 된다. 그래서 많은 성장하는 성령운동 교회에서는 담임 목회자가 실제로 목회 현장에서 일하는 젊은 목회자를 선택하여 멘토링을 한다. 그들은 사람을 신학교 현장에 파견하여 배우도록 하는 것보다는 교회 안에 배우는 문화를 창조하여 직접 가르치는 것을 선호한다. 왜냐하면 신학교 현장은 그들이 통제할 수도 없고, 그렇기 때문에 믿을 수도 없기 때문이다.

그러나 사회 계층은 정규 신학 교육의 역할을 분석할 때 고려해야 할 요인이다. 부유하고 고등 교육을 받은 성도들은 신학적으로 교육을 잘 받은 목회자를 원하는 반면, 덜 교육을 받은 성도들은 사랑, 돌봄, 더 나은 삶에 대한 희망과 같은 기독교의 '열매'를 증거하는 일에 더 큰 관심을 보인다.

교회 개척과 전도

새로운 교회를 개척하는 일에는 많은 전략이 존재한다. 하나의 방법은 모(母)교회가 정기적으로 성도들을 인근 지역에 보내서 새로운 교회를 시작하도록 독려하는 것이다. 때때로 이런 새로운 교회들은 새로운 성도들을 돌보는 특명을 갖고 모교회에서 파송된 부목사에 의해 시작되기도 한다. 이렇게 작은 그룹의 성도들을 파견함으로써 새로 개척된 교회는 재정적 기반을 소유하고 훈련된 리더도 소유하게 된다. 이런 방법에서 얻을 수 있는 부가적 이득은 모교회 안에 리더십의 공백을 창조한다는 점이고, 기존의 성도들이 그 자리를 채워야 하기 때문에 리더십 구조 안에서 상향 이동과 역동성이 발생하게 된다. 그러나 때때로 모교회에서 너무 많은 인원이 빠져 나가기도 하고, 그래서 다시 힘을 회복하기까지 휴식이 필요할 때도 있다. 실제 상파울로의 커다란 천국 보편 교회(Universal Church)가 그러하였다. 우리가 교회를 방문했을 때, 자리가 1/3 밖에 차지 않았다. 성도들이 서로 갈등을 일으키거나 실망해서 그런 것이 아니라 이 교회에서 개척한 교회의 숫자가 너무 많아서 그런 것이었다.

교회 개척의 다른 전략은 '우정 전도'(friendship evangelism)라고 불리는 것이다. 두 개의 다른 기회를 이용하여 우리는 인도의 하이데라바드 근처의 60개 교회의 네트워크를 방문할 수 있었다. 힌두교가 지배하는 그 지역에서 기독교는 잘 알려져 있지 않았고, 전도를 통해서 교회를 개척하려는 사람들은 단지 사람들을 파악하는 일에 시간을 보내고 있었다. 그들이 어려운 상황에 처해 있는 사람을 발견하자 그를 위해서 기도하였다. 그런데 그 사람이 낫게 되었고, 소문은 삽시간에 퍼졌다. 그러자 교회 개척자는 관심있는 힌두교인들을 위해 성경공부를 시작했다. 기독교의 진리를 가르치는 일과 기도 응답이라는 2가지 수단을 통해 교회가 점점 커져 갔다. 기적의 역할에 대해 우리가 들은 한 가지 해석은 하나님은 읽을 줄 모르고 복음을 지적으로 이해하지 못하는 사람들을 위해 '이적(異蹟)과 기사(奇事)'를 통해서 구원하신다는 것이다.

때때로 교회 개척은 고도의 전략을 사용한다. 예를 들어 대형 교회에서 잘 훈련된 수련 목회자가 그가 보기에 교회가 필요한 장소를 발견하게 되면, 그 지역의 사람들의 필요를 알기 위해 집집마다 다니면서 사람들과 이야기하면서 실제 조사를 실시한다. 그 뒤에 교회의 사역은 조사 결과에 맞춰서 짜여진다. 사람들은 그 교회에 매력을 느끼게 되는데, 교회에서 병 고침이 일어나기 때문이 아니라 자신들이 직면한 문제가 직접적으로 다루어지기 때문이다. 사실 교회를 개척한 어떤 목회자는 '고통 받는 자를 타겟으로 하라.'고 말한다. 그는 사람들의 불행을 이용하라는 뜻으로 이야기한 것은 아니다. 그보다는 고통 받는 자에게 초점을 맞추는 것은 어려운 처지에 놓은 사람을 인종과 종족과 종교를 초월하여 도우라는 선한 사마리아인의 전략과 일치하는 것이다.

우리는 인터뷰를 하면서 천막 전도회와 같은 전통적인 방식의 교회 개척과 전도에 대해 심각한 비관론을 들을 수 있었다. 남아프리카공화국의 요하네스버그에 사는 한 사람은 전도 집회는 단순히 '기존 신자'의 수평 이동 현상만을 낳을 뿐이라고 비판했다. 베네주엘라의 카라카스에 있는 한 담임 목회자는 조금 표현을 완화하여, 전도 집회는 기독교인들이 자신의 정체성을 확인하고, 때에 따라서는, 기독교인의 하나 됨을 경축하는 데에 일차적 목적이 있다고 말했다. 많은 사람들이 주장하듯이, 모든 회심의 기반에는 신자와 비신자 사이에 형성되어 발전된 개인적 관계가 놓여 있다. 그래서 회심을 통해 교회를 개척하려는 시도는 기독교인들이 교회 밖에 있는 사람들과 친밀한 관계를 쌓는 일에서 출발한다. 온실 속의 화초처럼 세상과 분리되어 기독교인들끼리만 교제하는 것은 교회의 죽음을 초래할 것이며, 동종교배의 슬픈 현실만을 낳을 것이다.

몇몇의 경우에서 우리는 과거 식민지 영토에 있는 교회로서 선진국에 새로운 교회를 개척하려는 교회와 마주쳤다. 대부분의 경우 그런 교회들은 캐나다, 미국, 유럽으로 이민을 떠난 성도들을 위해서 교회를 개척한 것이다. 그러나 동아프리카의 어떤 교회는 호주에서 비(非)아프리카계 사람들을 위한 교회를 담대하게 시작하였다. 남반구에서 북반구로 선교 활동이 펼쳐지는 '역(逆)선교운동' 현상은 흥미 있는 현상이다. 그런 흐름이 비약적으로 성장할지는 서구의 교회가 얼마나 활력을 잃을지, 그리고 지난 수십 년 동안 보여주었던 개발도상국 교회의 역동성이 얼마나 지속될지의 여부에 달려 있다.

식민지 지배에 대한 저항

우리가 연구한 교회들 중 가장 성공적인 교회들은 외국의 원조에 기대지 않았고, 미국과 유럽의 선교사들에 의해서 운영되지 않았다. 사실 우리는 이런 식의 식민지적 영향은 교회를 힘있게 하지 않고 오히려 맥없이 만들어 버린다는 것을 자주 들었다. 외부의 원조는 의존성만을 낳을 뿐이다. 교회를 허약한 체질로 머물게 하여 스스로 독립할 수 없도록 만든다. 마찬가지로 외부에서 파견된 지도자는 돈을 끌어올 수 있는 능력 때문에 권력을 행사하는데, 본토인들을 이차적 지위로 밀어낸다. 니콜라스 벤구(Nicholas Bhengu)는 남아공에서 '하나님께로 돌아가기' 운동(Back to God movement)을 창시한 사람이다. 그는 미국을 여행할 때 하나님이 자신에게 "여기에 있는 하나님의성회 소속 교회에서 돈을 얻어가지 말라. 고국으로 가서 너희 교회에 있는 여성들에게서 돈을 얻으라. 그들에게 4가지를 가르치라. 첫째, 자신의 손으로 무언가를 하는 것, 둘째, 가족을 돌보는 것, 셋째, 남편을 주님께로 인도하는 것, 넷째, 남편을 설득하여 십일조를 드리게 하는 것이다." 벤구는 흑인들의 의식을 깨우는 운동의 선두주자였다. 우리가 남아공에 있을 때, 흑인들로 구성된 하나님의 성회 소속 교회에서는 연례 모임에서 70만 불 이상을 모금했다. 이것은 벤구가 '자족'(self-sufficiency)의 가치를 가르친 결과였다.

　우리와 이야기를 나눈 흑인 교회 지도자들은 외국의 선교사들이 기독교를 아프리카에 전한 것을 인정하며, 이것을 감사하게 생각한다고 고백했다. 그러나 그 선교사들은 더 이상 필요하지 않다. 사실 외부에서 지원되는 돈은 종종 부정과 부패를 낳는다. 요하네스버그의 한 교회 지도자는 말하기를 만약 서구인들이 남아공의 교회에 큰돈을 헌금하기 원한다면, 그 돈이 정확한 목적에 사용되는지를 감독할 사람도 함께 보내는 것이 좋다고 지적했다. 그는 어림잡아 계산하기를 본토인이 세운 조직은 외부의 원조가 전체 수입의 1/3 이상이 되면 안 된다고 말한다. 교회가 외부의 비정부기관과 협력하여 학교를 세워 아이들을 교육하고, 리볼빙 신용 대출을 통해 단기자금을 대부하는 일은 매우 좋다. 그러나 교회는 반드시 예배당 건물을 직접 지을 뿐 아니라 목회자의 사례금도 지불해야 한다. 만약 이것을 할 수 없다면, 그 교회의 성도들은 교회의 진정한 주인이라고 말할 수 없을 것이다. 그들은 단지 외부의 자금 지원자가 마음대로 정책을 휘두르는 것을 수용해야만 하는 의존자일 뿐이다. 우리가 인터뷰한 사람들의 의견에 의하면, 이런 상황에서는 비전지향적인 리더십이 행사될 수 없다.

교회의 지도자들은 서구 교회가 단기 선교팀을 보내서 전도를 하거나 어떤 작업에 동참하는 것에 대해서도 경계했다. 집을 짓거나 색칠하는 일을 하면서 단기 선교팀은 성취감을 느끼게 된다. 하지만 토착민들에게서 할 일을 빼앗는 결과를 낳을 수도 있고, 선교팀이 여행하느라고 쓴 경비는 그들이 선교지에서 일하면서 만들어낸 물질적 가치를 훨씬 뛰어넘는다. 그러므로 단기 선교는 다른 관점에서 바라봐야 할 것이다. 이런 여행에서 가장 큰 이득을 보는 것은 다름 아닌 외국인들이다. 그들은 선교지에 와서 다른 나라의 문화를 배우게 되지만, 그 와중에서 본토인들에게 커다란 손해를 미칠 수도 있는 것이다. 진정으로 성공한 선교 여행은 선교팀과 피 선교지역의 교회가 일방적인 성격이 아닌 쌍방적인 성격의 교류와 협력을 일궈내는 것이다.

우리는 인터뷰를 하면서 선교 사역이 갖는 2가지의 비의도적인 결과들을 보게 되었다. 우리는 선교사들이 개발도상국의 똑똑한 사람들로 하여금 본국을 떠나 미국에 영원히 거주하게 하는 일을 '도왔다'고 들었다. 예를 들어 선교사는 사람들이 미국이나 유럽에서 공부하도록 길을 열어준다. 그러면 학생들은 미국이나 유럽에서 현지인들과 결혼하거나 기타 영주할 수 있는 방법을 찾게 된다. 선교 활동의 또 다른 부정적인 결과는 특히 19세기나 20세기 초에 있었던 일인데, 선교사들이 규모나 운영비 지출의 측면에서 본국의 것과 비슷한 학교나 병원을 짓는 것이다. 만약 선교사들이 떠나게 되고, 지원이 막히게 되면, 피 선교지의 사람들은 감히 운영할 엄두를 낼 수 없는 커다란 건물과 프로그램만을 떠안게 되는 것이다.

자족에 초점을 두는 것은 서구 사회가 개발도상국을 무시하기 때문이 아니다. 그것과는 정반대이다. 서구인들은 자신이 미칠 영향에 대해 세심하게 고려해야 한다. 그리고 자신들이 보기에 아무리 좋은 의도에서 하는 것이라고 하더라도 지배하는 것은 곤란하다. 지배보다는 협력과 동역에 초점을 맞춰야 한다. 이 점은 우리가 인도에 있는 하나님의 성회 소속 교회를 방문하면서 더 확실해졌다.

그 교회의 강단은 아주 유명한 교회에서 파견된 백인 선교사가 점령하고 있었다. 예배 때 부르는 노래는 모두 서구에서 수입한 것들이었다. 교회 건물은 넓었지만, 외부의 자금으로 지어진 것이었다. 아마 선교사와 그의 가족이 인도에 왔을 때인 20년 전에는 그들이 할 일이 있었을 것이다. 그러나 왜 그의 리더십이 토착인 목회자에게 전수되지 않는가? 왜 그 선교사만 넥타이와 재킷을 입어야 하는가? 왜 그의 아내는 자주 강단에 서면서 인도 여인들이 입는 사리(sari)를 착용하지 않는가? 이런 광경은 이미 몇십 년 전에 지나가 버린 시대착오적인 것으로 비춰진다. 그와 대조적으로 우리는 케냐와 우간다에서 모범적인 리더십 전수의 예를 볼 수 있었다. 서구에서 온 선교사는 자신의 리더십을 그 지역 목회자에게 넘겨주었고, 교회는 계속 성장하고 있다.

복음을 마케팅하기

왜 어떤 교회는 성장하고, 왜 다른 교회들은 정체와 하락을 계속하는가의 문제는 복잡한 분석이 필요한 문제이다. 교회성장학자들이 자신들은 교회성장의 중요한 열쇠들을 알고 있다고는 말하지만, 사실 단순하게 대답할 수 있는 문제는 아니다. 완전히 세속적인 관점에서 본다면, 종교는 소비자가 있는 일종의 상품이다. 만약 상품이 만족스럽지 못하면, 혹은 더 좋은 물건이 있다면, 사람들은 그 상품을 외면할 것이다. 마찬가지로 교회가 혁신적이고 메시지와 그것을 포장하는 것을 사람들의 필요에 맞춰서 조정할 수 있다면 성장할 것이라 충분히 예측 가능하다. 그러나 종교는 분석이 그리 만만치 않은 상품이다. 종교는 오직 '실재'라는 느낌이 들 때에만 가치를 갖는다. 다시 말해 인위적인 조작품이 아니어야 한다는 것이다. 만약 사람들이 흥미만을 찾는다면, 클럽이나 콘서트를 보러 갈 것이다. 마찬가지로 정신 치료를 원한다면, 좋은 심리학자를 찾아 나설 것이다. 그래서 마케팅 비유가 얼마나 유용한지는 모르겠지만, 종교라는 것이 기능하는 이유는 궁극적인 진리를 매개한다고 여겨지기 때문이다. 만약 그렇지 않다면, 교회와 종교 기관에 대한 헌신은 아무리 겉이 번지르르하고 선진문화를 표상하는 것 같아도 그리 오래 가지 못할 것이다.

이런 논의를 염두에 두면서 우리는 다음과 같은 질문에 봉착한다. 왜 많은 성령운동 교회가 로마 가톨릭을 포함한 주류 교단보다 더 빠르게 성장하는가? 그리고 가톨릭교회와 주류 교단에서 성장하는 교회가 있듯이, 오순절 교단 안에서도 쇠퇴하는 교회들이 있는데, 왜 어떤 성령운동 교회는 다른 성령운동 교회보다 더 빠르게 자라나는가? 불행하게도 모든 사례를 설명하는 깔끔한 법칙은 없다. 종교는 비누를 팔거나 햄버거를 파는 것보다 훨씬 복잡하기 때문이다.

우리의 조사 경험에 비추어 보면, 쇠퇴하는 교회들은 율법주의적인 경우가 많았다. 그런 교회들은 인생을 변화시키는 거룩한 존재와의 만남 대신에 옷과 치장물에 대한 규정에 집착했다. 다른 말로 표현하면, 성장하지 않는 교회들은 관료화되고 판에 박힌 일만 반복함으로써 성스러운 존재를 만날 수 있는 가능성을 축소시키고 있었다. 그러나 적나라한 종교적 경험이 있다고 해서 사람들이 모이는 것도 아니다. 종교는 잠재적 신자들의 의식과 보조를 맞춰야 하기 때문에 사회 계층과 문화적 배경과 같은 요소들에 영향을 받을 수밖에 없다. 신유(神癒)라고 하는 원초적 경험은 전통적인 문화 배경을 가지고 있고, 교육을 많이 받지 않은 사람들에게 더 호소력이 있다. 이와는 반대로 중산층의 전문직에 종사하는 사람들은 종교의 원초적인 색깔을 누그러뜨리기를 원하지만, 그렇다고 해서 완전히 의례의 딱딱함에 갇히기를 원하는 것은 아니다. 또한 세대도 중요한 고려 대상이다. 10대의 젊은이들은 매우 큰 소리의 음악을 선호한다. 30대는 '감미로운' 분위기의 음악을 좋아하고, 그들의 부모 세대는 현재 팝 차트에서 순위권에 올라있는 음악과는 몇십 년 뒤쳐져 있는 장르를 좋아한다. 이런 현상이 갖는 종교적 의미는 예배는 다양한 음악적 표현방식으로 드려져야 한다는 것인데, 성장하는 성령운동 교회는 템포와 장르를 틈새시장에 맞추어 조절한다는 점이다. 그리고 이것은 악단의 최고 정점에서 지휘하는 어떤 대가(大家)에 의해 주도되지 않을 것이다. 그보다 10대들은 자신의 밴드 리더를 찾아서 자신들의 음악을 만들어야 한다. 부모 세대는 그들의 정서를 반영하는 악단장을 선임해야 한다. 우리의 관찰에 의하면 가장 중요한 것은 음악이 실제로 성스러운 것을 매개한다는 점이다. 예수 그리스도의 멜로디와 성스러운 음악은 오랜 시간 동안 매우 다양한 톤으로 연주되어 왔다는 것도 중요하다. 현재가 과거와 다른 점은 초대형교회는 주일 아침, 금요일 밤, 토요일 저녁에 다양한 음악적 장르를 동시에 연주할 능력이 된다는 것이다. 왜냐하면 그들은 규모도 크고 예산도 많기 때문이다.

음악과 매체(미디어)

교회성장을 다룰 때 문화적으로 공명하는 음악을 사용하는 것의 중요성을 과소평가할 수 없다. 물론 음악 그 자체가 목적이 될 수 없으며, 음악만으로 매주일 교회에 사람들이 꽉 차게 만들 수는 더욱 없다. 우리가 여러 대륙을 다니면서 느낀 것은 세계화의 영향이 확실하다는 것이다. 중산층에 속한 10대 소년, 소녀와 청년들은 똑같은 종류의 음악에 열광하였지만, 약간의 지역차도 존재하였다. 예를 들어 브라질의 음악은 아프리카-라틴 계열의 비트를 사용하고, 싱가포르는 서구적인 느낌이 강한 편이다. 케냐는 부족의 두드림의 음악 속에 여러 음악을 혼합한다. 수준 높은 밴드가 없는, 아니 아예 밴드가 없는 교회는 경쟁에서 뒤처진 상태에 놓인다. 도시에 사는 젊은이들은 아프리카에 살건, 아시아나 남미에 살건 자신들이 종교적이 될지 아닐지 스스로 결정하려고 하고, 만약 종교적이 되려고 한다면 어디에서 의미를 추구할지도 탐색하게 된다. 청년이 주도하는 강력한 교회가 되는 것은 좋은 밴드를 고용하는 것 이상의 문제이다. 사실 거짓말 탐지기는 이런 젊은 층에 가장 필요하다. 단지 음악을 잘 하는 것이 진실한 종교성을 보장하는 것은 아니다. 그러므로 밴드 멤버들은 기타를 잘 쳐야 할뿐 아니라 성도들이 추구하는 영성을 구현해야 하는 심리적 부담이 있다. 성령운동 교회에게 이것은 쉬운 일이 아니다. 왜냐하면 음악가들을 회심시켜 리더십의 자리에까지 길러내야 하기 때문이다.

우리는 텔레비전이나 라디오 방송을 통해 복음을 전하는 교회를 별로 보지 못한 것에 놀랐다. 예를 들어 칠레의 산티아고에서 우리는 텔레비전을 통해 매우 광범위한 지역에 복음을 전하는 교회를 방문한 적이 있다. 그 교회의 목회자는 카리스마적인 목회자로서 정치계에도 진입하려고 노력하고 있었으며, 특별히 대중 매체를 통해서 커뮤니케이션하는 데에는 탁월한 능력을 보였다. 그러나 가만히 앉아서 TV를 통해 예배를 드리는 것은 성장하는 성령운동 교회의 역동성과는 잘 맞지 않는다. 이것이 우리가 대중 매체를 활발히 사용하는 성령운동 교회를 더 많이 보지 못한 이유이다. 대개 성령운동 교회에서는 모든 성도들이 주님의 몸 안에서 은사를 활용한다. 그 증거로서, 가장 빠른 속도로 성장하는 성령운동 교회들의 일부는, 앞에서 이야기했듯이, 성도들을 파송하여 새로운 교회를 개척하여 성장한 교회이다. 이렇게 개척을 하게 되면 성도들이 리더십의 자리에 들어갈 수 있는 공간이 생기고, 그들이 사역을 할 수 있게 된다. 이미 이야기했듯이 이런 교회들은 모교회의 규모가 아니라 새로 개척한 교회의 숫자로서 교회 사역의 성공을 측정하는 경향이 있다.

종교적 탄압의 역할

교회가 성장하는지, 정체되어 있는지, 하락하는지를 결정하는 문화적, 역사적 요소들은 다양하다. 예를 들어 우리는 아르메니아 공화국에서 매우 역동적으로 성장하는 성령운동 교회를 방문한 적이 있다. 이 나라는 70년 동안 공산주의 치하에 있었으며, 그 시기 동안 아르메니아 사도 교회(Armenian Apostolic Church)는 1920년대 이전의 상태에 비하면 문자 그대로 겉모습만 남은 상황이었다. 그 결과 소련이 무너졌을 때 사상적 공백이 생겼다. 많은 사람들이 자신의 삶의 틀을 마련해주는 대안적 의미 체계를 찾아 나섰다. 바로 이런 상황 속에서 아르메니아의 수도인 예레반(Yerevan)에서 생명의 말씀 교회(Word of Life Church)의 창립자는 극적인 회심 체험을 하게 된다. 그는 이 경험을 매우 강한 확신을 가지고 전파하고 있고, 그에 반응하여 수천 명의 젊은이들이 이 운동에 동참하여 아르메니아에서 가장 큰 개신교회가 되었다. 그 와중에도 아르메니아 사도 교회는 깊은 잠에서 아직 벗어나지 못하고 있었고, 예수 그리스도에 대한 철저한 헌신이 공산당의 신조를 대치하는 민첩한 오순절 운동에는 전혀 상대가 되지 않았다. 폴란드의 성령운동 교회도 이런 비슷한 역동성이 있다. 폴란드의 성령운동 교회는 1989년과 1994년 사이의 정치적 격변기에 가장 큰 성장의 기회를 잡았다. 이것은 사회적 변화의 시기에 종교가 성장하기 좋다는 이론을 뒷받침하는 현상이다.

종교적 탄압은 성령운동 교회의 성장을 저해한 점이 있다. 하지만, 이것이 성도들에게서 헌신을 불러일으키는 면도 있다. 그 공식은 간단하다. 사람들이 종교를 위해서 더 많은 것을 포기하면, 종교에 대한 헌신도 더 강력해진다. 모든 시장 분석에는 '무임승차자' (자신의 역할을 하지 않고 체계가 주는 이득만 취하는 자)의 문제가 있다. 사람들이 자신의 신앙 때문에 핍박(무시당함, 구타, 심지어 죽음)을 당하는 나라에서는 무임승차자들이 훨씬 더 빨리 사라진다. 그와 대조적으로 종교적 자유가 있는 나라의 교회들은 무임승차자를 제거하는 헌신의 체계를 만들어 내기 위해 더 많이 노력해야 한다. 그렇지 않으면 교회를 이용하기만 하려는 사람들이 넘쳐나게 되고, 교회는 이런 상황에 대처하느라 힘을 잃게 된다.

경쟁의 역할

많은 나라에서 성령운동 교회는 '종파'로 규정된다. 특히 위계구조에 대해 민감한 가톨릭교회는 그렇게 규정한다. 이런 이름은 성령운동 교인들은 주류 교단에 속하지 못했다는 경멸의 의미가 들어 있다. 많은 사회학적 이론에 의하면, 종파는 종종 관례화되고 관료주의적인 종교보다 더 빠르게 성장한다.[2] 사실 어떤 지역을 하나의 종교가 독점하여 사람들이 선택할 다른 종교가 없게 되면, 사제

계급은 게을러지게 마련이다. 경쟁이 없는 상황에서는 혁신에 대한 요청이 없다. 그렇게 되면 사제 계급이 수행하는 돌봄과 서비스의 수준이 하락하게 된다.[3] 상당한 경쟁이 진행되는 자유 시장의 환경에서는 정반대의 일이 일어난다. 종교 시장에 더 많은 경쟁자가 진입할 경우 더 나은 상품을 만들어 낼 수 있어야 교회가 경쟁력을 유지하게 된다. 이런 원칙은 많은 성령운동 교회가 서로 경쟁하는 도시에도 역시 적용된다. 많은 경우 오래되고 덜 혁신적인 성령운동 교회는 자기만족에 빠져서 점점 감각을 잃게 된다. 그들이 현재의 상황에 눈을 뜰 무렵에는 이미 교인들이 나이가 많이 든 상황이고, 그 숫자도 줄었으며, 다른 경쟁자들이 이미 잠재 고객을 사로잡은 이후 시점이 된다. 사실 우리가 연구한 가장 활력 있는 교회들 중 많은 교회들은 신 오순절(Neo-Pentecostal) 교회로 불리는 것이 타당할 것이다. 왜냐하면 그 교회를 개척한 사람은 기성 교단 안에서 혁신을 이룩하는 것이 많은 장애물을 뚫고 나가야 하는 난제임을 깨닫고 아예 그 틀을 벗어나 자신의 독자적 교회를 시작했기 때문이다. 그 교회들은 자신이 기독교로 개종했던 분위기 안에서는 너무 진보적으로 보이는 사상들을 과감히 실천에 옮기고 있다.

서로 경쟁하는 성령운동 교회들은 서로를 잡아먹는 우를 범하지 않는 한 성장을 지속할 수 있다. 라틴 아메리카의 상황에서 오순절 교인들이 개척해야 할 시장은 믿음생활을 적극적으로 하지 않는 가톨릭 신자들이다. 이 사람들은 대개 어렸을 때 세례를 받았지만, 부활절이나 크리스마스와 같은 정기적인 때에만 교회에 찾아온다. 혹은 결혼식이나 장례식과 같은 인생의 통과의례를 치르는 장소로서만 교회를 활용한다. 그 외에는 교회는 그들에게 별 의미가 없다. 많은 가톨릭교회의 전통주의에 비하면 최신식의 밴드와 친밀한 소그룹과 활발한 사회봉사 활동을 수행하고 있는 세련된 성령운동 교회의 매력은 너무나도 자명하다. 다수의 인구가 힌두교도이거나 불교도이거나 이슬람교도인 나라에서는 새로운 개종자를 얻기 위한 경쟁이 제한적일 수밖에 없다. 예를 들어 방콕에서 성장하는 교회의 한 성도는 우리에게 교회성장에 대한 통계 수치를 보여주는 것을 꺼

려했다. 왜냐하면 그 교회의 많은 성도들이 불교인이었다가 기독교로 개종했기 때문에 정부가 그 사실을 알면 교회의 활동을 통제하려고 할 것이기 때문이다. 가장 닫혀진 시장은 열성적인 무슬림 신자들이 있는 나라들로 보인다. 예를 들어 카이로에서는 전도가 오직 콥틱(Coptic) 교인들에게만 가능하다는 것이 중요하다. 이들은 비록 신앙생활을 하지는 않지만 태어날 때부터 콥틱 신자인 명목상의 신자들이 많이 포함된다.

서로 경쟁하는 성령운동 교회들이 많이 분포된 도시에서는, 교회들이 연령과 사회 계층 등과 관련된 틈새시장을 개척한다. 경쟁이 심하기 때문에 시장이 포화 상태가 되고 교인의 숫자가 줄어드는 지점이 있다. 하지만 경쟁의 유익은 개별 교회가 자신의 틈새시장에서 탁월함을 추구해야 한다는 점이고, 만약 그렇지 않으면 십일조를 내는 성도들의 부족으로 인해 교회의 운영비를 다 지불할 수 없게된다. 이것은 교회로 하여금 성장하도록 하는 커다란 유인책으로 기능한다.

아르헨티나에서 우리는 오순절주의가 성장의 시대를 지나 정체의 국면에 진입했다는 사실을 놓고 토론했다. 그러나 이런 인식은 예외적인 것일 뿐이다. 우리가 방문한 거의 모든 지역은 성장의 기미로 충만했다. 많은 중남미 국가에서, 어떤 사람이 가톨릭교회가 발간하는 신문을 본다면 '양도둑질'에 대한 편집증적 공포를 읽을 수 있다. 현재 일부 중남미 국가는 최근 인구의 30% 이상이 개신교인이 되었고, 개신교인 중 많은 사람들은 오순절 교단의 교인이 되었다. 종교적 인구 분포의 변동은 자주 일어나지는 않는다. 하지만 그런 변동은 실제 일어나고 있다. 시장으로 비유해서 설명하자면, 이것은 미국의 자동차 산업의 변화하는 운명과 자동차 생산이 아시아 지역으로 넘어가고 있는 상황과 유사한 것이다.

세계적 교회 연합

가장 선진적 성령운동 교회의 많은 숫자는 공식적인 교단에 등록되어 있지 않다. 대신에 그들은 생각이 비슷한 교회 지도자들의 연합체에 소속되려고 한다. 인터넷, 해외여행의 간소화, 아주 싼 가격에 가능해진 대륙 간 통화 등으로 인해 이런 연합체의 다수는 전 지구적인 성격을 띠게 되었다. 이 연합체 안에서는 정보가 매우 빠른 속도로 돌아가는데, 예를 들어 싱가포르에서 새로 시작된 사역의 형태가 몇 주 안 되어서 아르헨티나에서 시행된다. 이런 연합체는 상담이 필요한 목회자들에게 필요한 정보를 제공한다. 이 연합체 안에는 이미 교회를 성장시키는 과정에서 동일한 문제에 직면한 경험이 있고, 이런 경험들을 나눌 준비가 된 여러 선배 목회자들이 있기 때문이다. 이런 연합체의 많은 숫자는 존경받는 고참 목회자에 의해 조직되는데, 고참 목회자는 매년 체계적인 훈련을 할 수 있는 컨퍼런스를 개최할 수 있는 사람이어야 한다. 싱가포르의 나오미 다우디(Naomi Dowdy)에 의해 설립된 글로벌 리더십 네트워크(Global Leadership Network)는 교회 안에서 소그룹을 만들어내는 방법론을 가르치는 컨퍼런스를 매년 개최하고 있다. 아르헨티나에서 호주, 발바도스(Barbados)에서 불가리아, 캄보디아에서 캐나다에 이르는 목회자들이 글로벌 리더십 네트워크를 구성하고 있고, 트리니티 크리스천 센터(Trinity Christian Center)에서 열리는 이 컨퍼런스에 참여하고 있다.

이렇게 급격하게 성장하고 있는 교회의 많은 목회자들은 특정 교단에 속해 있지 않기 때문에 감독과 감시가 필요하다는 것을 깨닫고 있다. 이것은 칭찬할 만한 일이다. 어떤 경우에는 그들을 키워낸 교회의 담임 목회자가 감독과 감시를 한다. 다른 경우에는 연합체 안에서 존경받는 목회자에게 멘토 역할을 해달라고 부탁한다. 그렇게 되면 멘토는 정기적으로 그들을 만나고 그들의 행동을 감독하게 되는데, 심지어 그들이 성도들에게 전파하는 비전까지도 감독하게 된다. 교단적 구조에서는 주로 주교나 그와 비슷한 위치에 있는 사람이 그런 역할을 감당할 것이다. 그러나 교단에 소속되지 않은 목회자들은 자신이 존경하는 사람에게 영적 아버지의 역할을 해달라고 요청하고, 올바른 사역을 할 수 있도록 지도해달라고 부탁한다. 이런 일은 목회자뿐 아니라 성도들 사이에서도 일어난다.

우리는 교인들이 나이든 교인들에게 지도를 받고 있다는 말을 자주 들었다. 생물학적 나이가 아니라 영적 수준에서 성숙한 사람이 그렇지 않은 사람을 감독하는 것이다. 사실 감독이라는 말은 자주 등장하는 용어로서 이것은 자녀 양육이나 소그룹 사역을 하는 것에나 모두 적용된다.

요약하자면, 기술과 세계화의 현상은 교회가 조직되는 새로운 가능성을 열고 있다. 교단적 모델이 대개 지역적 기반을 가지고 있어서 주교나 그와 비슷한 위치의 감독자가 특정 지역을 책임진다. 그러나 우리가 연구한 교회들은 '지역'이 아니라 '친밀성'을 기반으로 해서 서로 관계 맺고 있었다. 선배 목회자들이 개입되는 이유는 그들의 사역의 스타일에서 배울 점이 있기 때문이고, 그들이 공통의 비전을 공유하고 있다는 사실 때문이다. 의사소통은 수직적이지 않고 수평적이다. 새로운 생각을 실천하기 위해 위원회가 조직될 필요가 없다. 감독자의 허락도 필요하지 않다. 그보다 중요한 문제는 새로운 생각이 과연 교회가 처한 주변 여건과 교인의 의식 구조에 적합한가의 문제이다.

여성의 역할

우리가 수년 동안 방문한 여러 교회들 중에서 여성 목회자가 이끌고 있는 교회는 싱가포르에 있는 교회 하나밖에 없었다. 이와는 대조적으로 우리가 연구한 가장 훌륭한 사회봉사 프로그램 중 다수는 여성들이 시작한 것이었다. 가장 먼저 떠오르는 이름은 슬럼가에서 보육원 조직을 구축한 카이로의 마마 매기(Mama Maggie), 요하네스버그에서 어린이 보호 프로그램을 선구적으로 시도한 콜린 월터스(Colleen Walters), 홍콩에서 마약 중독자들을 위한 놀라운 프로그램을 시작한 재키 풀링거(Jackie Pullinger), 나이로비에서 에이즈로 고통받는 여성들을 위한 센터를 구축한 제인 와톰(Jane Wathome) 등이다. 많은 성령 운동 교회에서 여성들이 담임 목회자로서 일하는 데에는 제약이 있지만, 사회봉사 프로그램에서는 그렇지 않다. 성(性)이 아니라 창조성과 열정에 의존하는 역할들은 여성들이 곧잘 감당한다.

역사적으로 여성은 성령운동 교회 안에서 예언하도록 허락을 받았다. 왜냐하면 예언은 성서에서 남성과 여성 모두가 수행해도 좋은 것으로 명기되어 있기 때문이다. 가끔 에이미 맥퍼슨(Aimee Semple McPherson)과 같은 뛰어난 여성들은 전통이라는 이데올로기적 장벽을 넘어섰다. 왜냐하면, 그들은 탁월한 재능과 함께 대형 교회와 심지어 사회 운동까지도 일으킬 수 있는 능력을 보유하고 있었기 때문이다.[4] 더 나아가 몇몇 사람들의 눈에는 사도 바울이 말한 바, 여성은 교회 안에서 잠잠해야 한다는 명령에 대한 도전일 수 있지만, 많은 여성들은 교회 안에서 남편과 함께 중요한 목회자의 역할을 감당하였다. 또한 여성들은 전도자나 선교사라는 직함을 가졌지만 목회자로서 활동하기도 했다. 비록 여성이 성령운동 교회에서 담임 목회자의 역할을 맡는 것은 상대적으로 아주 드물지만, 점점 많은 여성들이 목회적 직분에 진입하고 있는 것은 사실이다.

앞에서 언급한 것처럼 여성들은 대개 가족 중 가장 먼저 개종하는 사람들이다. 더 나아가 그들은 대부분의 교회에서 다수를 차지하고 있다. 교회에서 남성을 수적으로 압도하는 여성들이 왜 이차적 지위에 머무는가에 대해서는 여러 가지 설명이 제시되었다. 그리고 교회 안에서 왜 여성들이 더 많은가에 대해서도 많은 이론이 등장했다. 그 중 하나는 '남자 가장(家長) 거래'(patriarchal bargain)라는 이름의 이론인데, 여성들은 교회 안에서 권위와 존경을 포기하는 대신에 '순화된' 남편을 얻는 데에 관심이 있다는 것이다. 다시 말해서 남편이 기독교로 개종함으로 인해 집에서 덜 폭력적이 되고, 혼외 관계를 기피하고, 아이들을 기르는 데에 더 많은 시간을 투자하는 것이 좋다는 것이다. 또 다른 이론은 우리의 경험과도 일치하는데, 성령운동 교회들은 종종 사람들이 시골에서 도시로 옮겨오는 지역에 위치한다. 이런 상황에 처한 여성들에게 교회는 여성에게 해방구로서 기능한다. 왜냐하면 교회는 가사 일에서 여성을 자유롭게 하고, 여성들이 성령의 '은사'를 활용할 수 있는 상대적으로 평등한 공간이기 때문이다. 비록 여성들이 집에서는 부차적인 지위에 있지만, 교회 안에서는 '특별한' 존재가 된다. 세 번째 이론은 성령운동 교회는 가톨릭교회나 혹은 가부장적 성격이 강한 주류 교단에 비해 여성들이 중요한 위치에 올라가는 것이 매우 쉽다는 것이다.

결론

만약 선진적 성령운동이 사회 운동으로까지 발전하게 된다면, 성장의 원동력이 된 조직의 역동성은 우리가 반드시 짚고 넘어가야 할 부분이다. 우리가 보기에 오순절의 성장에는 많은 요인들이 작용했고, 앞으로는 부분적으로나마 신 성령운동가들(Neo-Pentecostals)에 의해 더욱 가속화될 것이다. 우리가 방문했던 많은 교회들을 볼 때, 신 성령운동교회들은 고전적 오순절 교단 소속 교회들보다 조직적인 측면에서 더 선진적임이 확실하다. 그들은 청년들을 위해 첨단의 사역을 시도하고 있고, 사회봉사 프로그램은 상당히 혁신적이고, 예배와 소그룹은 살아 있고 역동적이다. 많은 경우 이런 교회들은 1세대 설립자의 비전에 의해서 움직여지는데, 과연 다음 세대에서는 어떤 일이 일어날지 걱정이 되기도 했다. 이런 교회들이 전통 교단의 교회들처럼 일상화되고(routinized) 말 것인가? 어떤 사회적 기적이 일어나지 않는 이상 그 대답은 물론 '그렇다'는 것이다. 모든 제도는 일상화에 빠져 든다. 그리고 '신 오순절' 이라는 명칭 그 자체는 혁신이 종종 분리를 통해 순화시켜 표현한다면, 새로운 카리스마적 리더의 비전을 통해서 일어난다는 것을 암시한다.

제8장

결론 : 그들의 미래와 도전

제8장

결론 : 그들의 미래와 도전

　마지막 장에서 우리는 우리의 주장을 요약하고, 선진적 성령운동의 미래를 예측할 것이며, 우리의 분석에 등장한 이론적 주제를 다시 언급하고, 선진적 성령운동이 마주치게 될 구체적인 도전을 제시할 것이다. 하지만 성령운동에 대한 일반화된 설명에는 문제가 따르는데, 왜냐하면 성령운동은 매우 다루기 힘든 불규칙적 운동이기 때문이다. 성령운동은 그것이 등장하는 모든 지역에서 토착화되는 경향을 보이며, 지역의 문화를 흡수하여 예배를 드리는 방식, 조직을 구성하는 방식, 지역사회에 참여하는 방식을 결정한다. 성령운동의 성장을 은유적으로 표현하자면 좌우 대칭의 가지들을 가진 나무보다는 야생의 관목이 적합하다. 야생 관목은 많은 옆가지들이 있고, 특정한 모양으로 손질되지 않거나 울타리에 매어져 있지 않으면 혼란스러워 보인다. 하지만 성령운동의 경우 성령을 책임자로 언급한다면 몰라도, 그 운동의 성장을 책임지면서 이끌어온 존재는 없다. 더욱이 성령운동에 대한 공식 대변인도 존재하지 않는다. 그러므로 우리는 사회과학자들이 사용하는 유형론에 기댈 수밖에 없다.

주장

이 책의 주장은 성령운동은 지역사회를 변화시키는 사회봉사 사역에 더 많이 참여하고 있다는 것이다. 성령운동의 역사를 볼 때, 사회봉사 사역의 예는 존재해 왔고, 그렇기 때문에 이것이 새로운 현상이라고 할 수는 없을 것이다. 그러나 우리는 기독교 신앙을 통전적 관점에서 이해하는 성령운동이 전 세계에서 새로이 일어나고 있다고 믿는다. 주류 교단에서 일어난 사회복음(Social Gospel)의 전통과는 달리 이 새로운 성령운동은 복음전도와 사회참여 사이의 균형을 추구한다. 바로 그들의 이런 행태는 미래의 천국에 대해서 설교했으면서도 사람들의 육체적 필요도 채워주었던 예수의 사역을 모델로 삼은 것이다. 이런 새로운 움직임은 성령운동이 내세적인 종파의 위치에서 세계 기독교를 재형성해가는 지배적인 위치로 발전해가는 과정에서 성숙하고 있음을 드러낸다.

서론에서 언급했듯이 우리가 성령운동 교회들을 연구하게 된 동기는 400명의 사람들에게 개발도상국에 있는 교회들 중 빠르게 성장하면서 동시에 역동적인 사회봉사 사역을 수행하는 교회들을 추천해 달라는 편지의 결과였다. 놀랍게도 추천받은 교회들 중 85%가 성령운동 혹은 카리스마적 교회였다. 그래서 우리는 지난 4년에 걸쳐 20개국을 다니면서 그 교회들을 방문하였다. 우리는 이런 교회와 기독교인들을 무엇이라 부를지 고민하다가 선진적 성령운동이라는 용어를 선택하였다. 선진적 성령운동의 정의는 예수의 삶과 성령으로부터 영감을 얻은 사람들로서 지역사회 주민들의 영적, 육체적, 사회적 필요를 종합적으로 채워주기 위해 노력하는 사람들의 운동이었다. 우리가 '선진적'이란 용어를 두고 거리끼는 점이 있다면 우리가 연구한 성령운동 교인들은 드러내놓고 정치적이지는 않았다는 점에 있다. 사실 우리는 우익에 속한 억압적 정부를 지지하는 성령운동 교인들은 연구 대상에서 제외하였다. 그러나 한편으로는 '선진적'이란 말이 적합하다고도 생각된다. 왜냐하면 찬양, 교회 조직 구조, 지역사회 현안에 대한 참여 등에서 우리가 연구한 교회들은 매우 선진적이었기 때문이다.

특히 우리가 연구한 교회들은 이전의 매우 분파적이고, 전도 외에는 세상과 관여하지 않으려 했던 초기 성령운동 세대와 확연히 구분된다.

선진적 성령운동의 다양한 사회적 참여의 범위는 아주 넓다. 가뭄, 홍수, 지진과 같은 재난에 대한 긴급 구호 활동 뿐 아니라 질좋은 교육을 제공하는 사역, 경제 발전 프로젝트, 의료 서비스 제공, 상담 시행 등이 포함된다. 이런 사역의 한쪽 극단에는 사람들의 필요를 채워주는 인도주의적 행위가 있다면, 다른 한쪽 극단에는 지역사회의 발전에 초점을 둔 프로젝트들이 있다. 우리가 보기에 구조적 수준에서 쟁점을 다루는 프로젝트들이 선진적 성령운동 내부의 최첨단에서 일어나고 있지만, 여전히 이런 것들은 생소한 움직임이다.

우리는 이 책에서 지역사회의 발전을 위해 노력하는 사회봉사 사역을 특별히 다루었다. 하지만 우리는 많은 교회의 활동들이 이 정도의 수준에는 아직 도달하지 못하였음도 인정한다. 많은 교회들이 문제가 일어나면 임시방편적으로 대응하고 있으며, 문제에 대해 구조적인 접근을 하는 것은 최근에서야 시작되었다. 이렇게 된 부분적 원인은 최근까지 많은 성령운동가들이 예수의 재림을 열렬하게 기다리고 있었다는 것이다. 그러므로 지역사회의 현안에 대해 장기적 관점에서 뛰어드는 것은 말도 안 되는 일이었다. 그러나 우리는 성령운동 안에서 출현하고 있는 중간계급이 성령운동파의 종말론을 바꾸고 있다고 본다. 천국은 단순히 미래의 실존물이 아니다. 예수를 따르는 신실한 기독교인들은 지금 이 순간 사랑과 긍휼을 실천할 의무가 있다. 만약에 그것이 목표라면, 문제는 전략을 어떻게 세우냐이다. 사회에서 기독교인들의 역할은 무엇인가? 예수는 혁명가인가 아니면 얌전하고 온순한 신비주의자인가?

해방신학과의 비교

우리는 이 책 여러 곳에서 선진적 성령운동가들이 해방신학의 계승자일 수도 있다고 지적했다. 그러므로 선진적 성령운동가들과 해방신학 실천가들이 서로의 강점을 보완하는 관계에 있음을 인식하는 것만큼이나 서로의 차이를 인식하는 것도 중요하다. 선진적 성령운동에 대한 부정적인 해석이 있는데, 바로 자본주의적 이데올로기의 도구에 지나지 않는다는 것이다. 바꾸어 말하면, 선진적 성령운동은 자본주의 체제 안에서 그것을 지탱해내는 착실하며, 근면하고, 정직한 피고용자들을 만든다는 것이다. 계급이나 카스트들 사이에 커다란 차이가 존재하는 나라들에서 이런 지적은 적절하다. 제 6장에서 우리는 한 가톨릭 성직자의 깨달음에 대해서 말한 바 있다. 그 신부는 한 때 카리스마적 부흥운동에 깊이 참여했다가 이것이 불의한 사회정책을 뒤바꿀 수 있는 정치적 조직화로 이어지지 않는다면 한낱 민중의 아편에 지나지 않는다고 결론지은 것이다.

그렇지만, 여러 모로 성령운동은 해방신학과 다른 원리 안에서 움직인다. 성령운동 교인들의 이미지는 조화와 순결을 강조하면서 서로 유기적으로 연결되어 있는 이미지이다. 이와 대조적으로 해방신학자들은 대립, 갈등, 투쟁의 은유를 즐겨 사용하는 경향이 있다. 이것은 그들의 '맑스주의적' 관심을 반영한다. 이러한 차이는 중요하다. 그 이유는 7장에서 조직의 역동성에 대하여 논의했을 때에 나타난 것처럼, 은유가 운동에 참여하는 사람들의 행동을 통제할 뿐 아니라 사회운동의 근본적 뿌리를 반영하기 때문이다. 기독교인의 유기적 이미지는 개별 교인들이 그리스도가 머리가 되는 한 몸의 일부가 되는 것에서 잘 드러난다. 예수가 머리인 한 몸에 속한 기독교인들은 그 몸속에서 특수한 역할과 기능을 수행한다. 크리스천의 유기적 이미지는 계급 간의 반목과 착취를 근본 가정으로 받아들인 구조적 모델과는 다른 방식으로 사람들에게 동기부여를 한다. 구조적 모델의 경우 예수는 혁명적 예언자이다. 유기적 모델에서는 예수는 질서있고 조화로운 천국을 통치하는 왕이다. 폭력과 혁명의 언어는 대부분의 성령운동에서 부적합한 것인 반면, 해방신학에서는 중심적 위치를 차지한다. 맑스주의 이론에 의하면, 유토피아적 천국은 오직 혁명적 투쟁 뒤에만 일어날 것이다. 성령운동 교인들에게 천국은 사람들이 신에게 복종하여 양심을 정화하고 신의 인도하심을 따르며 그 안에서 삶의 목적을 추구할 때 실현된다.

전략적인 측면에서 본다면, 선진적 성령운동가들은 기존 제도를 전복하는 것보다 대안적 제도를 만들려는 경향이 강하다. 그들은 무엇보다도 새로운 지도자 세대를 '길러내는' 일에 투신한다. 지도자를 길러낸다는 표현은 일종의 유기적인 의미를 담고 있다. 선진적 성령운동가들은 잠재적 지도자들이 삶이 변화되는 회심을 경험하도록 하고, 품성과 지도력을 개발할 수 있도록 공동체적인 지원 시스템을 제공한다. 이와 대조적으로, 해방신학은 부패한 정치적 제도에 대해서 '정면 공격'을 한다. 그리하여 가끔 내전을 조장하는 좌익 정치운동에 성직자들이 투신하는 결과를 낳기도 한다. 성령운동가들은 예수의 비폭력 모델을 따르는 경향이 있다. 그들은 교인들이 시민사회의 지도자층이 되도록 하는 '조용한 혁명'을 지원한다. 물론 이 전략은 인내를 요구하며 사회변동의 이른바 '밑에서부터 변화되어 올라가는'(trickle-up) 모델과 잘 들어맞는다. 다시 말하면 강한 도덕적 가치를 갖고 있는 사람들이 지도자의 자리에 올라가면 그들이 다스리는 제도들이 점진적으로 변화할 것이다. 이런 식의 사회변동은 억압적 통치 구조를 변화시키기 위해 폭력을 동원하는 혁명적 모델과는 매우 다르다.

해방신학의 영향이 감소되면서 만들어진 빈 공간을 선진적 성령운동이 채우고 있다는 주장은 너무 대담한 주장일 수 있다. 그러나 여기서 우리는 한 남미 신학자가 말한 것을 기억할 필요가 있다. "해방신학은 가난한 자들을 선택하였으나, 가난한 자들은 성령운동을 선택하였다." 물론 모든 개인이 이런 선택을 하지는 않았다. 그러나 우리는 해방신학과 성령운동 사이의 균형이 깨어지고 있으며, 해방신학은 쇠퇴하고 있지만 성령운동은 성장하고 있다는 점이 전 세계적으로 관찰된다고 주장해도 괜찮을 것이다. 비록 이런 인구학적 변동은 급격한 사회변동을 바라는 관찰자들에게는 실망을 초래할 것이다. 그러나 우리가 너무 지나치게 낙관적이 되는 것은 원하지 않지만, 성령운동은 해방신학이 남긴 빈자리를 넉넉히 메울 수 있다. 율법주의적인 성령운동 교회들은 사회구조적인 변화를 일으킬 만한 영감이 없다. 마찬가지로 번영의 복음을 외치는 교회들도 이런 교회들의 어마어마한 크기와 교회를 이끄는 카리스마적 지도력을 생각해볼 때 대중의 아편에 지나지 않는다. 물론 우리는 이런 교회들의 잠재력을 과소평가하는 것은 아닌데, 왜냐하면 일단 교인들 사이에서 상승적 사회이동에 대한 욕구가 일깨워지면 주술적 수단을 통한 사회이동이 반복적으로 실패할 때 급진적 사회운동으로 전환될 가능성이 많기 때문이다. 카리스마적 부흥운동 교회들은 대개 지역사회를 변혁하는 어려운 일보다는 '이적과 기사'에 한층 더 열중한다.

이와는 달리 우리가 연구한 선진적 성령운동 교회들은 사람들이 일상에서 직면하는 필요를 채워주는 방식으로 점진적 사회변동을 꾀한다. 그래서 그들은 고아들을 돌보고, 사람들의 질병을 치료해 주며, 아이들을 교육시킨다. 그러나 대개 그들은 사회적 문제에 대한 구조적 비판에는 참여하지 않거나 체계적인 수준에서 문제를 해결하려고 하지 않는다. 물론 최근에는 이런 일반화를 거스르는 예외적인 현상이 늘어나고 있다. 만일 해방신학과 선진적 성령운동이 서로 보완하는 관계가 있다면 양자가 서로 다른 차원에서 일한다는 것이다. 그리고 의심할 여지없이 양자는 자신의 고유한 역할이 있다. 결국 해방신학은 그 주동자들이 시민전쟁에서 희생자의 편에 서서 영웅적인 행동을 했지만, 전쟁을 승리로 이끈 위대한 기록들은 갖고 있지 않다. 그렇지만 이런 실패가 곧 체계의 변동을 꾀하는 노력을 포기해야 함을 의미하지는 않는다. 그러나 이것은 문제 해결을 위해 한 번에 한 사람씩 도와주는 일을 누군가가 맡아줘야 함을 시사하기도 한다. 바로 후자의 방법은 선진적 성령운동가들이 즐겨 사용하는 방식이기도 하다.

성령운동가들은 근본주의자들인가 아니면 포스트모던한 사람들인가?

우리가 성령운동의 미래를 추측할 때, 일부 분석가들과 많은 저널리스트들의 마음속에 오래도록 간직되고 있는 인식을 지적하는 것이 중요하다. 이는 곧, 성령운동을 근본주의와 동일시하는 유혹이다. 근본주의는 사회 안에 일고 있는 '근대적' 흐름에 저항하는 반동 운동이다. 그러나 성령운동과 근본주의를 등치시키는 것은 수많은 인식론적 오류를 일으킨다. 첫째, 근본주의 – 특히 미국 내

근본주의 운동 - 는 성령운동과 거의 아무런 공통점도 없다. 근본주의는 기적은 1세기에 국한된 것이라고 믿음으로써 세대주의적 성격을 띠는 반면, 성령운동가들은 성령의 은사가 오늘날에도 계속되고 있다고 믿는다. 둘째, 근본주의는 영원하고 절대적인 신학적 교리와 원칙을 정교하게 다듬는 것을 선호한 나머지 종교적 경험에는 의구심을 가지고 있다. 셋째, 모든 갈래의 근본주의자들은 사물이 질서정연하고, 덜 부패하고, 신 중심적인 성격을 띠었던 과거의 황금시대(Golden Age)로 회귀하기를 원한다. 하지만 성령운동가들은 복음을 전파하기 위해 최신의 테크놀로지를 활용하는 미래 지향적인 성격을 띤다. 그리고 성령운동가들은 경험 지향적인 성격이 강하고, 거룩한 것과의 직접적인 만남을 대체하려는 신학적 교리에 대해서는 반대한다.

성령운동가들이 다음과 같은 규정에 반발할 수도 있지만, 그들은 전근대적(premodern)이라기보다는 탈근대적(postmodern) - 적어도 탈계몽주의적 - 이라는 규정이 일리가 있다. 근본주의자들은 신체와 마음, 천국과 지옥, 선과 악을 분리하는 이원론자이다. 그러나 많은 성령운동가들은 계몽주의와 관련된 이원론의 요소들을 거부한다. 고전적 성령운동을 지지하는 일부 사람들은 구세대처럼 옷을 입지만, 수많은 신 성령운동가들은 세련된 주류 교파의 구성원들보다 한층 더 현대적이다. 사실 우리가 본 바와 같이 신 성령운동가들은 현대 문화의 요소들을 예배와 관리 스타일에 통합시키는 데 앞장선다. 그러나 주류 교단은 여전히 옛날 찬송을 부르고, 낡은 의례를 따르고, 화석화된 관료적 구조 속에서 움직이고 있는 등 시간이 멈춘 것처럼 보인다.

수많은 신 성령운동 교회들을 방문할 때, 외부의 관찰자는 처음에 그들이 얼마나 젊은지에 종종 놀라게 된다. 대부분의 주류 교회들, 특히 북반부에 위치한 교회에는 백발의 대머리가 벗겨진 신자들이 대다수이다. 그러나 신 성령운동 교회들의 교인은 대부분이 젊은이들이거나 아이들을 갖고 있는 가족들이다. 이들은 역사의 바퀴를 거꾸로 돌리는 반동적 세대가 아니다. 이들은 성령운동적 예배에서 자신의 삶을 변화시킬 무언가를 찾아 나선 '구도자'(seeker)들이다. 만일 황홀경이 그들이 추구하는 모든 것이라면, 클럽이 아닌 예배당을 찾을 이유가 없다. 성령운동적 예배에는 그들이 만나는 대상의 진정성과 현실성이 존재하는 것처럼 보인다. 성령운동 교인들은 반동적 근본주의자들이라는 세간의 인식과는 달리, 그들은 삶을 변화시키고, 긍정하게 하고, 미래를 지향하도록 만드는 현실을 향해 나아간다. 젊은이로 가득 찬 이런 교회들은 단순히 팔짱을 끼고 예수의 재림을 앉아서 기다리는 것도 아니고, 세상과 담을 쌓고 종교적 동굴 속에 머무르지도 않는다. 이와는 반대로, 그들은 예수의 장단에 맞추어 춤을 추면서 도시적 삶이 자아내는 억압을 초월하는 실재와 자신을 일치시키기 위해서 노력한다. 그들은 오늘날의 문화가 보여주는 개인주의적, 탐닉적, 파괴적 요소들을 거부한다. 그러나 그들이 퇴행적 사고를 하는 근본주의자들은 아니다. 오히려 이 세상에서 하나님의 나라를 실현하려고 노력한다는 점에서 그들의 시각은 매우 이상주의적이다.

분석적 틀에 대해서 이야기한다면, 가장 유용한 관점은 성령운동을 일종의 '부흥 운동'(renewal movement)으로 보는 것이다.[1] 부흥 운동이 없다면 종교는 일상화되어 가고 형식화되어 가다가 소멸하고 만다. 부흥 운동은 이와 같은 형식적 구조를 악마적인 것으로 보면서 운동이 처음에 가지고 있었던 역동적인 힘을 소생시키려고 한다. 부흥 운동은 운동의 초창기 때를 모방하려는 시도를 한다. 그러나 근본주의자들처럼 과거를 절대화하려는 시도를 하는 것은 아니다. 오히려 그들은 운동이 제도화되기 전, 초기 시절의 모든 순수성이 살아있던 때의 신선함을 회복시키려는 것이다. 초대 교회에는 매우 불가사의하고 이상한 일이 일어났다. 그 이상한 일은 사람들이 방언을 하고, 예언을 하고, 신유를 경험한다는 것이다. 만약 자부심이 넘치는 장로교인이 기독교 역사의 혼란스러운 순간이었던 오순절을 맞이했다면, 아무도 편안해하지 않았을 것이다. 이와 마찬가지로 1차 대각성운동(First Great Awakening)과 2차 대각성운동(Second Great Awakening)도 미국 사회의 고도로 세련된 계급들에게는 당황스러운 것이었다.[2] 사람들이 성령으로 충만해져서 개처럼 짖어대고 쓰러지기도 했는데,

이런 엑스타시가 동반되는 종교 경험은 모든 사람이 체험할 수 있는 간단한 일이 아니다.

요약하면 부흥 운동의 특징은 거룩한 것과의 직접적 만남을 고취하며, 위계 서열적 권위 체계를 무너뜨리고, 조직 구조를 민주화시키고, 일반 평신도의 참여를 북돋우며, 신학적 교리보다 경험을 우위에 두며, 제도적 종교인들에게서 공격을 받는다는 것이다. 비록 성령운동이 다양한 갈래가 존재하고, 흔히 고전적 성령운동이라 부르는 것의 초기 형태는 상당히 일상화되었음에도, 위에서 제시한 성격의 많은 부분을 소유하고 있다. 고전적 성령운동의 율법주의와 일상화에 반기를 들며, 고도로 토착적인 방식으로 발전하고 있는 신 성령운동 및 다양한 독립 교회들의 출현은 어느 정도 예측이 가능한 현상이었다.

'성령' 요인(the 'S' factor)에 대해서 생각함

이 책에서 우리는 성령(the Spirit)을 때때로 대문자 'S'로 표현했다. 이것은 매우 의도적인데, 왜냐하면 성령운동 교인들은 삶 속에서 활기를 주는 세력은 성령 곧, 삼위일체의 제 3의 인격이라고 믿기 때문이다. 성령의 존재론적 실재에 대해서 논쟁을 벌이는 것은 우리의 의도가 아니다. 하지만 우리는 성령운동 교인들의 체험을 존중하며, 인간적 투영(投影)이 아닌 다른 것에 자신의 신앙이 기초하고 있다는 그들의 주장을 높이 산다. 이와 동시에 우리는 인간의 감정과 동기가 초월적 경험과 필연적으로 뒤섞여 있다고 강하게 믿는다. 그런 까닭에 황홀경적 예배 속에서 발행하는 에너지를 에밀 뒤르케임이 말하는 집합적 황홀감 - 공동체를 하나로 묶는 가치와 믿음에 대한 다소 원시적인 축하 의식 - 으로 격하시키는 것은 우리가 볼 때 매우 환원적이거나 아니면 적어도 오만한 것이다. 그러나 반대로 집합적 춤, 영창, 노래, 소리 지르기 등이 개인들의 합을 뛰어 넘는 경험을 창조하지 않는다고 하는 것도 고지식하다. 매우 잘 짜여진 정치적 행진이나 열기가 달아 오른 축구 경기에 참여한 사람이 집합적 열정에 사로잡히는 것은 충분히 경험할 수 있는 인간적 현상이다. 이제 우리의 질문은 집합적 예배 속에서 인간적 투영 '이상의 어떤 것'이 과연 존재하는지의 여부이다.

너무 순진한 주장이라고 비판받을 수 있지만, 우리는 성령운동 교인들의 삶 속에서 역사하는 것처럼 보이는 'S' 요인 – 성령 – 이 실재한다고 믿는다. 우리가 'S' 요인의 잠재적 실재를 주장하는 것은 부분적으로는 경제성의 원리에 기반한다. 즉 'S' 요인이 정신분석, 융의 사고, 맑스주의, 기능주의와 같은 지배적인 패러다임보다 현상을 한층 쉽게 설명하기 때문이다. 그렇지만 이런 대담한 주장을 한다고 해서 'S' 요인에 인간의 소원과 투사(投射), 문화적 요소, 사회 계급의 영향이 전혀 들어가 있지 않다고 말하는 것은 아니다. 물론 이런 인간적 요소들이 'S' 요인에 침투해 들어간다. 그러나 이런 인간적 요소들이 우리가 연구를 하면서 만난 영웅적 사랑의 행동을 실천했던 사람들의 경험의 전부였을까? 우리는 개인과 공동체에게 힘을 불어넣어준 '그 이상의 어떤 것'이 존재할 수 있다는 가능성을 받아들인다.

분명 이런 식의 사고를 펼친 사람이 우리만은 아닐 것이다. 모든 시간과 장소에서 사람들은 '하나님'(God)이라는 용어를 사용했고, 혹은 지역마다 다른 용어로 신을 지칭했다. 그러나 이 책과 같은 사회과학 서적에서 '하나님'이라는 말은 사실 대담한 표현이다. 그보다 우리는 'S' 요인이라는 말을 더 선호하는데, 왜냐하면 이 용어가 '성령'이 성령운동 교인들의 삶에서 방향과 목적을 제시하는 존재라는 사실을 잘 표현해 주면서도 신학적인 냄새는 덜 나기 때문이다.

우리가 세속적 교조주의의 희생이 되지 않기 위해서는 몇 가지 자기 고백이 필요하다고 본다. 우리는 선한 행위가 오직 'S' 요인 곧, 성령에 의해서 힘을 얻는 사람들에 의해서만 이루어진다고 믿지 않는다. 또한 우리는 끔찍한 행위가 성령의 인도를 받는다고 주장하는 사람들에 의해서는 절대로 저질러지지 않는다고 믿지도 않는다. 우리는 하나님을 변호하거나 신에 대한 변증을 전개하려는 것이 아니다. 우리의 의도는 훨씬 더 단순하다. 우리는 사회과학적 해석이 허용하는 것보다 더 많은 것이 성령운동적 경험에 존재할 수 있다고 본다. 예를 들어 성령운동의 등장에 대한 표준적인 해석은 사람들이 시골에서 도시로 이주하였을 때 겪게 되는 아노미(무규범, 가치의 혼란)에 대한 반응으로서 이 운동의 생성을 설명한다. 도시에서는 농촌 사회의 특징인 사회적 네트워크가 파괴된다. 도시 속의 삶은 비인격적이고 고독하다. 확대가족은 해체되고, 실업률은 증가한다. 도시에서 남편들은 마약, 술 및 도박의 유혹을 받게 된다. 도시에는 난잡한 성관계와 매춘이 넘친다. 사회학자들은 성령운동이 가족을 결합시키려는 어머니들에게 확실히 매력적이라고 주장한다. 그래서 교회는 혼란스러운 세상을 피하는 도피처이다. 교회에서 기도할 때, 그리고 찬양 속에서 영혼이 고양될 때 황홀경적 감정이 일어난다. 그리고 교회는 구성원들에게 도덕을 가르치고, 어려울 때에 지원을 해주는 잘 조직된 공동체이다.

앞에서 제시한 요인들은 사회학적 관점에서 성령운동의 성장을 설명해준다. 그러나 그 요인들은 성령운동 교인들이 삶의 고통에 대한 보상(이상의 어떤 것)을 경험하는지, 그리고 집합의식의 황홀감(이상의 어떤 것)을 체험하는지에 대해서 설명하지 못한다. 많은 경우 이런 질문들은 신학적 질문이다. 그러나 사회과학자들은 사회학적 일반화라는 방식을 통해서 자신들이 포괄적인 설명을 제공하고 있는 것처럼 글을 쓴다. 그런데 문제는 사회학적 일반화는 특정한 사례들 – 성령이 각 개인을 깊이 있게 만나는 것 – 을 외면한 채 커다란 흐름이나 인과관계에 대한 일반적 설명에 불과하다는 점이다. 마지막 장에서 우리는 사회과학자들이 현실을 설명한다고 생각하는 때로는 오만한 방식에 대해서 약간의 의구심을 표현하고 싶다. 앞에서 진술한 것처럼 성령운동의 성장에 대한 가장 간결한 설명은 바로 'S' 요인을 언급하는 것이다. 왜냐하면 이것이 없이는 성령운동 내의 많은 부분들이 도저히 이해될 수 없기 때문이다.

결론적 성찰

선진적 성령운동가들에게 힘을 불어넣는 가장 중요한 요소가 무엇이냐는 질문을 생각해 볼 때, 분명한 대답은 예배 때 느끼는 활기이다. 물론 교회 조직의 구조가 하나의 중요한 요소이지만 성령운동가들의 사회봉사 사역을 추동하는 힘은 예배 때 그들이 집단적으로 그리고 동시에 개인적으로 경험하는 성령이다. 사회적 사역을 한다는 것은 쉽지 않다. 종종 병들고, 절망에 빠지고, 사회의 가장자리로 내몰린 사람들을 상대로 사역해야 한다. 그래서 누군가가 이들을 도와주고자 한다면, 희망이 필요하다. 그리고 똑같이 중요한 것은 이 소망을 타인에게 전달할 때 기쁨을 함께 전해야 한다는 점이다. 그렇지 않으면 이 일은 무미건조하고 울적한 일이 되어서 지속할 수 없을 것이다.

성령운동가들에게 예배는 대안적 실재를 경험하는 기회이다. 예배 때 사람들은 마음과 육체가 잠재적으로 연결되고 불가능한 것들을 소망하게 된다. 그리고 더 나은 세상을 향한 새로운 소망과 바람으로 가득 채워진다. 그러므로 남은 과제는 이런 정서와 느낌, 희망이 좋은 방향으로 분출되도록 인도하는 것이다. 이 때 가르침과 설교가 역할을 한다. 그러나 또한 신비로운 대상과의 만남이 일어나는 것도 이 부분이다. 성령운동가들에 따르면, 그 때 성령이 크리스천으로서의 의무에 대해 말씀하신다. 그런 말씀이 때로는 귀에 들리게 다가오지만 일반적으로는 잠재의식을 통해서 의식에 전달되고, 그런 메시지는 성경을 조용히 읽을 때 검증되기도 하지만 공동체의 비전과의 관련성 속에서 검증되기도 한다. 그러나 중요한 점은 우리의 응답자들이 말한 것처럼, 개인기도 시간에 날마다 새롭게 되는 경험을 갖는 것이다. 이런 시간에 그들은 당면 문제를 더 높은 존재에게 내어맡긴다. 만약 어떤 일이 진행된다면 자신의 힘만으로는 불가능하다는 사실을 성경을 묵상하고 기도하는 가운데 깨닫게 된다.

우리는 선진적 성령운동가들을 장밋빛 렌즈를 통해서 낙관적으로만 보기를 원치 않는다. 그럼에도 불구하고, 우리는 연구 중에 만났던 수많은 사람들 속에서 독특한 측면을 감지했다. 그것은 그들에게 있는 영혼의 기쁨이다. 분명 선진적 성령운동가들은 신이 하도록 명령하셨다고 믿는 일에 헌신한다. 사람들이 사회의 변화에 대해 갖고 있는 불안감은, 이것은 '자신들의' 일이 아니며, 자신은 더 큰 신의 목적을 위한 '그릇'에 불과하다는 인식에 의해 완화된다. 이런 생각은 그들의 정신을 가볍게 만들어 준다. 그들은 자신의 일을 홀로 하는 것이 아니다. 어떤 의미에서 그런 일의 성공은 그들의 탓이 아니다. 오히려 신이 모든 것을 가능하게 하신다. 신은 세상에서 원하는 것을 성취하실 것이다. 그러므로 그들에게 있는 과제는 신의 역사하심에 방해가 되지 않고 신의 계획을 성취하는 도구가 되는 것이다. 이것이 바로 선진적 성령운동가들을 움직이게 하는 세계관이다.

우리가 이런 식의 일반화를 수행하면서 우리의 마음속에는 매우 독특한 이미지들이 떠오른다. 실제로 성령운동은 단순히 기만적 보상에 불과하다는 냉소적 사고로부터 우리를 지켜준 것은 우리가 만났던 사람들과 그들이 시작한 프로그램들이었다. 예를 들어 우리는 카이로의 빈민가에서 마마 매기와 만났던 것을 회상한다. 우리가 어떤 집을 방문하였을 때, 그들은 쓰레기통을 뒤져서 물건을 얻는 것이 수입의 근원이었고, 아이들은 자신이 분리하고 있었던 쓰레기보다 별로 깨끗하게 보이지 않았다. 그렇지만 우리는 매기가 슬럼에서 시작했던 많은 탁아소들을 방문하였을 때 우리는 그곳의 아이들은 깨끗할 뿐만 아니라 앞으로 부모와는 다른 삶을 살 수 있도록 도와줄 기술을 배우는 모습을 보았다. 매기로 하여금 이런 사역에 헌신하도록 동기부여를 한 것은 그녀가 어느 날 한 거리의 행상인과 그 행상인 자녀의 눈을 들여다보았을 때 그 속에서 그 아이를 응시하는 예수를 보게 된 것이라고 매기는 말했다. 그녀는 자신이 그 행상인이 되고, 그 아이가 자신의 딸이 될 수 있다는 깨달음을 얻었던 것이다.

아이들과 유치원의 이미지는 우리에게 남아공 요하네스버그에 있는 콜린 월터스를 생각하게 한다. 월터스는 절반은 흑인이고 절반은 백인인 아이들을 수용하는 유치원을 시작하였다. 흑인 아이들은 콜린의 교회에 출석하는 백인들이 고용한 가정부들의 아들과 딸들이었다. 그리고 이 유치원은 그들이 살았던 흑인 거주 지역에서 아동 보호 프로그램을 시작한 여성들에게 훈련 장소로 활용되었다. 마마 매기처럼 콜린은 신이 그녀에게 말하기 전까지는 중상층의 삶을 즐기고 있었다. 그녀는 시민권이 박탈된 흑인 아이들에게 백인 아이들과 동등한 기회를 주는 것에 삶을 바칠 필요가 없었다. 그런데 무엇인가 다른 것이 그녀에게 동기를 부여하였고 이렇게 어려운 일에 그녀가 헌신하도록 했다. 그녀는 신이 성령을 통하여 그녀에게 말했다고 주장한다.

아프리카에서 우리는 아시아 대륙으로 건너갔다. 거기에서 우리는 최근까지 마약을 했고 몸을 팔아서 마약 값을 댔던 젊은 여성들을 만났다. 재키 풀링거와 동료들로부터 무조건적인 사랑을 경험하고, 그와 더불어 '성령'의 세례를 체험한 후 그들은 삶의 전환을 맞고 있었다. 우리가 인터뷰하였던 수십 명의 남성들도 동일한 변화를 경험하였다, 이 모든 일들은 신앙으로 이뤄지는 것으로 보였다. 프로그램을 운영할 때 필요한 돈들이 외부에서 들어왔다. 자원봉사자들이 최소 임금 혹은 무료로 일하겠다고 하면서 나타났다. 분명히 이런 영웅적 행동을 일으키는 힘은 자신의 이익이 아니었다. 이런 사람들의 행동의 동기를 설명하기 위해서는 다른 모델이 필요하다.

계속 우리의 경험을 회고한다면, 우리가 보낸 인상적인 저녁시간 중의 하나는 베네주엘라의 슬럼가에서 말레나 수녀의 집에 있었던 십대 청년과 젊은이들과 보낸 시간이었다. 이들이 즉석에서 작곡한 음악에 맞춰 춤을 출 때, 격정적 호르몬과 성령의 사로잡힘을 구별하기 어려웠다. 그러나 분명하였던 것은 말레나 수녀가 선한 삶의 표본을 제시했다는 점이다. 섹스, 마약, 로큰롤 대신에 아이들은 밤에는 예수를 찬양하고 낮에는 생산적인 일자리에서 일하거나 학교에서 공부하고 있었다. 그 아이들은 한 영웅적 어머니에 의해 매개된 초월적 존재와의 접촉에 대해 간증하고 있었다.

그리고 화제를 순수하고 열정적인 예배로 돌린다면, 우간다의 캄팔라에서 비디오카메라를 구입하게 우리를 충동질한 한 사건을 기억한다. 당시 우리는 모인 곳을 진동케 하는 드럼과 기타 반주에 맞춰 약 100명의 어린아이들이 합창하는 토요일 음악회에 참석하였다. 미국에서 온 두 명의 나이든 교수들조차 발로 가볍게 장단을 맞출 정도였다. 만일 이것이 캄팔라 오순절 교회에서 관찰한 것이

전부였다면 박탈이론가들의 주장이 설득력 있게 다가왔을 것이다. 그러나 이 교회는 바로 성도들이 손수 건축한 개별 오두막집으로 구성된 마을에서 수백 명의 에이즈 고아들을 보살피고 있었다. 이 아이들에게 음식과 옷과 교육을 제공하는 것 외에도, 아빠 노릇을 하기로 자원한 성도들이 매주 이 마을에 찾아와서 '입양된' 아이들을 지도하고 돌보고 있었다. 그리고 케냐 부근에서 나이로비 오순절 교회가 거리에 내버려진 아이들을 위해 아름답게 지은 시설 안에서 돌보는 아이들은 어떤가? 이런 프로그램을 시작한 사람들은 개인적 이익 때문에 이런 일을 하는가? 아니면 자신이 믿는 종교의 창시자의 삶 속에서 구현된 윤리적 삶을 살려고 노력하는 것인가? 물론 이런 사례들은 대답보다는 질문을 더 많이 만들어 낸다. 그러나 이런 예들은 모든 것이 합리적 선택모델로 깨끗하게 설명된다고 믿는, 아니면 인간의 행동을 환원적 모델로 이론화할 수 있다고 믿는 학자들의 냉소주의를 무디게 만들어 버린다.

　물론 성령운동이 다양한 표현을 갖고 있는 것이 현실이다. 때때로 성령운동은 억압되고 짓밟힌 사람들에게 정서적 카타르시스만을 제공하는 것처럼 보인다. 종교는 인민의 아편이라는 맑스의 이론이 완전히 틀린 것은 아니다. 그리고 성령운동 내부에는 세계의 가장 부유한 몇몇 나라의 정치인들이 그렇듯, 자신의 사적 이익만을 추구하는 사람들이 있다. 종교는 도피주의, 문화적 인습, 속임수가 함께 혼합되어 있는 세속적 현상이다. 이런 지적은 새로운 것이 아니다. 이것은 구약 성서의 예언자들과 모든 위대한 종교들이 비판하는 부분이다. 그러나 성령운동에는 이런 현상들과 다른 원리에서 움직이는 측면이 있다. 바로 자신을 희생하면서까지 영웅적 사랑을 실천하는 사람들이 성령운동 안에 존재한다는 점이다. 성령운동의 이런 측면이 우리로 하여금 연구를 진행하도록 자극한 힘이었다.

▶▶▶ 부록

인터뷰에 응해주었던 사람들

● 아르헨티나의 부에노스 아이레스

1999년 2월 24일	Elijah Bongarra, Iglesia de la Abierta Juan Pablo Bongarra, Iglesia de la Abierta Rene Padilla, Kairos Center Daniel Ruffinatti, SACDEM Marie Elena Otero, SACDEM
1999년 2월 25일	Analia de Sebastiano, Central Baptist Church
1999년 2월 26일	Carlos Mriada, Central Baptist Church Malena Riverson, Central Baptist Church Pablos Derros, Central Baptist Church Fortunato Mallimaci, University of Buenos Aires
1999년 2월 27일	Gerado Muniello, Iglesia de la Abierta Hilario Wynarczyk, sociologist

● 아르메니아의 예레반(Yerevan)

2001년 4월 20일	Yuri Avanesyan, Armenian Evangelical Hamlet Zakarian, Brotherhood Church
2001년 4월 21일	Ruben Krikyan, Jinishian Memorial Program

● 브라질의 상파울로

1999년 5월 17일	Richardo Mariano, sociologist
1999년 5월 18일	Paul Freston, sociologist
1999년 5월 19일	Bishop Tito, Nuevo Vida Mauricio Fragate, Nuevo Vida
1999년 5월 20일	Jabes Alencar, Assembly of God Paulo Lutero, Brasil para Cristo Carlos A. Quadros Bezerra Jr., Communidade da Graca Carlos Alberto Bezerra, Communidade da Graca
1999년 5월 21일	Bishop Geraldo, Renascer Pastora Darcey, Renascer

● 칠레의 콘셉시온(Concepcion)

1999년 3월 1일	Hernan Mulato Henriquez, First Baptist
1999년 3월 2일	Manuel Jesus Poblete, Communidate Teologica Juan Carlos Barrera, First Baptist Yolanda Adams, First Baptist Maurica Laborte, former Roman Catholic priest Hernnano Arnoldo Vera, sociologit
1999년 3월 4일	Christian Romo, Christian Community

● 칠레의 코로넬(Coronel)

1999년 3월 4일	Manuel H. Luna, president of Pastor's Council

● 칠레의 로타(Lota)

1999년 3월 4일	Raul Frez, Evangelical Pentecostal

● 칠레의 산티아고

1999년 3월 4일	Eduardo Jakob, Encuentro con Cristo
1999년 3월 5일	Omar Cortes Gaibur, Fourth Baptist Margarita Daza, Resurrection 2000 Arturo Chacon Herrera, sociologit Samuel Palma, sociologist

● 중국의 시공(Cigong)

2000년 5월 19일	Au Shucun, Christian Church Chen Shuying, Christian Church Hsu Jinying, Christian Church

● 중국의 광동

2000년 5월 18일	Yi Lu Chen, Union Theological Seminary

● 중국의 칭유엔(Qing Yuen)

2000년 5월 19일	Elder Chang Dar Min, Christian Church Lai Sai Fung, church leader Chen Xian Qin, director of Religious Affairs Wei San Yim, Medical Clinic

● 이집트의 카이로

2002년 5월 18일	Celine Ashadud, Stephen's Children
2002년 5월 19일	Maggie Gobran, Stephen's Children Ahmad Beshal, Stephen's Children
2002년 5월 20일	Menes Abdul Noor, Evangelical Church Kasr El-Dobera, Evangelical Church

● 이디오피아의 아디스 아바바

2000년 4월 10일	Abraham Adessa, Addis Ababa Geunet Gossaye Alemu, Addis Ababa Geunet
2000년 4월 11일	Agidew, Addis Kidan Baptist Florence Muindi, Addis Kidan Baptist Seyume, Evangelical Church Association
2000년 4월 12일	Girma Foggi, Addis Ababa Mulu Wongel Tilahun Dinsa, Addis Ababa Mulu Wongel

● 가나의 아크라(Accra)

2001년 7월 19일	Mengah Otabil, International Central Gospel
2001년 7월 21일	Sam Korankye-Ankrah, Royal House Chapel

● 과테말라의 과테말라 시티

2001년 3월 12일	Edmond Madrid, Showers of Grace

● 과테말라의 께잘텡가(Quetzaltenga)

2001년 3월 1일	Elder Pineda, Church of God

● 홍콩

2000년 5월 20일	Silas Hi Siu Lai, Pentecostal Church of Hong Kong
2000년 5월 21일	Lai Wing Yiu, Pentecostal Church of Hong Kong PengKin Tak, Pentecostal Church of Hong Kong Ruth Tong Mo Wan, Pentecostal Church of Hong Kong
2000년 5월 22일	Siu Hoi Lei, Hong Kong Assemblies of God Samuel Chu, Hong Kong Bible Seminary
2000년 5월 23일	Chan Kim-kwong, Hong Kong Christian Council
2000년 5월 24일	Scarlet-Kwan Shun Chan, Sino Consult
2001년 2월 6일	Wong Wai Chung, Tze Fung Elderly Centre
2001년 2월 7일	Chu Wai Man, St. Stephen's Society Debbie Russell, St. Stephen's Society Matt Hudson, St. Stephen's Society Wong Waichun, St. Stephen's Society
2001년 2월 8일	Jackie Pullinger, St. Stephen's Society Lee Ming Yee, St. Stephen's Society
2001년 2월 9일	Hon Lai Nga, St. Stephen's Society Hon Yi, St. Stephen's Society Ko Wing Sze, St. Stephen's Society Lau Chi Yat, St. Stephen's Society Lui Vuk Kam, St. Stephen's Society

● 인도의 캘커타

2000년 4월 5일	John Higgins, Assemblies of God Anita George, Emmanuel/Samaritan Ministries Bwna Nathan, Emmanuel/Samaritan Ministries Premila Pavamuni, Emmanuel/Samaritan Ministries Tarannum, Emmanuel/Samaritan Ministries Vijayan Pavamani, Emmanuel/Samaritan Ministries Pariki Bose, Samaritan Midway Home Tammoy Tasu, Samaritan Midway Home
2000년 4월 6일	Ambika Pandey, Assemblies of God Dipendra Bansria, Assemblies of God Janak Nandanl Hartnot, Assemblies of God

	Joni Middleton, Assemblies of God
	Z.P.Dadina, Assemblies of God

● 인도의 첸나이(마드라스)

2000년 3월 30일	Sam Sundaram, Apostolic Christian Assembly
	Samineni Arulapp, Roman Catholic
2000년 3월 31일	John Thomas, St. Thomas Orthodox Church
	Father Xavier, Working People's Liberation Movement
2000년 4월 1일	Kumar, Apostolic Christian Assembly
	Jaya Kumar Christian, World Vision

● 인도의 하이데라바드

2000년 4월 1일	Christuraj James, Divine Word Center
	Caleb Premamandam Rayapati, Harvest Ministries
	Samineri Arulappa, Roman Catholic
2000년 4월 3일	G. Peter, Assemblies of God
	Zephaniah Peter, Bible League
	R.C.D'Cruz, Brethren
2000년 4월 4일	Nalla Thomas, Centenary Baptist
2001년 1월 27일	Paulson, evangelist/healer
2001년 1월 28일	Ratnamanakyam, Lord's Grace Church
	Solomon Tomar, Shrine of Infant Jesus

● 케냐의 나이로비

1999년 1월 28일	Alfred Wetindi, Nairobi Chapel
	Cosma Gatere, Nairobi Chapel
	Kyama Mugambi, Nairobi Chapel
	Oscar Muriu, Nairobi Chapel
	Sylvester Nalo, Nairobi Chapel
1999년 1월 29일	Bob Kikuyu, Nairobi Chapel
	Luke Jaoko, Nairobi Chapel
	Mercy Ngatia, Nairobi Chapel
	Robert Rasmussen, Nairobi Chapel

	Dennis White, Nairobi Pentecostal
1999년 1월 30일	Peter Njoka, All Saints Cathedral
	Ken Ikiara, Nairobi Chapel
	Stephen Maina, Nairobi Chapel
	Peter Bisem, National Council of Churches
	Samuel Kabue, National Council of Churches
1999년 2월 1일	Bonaface Adoyo, Nairobi Pentecostal
	Gregory Nzioka, Nairobi Pentecostal
	Noise Wangin, Nairobi Pentecostal
	Rosemary Nyanga, Nairobi Pentecostal
2002년 5월 25일	Takunboh Adeyemo, Association of Evangelicals
	Jane Wathome, Beacon of Hope
	Ken Wathome, Nairobi Chapel

● 마카오

2000년 5월 25일	Janet Borzel, Canadian Assemblies of God
	Timothy C.K.Lam, Macau Evangelical Church
	George Veith, Mennonite
	Gregory Li, Trinity Christian Centre

● 필리핀의 마닐라

1999년 1월 14일	Noeh Vios, Diliman Bible
	Melba Maggay, ISACC
1999년 1월 15일	Ressie Abalos, Jesus Is Lord
1999년 1월 17일	Edwardo Dizon, Sr., Jesus Is Lord
	Ike Devera, Jesus Is Lord
	Jesusa Guevarreh, Jesus Is Lord
	Pastor Romeosuna, Jesus Is Lord
	Rainier Evardone, Jesus Is Lord
1999년 1월 18일	Nolan, Jesus Is Lord
2002년 5월 8일	Eddie Vilanueva, Jesus Is Lord

● 폴란드의 바르샤바

2000년 5월 28일	Jan Marek Jopek, Pentecostal Church Lilia Chatojan, Pentecostal Church Margaret Lipert, Pentecostal Church Monika Kowalczyk, Pentecostal Church Tom Lipert, Pentecostal Church Sebastian Kozlowski, politician
2000년 5월 29일	Krystyna Wisniewska, Christian Church Andrzej Starzynski, Pentecostal Church Edward Czajko, Pentecostal Church Marian Suski, Pentecostal Church Michal Hydzik, Pentecostal Church Wlodzrmierz Rudnacki, Theological Seminary Timothy Case, Warsaw Theological Seminary
2000년 5월 30일	Aguieszka Biatowas, Catholic Renewal Andrew Bajenski, Christian Church Arkadivsz Kvczynski, Pentecostal Church Krzysztof Zareba, Pentecostal Church Renata Pruszkowscy, Pentecostal Church

● 싱가포르

2001년 2월 2일	Melvyn Mak, Faith Community Baptist
2001년 2월 3일	Lai-Kheng Pousson, Love Singapore Michael Chan, Singapore Bible College Dominic Yeo, Trinity Christian Center Eu Yat Wan, Trinity Christian Center
2001년 2월 4일	Edmund Chun, Evangelical Free
2001년 2월 5일	Eugene Seow, Touch Community Service
2002년 5월 14일	Margaret Tay, Trinity Christian Center Patsy Chan, Trinity Christian Center Riulin Hung, Trinity Christian Center
2002년 5월 15일	Richard Fowler, City Harvest

● 남아프리카공화국의 요하네스버그

1999년 1월 26일	Colleen Walter, Highway Assemblies of God
	Mark Brooks, associate pastor, Highway Assemblies of God
1999년 1월 27일	Jeff Bond, Highway Assemblies of God
2001년 1월 4일	Fred Shabalala, Back to God, Assemblies of God
2001년 1월 5일	Fred Kobus, Urban Planning Services
2001년 1월 7일	Thomas Rasane, Youth for Christ
2001년 1월 8일	Ian Thompson, Safe and Sound
2001년 1월 9일	John Bond, Highway Assemblies of God
2001년 1월 11일	Moss Ntlha, Evangelical Alliance of SF

● 남아프리카공화국 소웨토

2001년 1월 8일	Norman Pule, Assemblies of God

● 태국의 방콕

1999년 1월 20일	Manoosak Kamolmatyakum, Jaisamarn Church
1999년 1월 23일	Associate Pastor Somthab, Hope of Bangkok
1999년 1월 24일	Carl Groot, Abundant Life Fellowship
	Jerry Khoo, Thai pastor, Christ Church
1999년 1월 25일	Sirijongkol Ariyawanakit, Baan Chivit Mai
	Pitsanunat Srithawong, Hope of Bangkok
	Linda Kevorkian, Nor Giank
	Somnuk Montrilertrassaunoe, Plukghit Church

● 우간다의 캄팔라

1999년 2월 3일	Zac Niringiye, IFES
	Chris Komagum, Kampala Pentecostal
1999년 2월 4일	Brenda Katongole, Kampala Pentecostal
	Joan Hall, UK missionary
1999년 2월 5일	Nicholas Wafula, Deliverance Church
1999년 2월 6일	Geroge Tibeesigwa, Church of Uganda
	David Sempiira, Kampala Baptist

1999년 2월 8일	Andrea Crowe, Deliverance Church Sam Mugote, Deliverance Church Stephen Watiti, Deliverance Church

● 베네주엘라의 카라카스

2000년 2월 24일	Jesus Ramon Perez, Renacer Roberto Ruhamut, sociologist
2000년 2월 25일	John Palmer, Assemblies of God Alexis Mora, Fuente de Vida Oswaldo Melo, Hogar Renacer Alberto Partidas, Renacer Xiomara Suarez, Renacer
2000년 2월 26일	Mary Mahon, Fuente de Vida
2000년 2월 27일	Martin, Las Acacias Samuel Olson, Las Acacias Gregorio Lugo, Renacer
2000년 2월 28일	Isbelia Armas, Las Acacias
2001년 3월 8일	Sister Marlena, Renacer

▶▶▶ 미주

서론

1. 예를 들어 널리 읽히고 있는 다음의 저서들을 보라. Philip Jenkins, The Next Christendom: The Coming of Global Christianity (Oxford: Oxford University Press, 2002), Harvey Cox가 쓴 Fire from Heaven: The Rise of Pentecostal Spirituality and the Reshaping of Religion in the Twenty-first Century (New York: Addison-Wesley Publishing, 1995), David Stoll, Is Latin America Turning Protestant? (Berkeley: University of California Press, 1990).

2. 오순절 성령운동에 대해서 광범위한 조망을 시도한 연구로는 Stanley M. Burgess, ed., The New International Dictionary of Pentecostal and Charismatic Movements (Gran Rapids, MI: Zondervan, 2002).

3. 2004년에 열린 세계복음화를 위한 로잔대회에서 내놓은 보고서에 나온 전인적 사역 개념에 대한 명쾌한 설명으로는 Holistic Mission Issue Group, ed. Evvy Hay Campbell and John Farquhar Plake, Pattaya, Thailand, September 29-October 5, 2004.

4. 복음주의자들의 사회참여에 대한 주제의 유명한 저자들은 Ronald Sider and Heidi Rolland Unruh, Saving Souls, Serving Society: Understanding the Faith Factor in Church-Based Social Ministry (Oxford: Oxford University Press, 2005); Bryant L. Myers, Walking with the Poor: Principles and Practices of Transformational Development (Maryknoll, NY: Orbis Books, 1999); Tim Chester, Good News to the Poor: Sharing the Gospel through Social Involvement (Leicester, U.K.: Inter-Varsity Press, 2004); Jim Wallis, The Call to Conversion: Why Faith Is Always Personal but Never Private (New Yori: HarperCollins, 2005).

5. William James, Varieties of Religious Experience: A Study in Human Nature (New York: Collier Books, 1961).

6. Tetsunao Yamamori, ed., Serving with the Urban Poor: Cases in Holistic Ministry (Monrovia, CA: Marc Publishing, 1998).

7. Donald E. Miller, Reinventing American Protestantism: Christianity in the New Millenium (Berkeley: University of California Press, 1997).

8. Fieldstead Company의 프로그램 담당자인 Steve Ferguson은 이 책의 공저자들이 함께 모여 일할 수 있도록 도와준 사람이다.

9. 예를 들어서 Grant Wacker의 뛰어난 작품을 보라. Grant Wacker, Heaven Below: Early Pentecostals and American Culture (Cambridge, MA: Harvard University Press, 2001).

10. Rudolf Otto, The Idea of the Holy: An Inquiry into the Non-rational Factor in the Idea of the Divine and Its Relation to the Rational (New York: Oxford University Press, 1973).

11. James, Varieties of Religious Experience.

제1장 기독교적 사회참여의 새로운 모델, 성령운동

1. 2005년에 3만 명이 참여했다는 보고서가 있다.

2. 브라질의 뉴스는 레네서 교회의 설립자가 교회의 돈을 착복해 자신의 배만 부르게 했다고 비판해왔다.

3. 기독교의 사회학적 진화에 대해 고전적인 연구로는 Ernst Troeltsch, The Social Teaching of the Christian Churches (New York: Macmillan Company, 1931).

4. Philip Jenkins, The Next Christendom: The Coming of Global Christianity (Oxford: Oxford University Press, 2002).

5. 가톨릭 교회에 대한 도전을 흥미있게 연구한 책으로는 R. Andrew Chestnut, Competitive Spirits: Latin America's New Religious Economy (Oxford: Oxford University Press, 2003).

6. Hugh McLeod and Werner Ustorf, eds., The Decline of Christendom in Western Europe, 1750-2000 (Cambridge: Cambridge University Press, 2003).

7. 1996년 5월 21-23일 풀러신학교에서 열린 '후기교파 교회' (postdenominational church)에 대한 전국 단위의 심포지엄에서 발표된 논문인 C. Peter Wagner, "The New Apostolic Reformation: A Search for a Name"를 보라.

8. 미국에서 나타난 영적 격동에 대해서는 Nathan Hatch, The Democratization of American Christianity (New Haven, CT: Yale University Press, 1989).

9. 초기 오순절주의에 대한 묘사로는 Cecil M. Robeck Jr., The Azusa Street Mission and Revival: The Birth of the Global Pentecostal Movement (Nashville, TN: Thomas Nelson, 2006). Gaston Espinosa, "Ordinary Prophet: William J. Seymour and the Azusa Street Revival," in The Azusa Street Revival and Its Legacy, ed. Harold D. Hunter and Cecil M. Robeck Jr. (Cleveland, TN: Pathway Press, 2006).

10. 오순절 성령운동의 발전에 대해서 읽기 쉽게 쓴 책으로는 Allan Anderson, An Introduction to Pentecostalism: Global Charismatic Christianity (Cambridge: Cambridge university Press, 2004). 오순절 성령운동의 역사에 대해 더 전문적으로 기술한 책으로는 Walter J. Hollenweger, Pentecostalism: Origins and Developments Worldwide (Peabody, MA: Hendrickson Publishers, 1997).

11. 다음의 논문을 보라. "Charismatic Movement" in Stanley M. Burgess,

ed., International Dictionary of Pentecostal and Charismatic Movement (Grand Rapids, MI: Zondervan, 2002), 477-519.

12. David Barrett, ed., World Christian Encyclopedia: A Comparative Survey of Churches and Religions in the Modern World, 2 vols. (Oxford: Oxford University Press, 2001), 1:19.

13. 위의 책.

14. David Martin, Pentecostalism: The World Their Parish (Oxford: Blackwell, 2002), p. 1. 개인적인 이메일 서신 교환(2006년 5월 17일)에서 오순절 성령운동에 대한 권위자인 Paul Freston은 오순절 성령운동에 대해 다음과 같이 추산하였다. 그는 2억 5천만 명의 비가톨릭계 오순절 성령운동 교인들과 카리스마 신자들이 있으며, 1억 명 가량의 가톨릭 계열의 카리스마 신자들이 있다고 말한다. 그는 북미에는 약 7천 5백만 명의 오순절 성령운동 교인과 카리스마 신자들이 있으며, 남미에는 7천만 명의 오순절 성령운동 교인과 카리스마 신자들이 있다고 말한다. 그리고 브라질에는 전체 인구의 18.5%인 3천 5백만 명이 오순절 신자이거나 카리스마 신자라고 한다. 세계의 다른 지역에서 그는 다음과 같은 통계치를 제시한다. 아프리카는 대략 1억 명, 아시아는 7천 5백만 명, 유럽은 2천 5백만 명, 오세아니아 지역은 5백만 명이라는 것이다. 다른 믿을 만한 정보원은 고든콘웰신학교에 있는 World Christian Database at the Center for the Study of Global Christianity 이다. 홈페이지는 http://worldchristiandatabase.org/wcd.

15. 세속화에 대한 논쟁은 다음을 보라. Eileen Barker, James A. Beckford and Karel Dobblelaere, eds., Secularization, Rationalism, and Sectarianism: Essays in Honour of Bryan R. Wilson (New York: Oxford University Press, 1993).

16. 이 통계는 Doug Petersen 과의 2006년 5월 11일에 개인적인 서신 교환에서 인용된 숫자이다.

17. 예를 들어 아프리카의 독립적 성령운동 교회들에 대한 논의는 Paul Gifford, Ghana's New Christianity: Pentecostalism in a Globalizing African Economy (Bloomington: Indiana University Press, 2004).

18. 포스트모던한 종교 조직에 대한 논의는 Donald E. Miller, Reinventing American Protestantism: Christianity in the New Millennium (Berkeley: University of California Press, 1997), 134-56.

19. Barrett, World Christian Encyclopedia, 1:10.

20. Jenkins, Next Christendom, 3.

21. 위의 책.

22. Barrett, World Christian Encyclopedia, 1:5.

23. John C. Raines, ed., Marx on Religion (Philadelphia: Temple University Press, 2002).

24. Sigmund Freud, The Future of an Illusion (New York: W. W. Norton, 1989).

25. Emile Durkheim, Elementary Forms of the Religious Life (New York: Free Press, 1995).

26. 박탈이론을 통해서 오순절 성령운동을 해석한 고전적 이론 중 하나는 Robert Mapes Anderson, Vision of the Disinherited: The Making of American Pentecostalism (New York: Oxford University Press, 1979).

27. 오순절 성령운동이 가난한 사람들에 대해 갖는 매력에 대한 민속지적 연구로 탁월한 것은 Rebecca Pierce Bomann, Faith in the Barrios: The Pentecostal Poor in Bogota (Boulder, CO: Lynne Rienner, 1999).

28. Harvey Cox, Fire from Heaven: The Rise of Pentecostal Spirituality

and the Reshaping of Religion in the 21st Century (Reading, MA: Addison-Wesley, 1995).

29. Wikipedia: The Free Encyclopedia: http://en.wikipedia.org/wiki/Assemblies_of_God(2006년 8월에 접속)에 나와 있는 하나님의성회에 대한 논문을 보라.

30. Gifford, Ghana's New Christianity, 56.

31. 브라질의 천국 보편 교회에 대한 논의는 Paul Freston, Evangelicals and Politics in Asia, Africa, and Latin America (Cambridge: Cambridge University Press, 2001), 11-58.

32. 카리스마 운동에 대한 논문은 Wikipedia: http://en.wikipedia.org/wiki/Charismatic_movement

33. 갈보리교회, 호프교회, 빈야드교회의 예배 스타일에 대해서는 Miller, Reinventing American Protestantism, 80-107.

34. Simon Coleman, The Globalization of Charismatic Christianity: Spreading the Gospel of Prosperity (Cambridge: Cambridge University Press, 2000).

35. Donald E. Miller, "Routinizing Charisma: The Vineyard Christian Fellowship in the Post-Wimber Era," in Church, Identity, and Change: Theology and Denominational Structures in Unsettled Times, ed. David A. Roozen and James Nieman (Grand Rapids, MI: William B. Eerdmans, 2005), 141-62.

36. 맑스의 종교 이론에 대한 훌륭한 개관서는 Daniel L. Pals, Seven Theories of Religion (New York: Oxford University Press, 1996), 124-57.

37. 2가지 약간 다른 시각으로는 Douglas Petersen, Not by Might nor by

Power: A Pentecostal Theology of Social Concern in Latin America (Oxford: Regnum, 1996)과 Freston, Evangelicals and Politics, 281-321.

38. 이런 관점을 가지고 있는 사람들은 Karl Marx, Sigmund Freud, Emile Durkheim이다.

39. Peter L. Berger, ed., The Desecularization of the World: Resurgent Religion and World Politics (Grand Rapids, MI: William B. Eerdmans, 1999)와 Jose Casanova의 훌륭한 연구를 보라. Jose Casanova, Public Religions in the Modern World (Chicago: University of Chicago Press, 1994).

40. Robert Wuthnow, Saving America: Faith-Based Services and the Future of Civil Society (Princeton, NJ: Princeton University Press, 2004).

41. Dean Kelley, Why Conservative Churches Are Growing: A Study in Sociology of Religion (New York: Harper & Row, 1972).

42. R. Stephen Warner, "Work in Progress toward a New Paradigm for the Sociological Study of Religion in the United States," American Journal of Sociology 98 (1993): 1044-93; Roger Finke and Rodney Stark, "Religious Economics and Sacred Canopies: Religious Mobilization in American Cities," American Sociological Review 53 (1988): 41-49. Roger Finke and Rodney Stark, The Churching of America, 1776-1900: Winners and Losers in Our Religious Economy (New Brunswick, NJ: Rutgers University Press, 1992).

제2장 그들의 다양한 사회참여 사역, 신념, 그리고 동기

1. 다른 식의 유형 구분은 Heidi Rolland Unruh and Ronald Sider, Saving Souls, Serving Society: Understanding the Faith Factor in Church-Based Social Ministry (Oxford: Oxford University Press, 2005), 29-31.

2. 비정부기구의 역할에 대한 비판으로는 Fiona Terry, Condemned to Repeat?: The Paradox of Humanitarian Action (Ithaca, NY: Cornell University Press, 2002).

3. 오순절 성령운동의 사회참여에 대한 신학적 저술들이 등장하고 있다. 예를 들어, Murray W. Dempster, "Pentecostal Social Concern and the Biblical Mandate of Social Justice," PNEUMA: The Journal of the Society for Pentecostal Studies 9 (1987): 129-53; Murray W. Dempter, Douglas Petersen, and Byron Klaus, eds., Called and Empowered: Global Mission in Pentecostal Perspective (Peabody, MA: Hendrickson, 1991); Murray W. Dempster, "Social Concern in the Context of Jesus' Kingdom, Mission and Ministry," Transformation 16 (1993): 43-53; Murray W. Dempter, Byron D. Klaus, and Douglas Petersen, The Globalization of Pentecostalism: A Religion Made to Travel (Oxford: Regnum Books, 1999); Douglas Petersen, Not by Might nor by Power: A Pentecostal Theology of Social Concern in Latin America (Oxford: Regnum Books, 1996); Doug Petersen, "Towards a Latin American Theological Political Ethic," Transformation 14 (1997): 30-33; Doug Petersen, "Mission in the Twenty-first Century: Toward a Methodology of Pentecostal Compassion," Transformation 16 (1999): 54-59. 미발표 논문으로는 Doug Petersen and Doug Petersen Jr., "Changing Paradigms and Challenges for Latin American Evangelical Pentecostals,", 2005.

제3장 다음세대를 건설하기 위한 노력들

1. 에이즈와 관련된 문제와 에이즈 예방에 대한 교회의 역할을 다룬 탁월한 개괄서는 Edward C. Green, Rethinking AIDS Prevention: Learning from Successes in Developing Countries (Westport, CT: Praeger Publishers, 2003).

2. 종교가 평범한 일상사에서 하는 역할에 대해서는 Peter L. Berger, The Sacred Canopy: Elements of a Sociological Theory of Religion (Garden City, NY: Doubleday, 1969).

3. 공리주의적 개인주의에 대해서는 Robert N. Bellah, Richard Madsen, William M. Sullivan, Ann Swindler, and Steven M. Tipton, Habits of the Heart: Individualism and Commitment in American Life (Berkeley: University of California Press, 1985).

4. 위험에 처한 아이들을 위한 위원회의 보고서 "Hardwired to Connect: The New Scientific Case for Authoritative Communities," (New York: Institute for American Values, 2003).

제4장 개인과 사회를 변화시키는 운동

1. Jackie Pullinger with Andrew Quicke, Chasing the Dragon (Port Huron, MI: Servant Ministries, 1982).

2. 존 윔버와 빈야드교회에 대한 논의는 Donald Miller, Reinventing American Protestantism: Christianity in the New Millennium (Berkeley: University of California Press, 1997), 44-51.

3. 그라민은행에 대해서는 Muhammad Yunus, Banker to the Poor: Micro-Lending and the Battle against World Poverty (New York: Public

Affairs, 2003).

제5장 섬김을 낳는 살아숨쉬는 예배가 있는 교회

1. Emile Durkheim의 고전적인 저작을 보라. Emile Durkheim, The Elementary Forms of the Religious Life (New York: Fress Press, 1995).

2. 이런 뒤르케임의 주장은 뒤르케임에 대해 로버트 벨라(Robert Bellah)가 저술한 개론서에서 발전되었다. Robert N. Bellah, ed., Emile Durkheim on Morality and Society (Chicago: University of Chicago Press, 1975).

3. 여성주의자들도 뒤르케임의 환원적 시각에 대해서 비판한다. 예를 들어 Victoria Lee Erickson, Where Silence Speaks: Feminism, Social Theory, and Religion (Minneapolis: Fortress Press, 1993).

4. Donald E. Miller, "Worship and Moral Reflection: A Phenomenological Perspective," Anglican Theological Review 67 (1980): 307-20.

5. Sigmund Freud, Civilization and Its Discontents (New York: W. W. Norton, 1961).

6. Harvey Cox, Fire from Heaven: The Rise of Pentecostal Spirituality and the Reshaping of Religion in the 21st Century (Reading, MA: Addison-Wesley, 1995).

7. William James, Varieties of Religious Experience: A Study in Human Nature (New York: Collier Books, 1961), 351.

8. Christian Smith, Moral, Believing Animals (Oxford: Oxford University Press, 2003), 109.

제6장 신자의 삶을 윤택하게 하는 교회

1. Max Weber, The Protestant Ethic and the Spirit of Capitalism (Oxford: Blackwell, 2002).

2. 로마서 9장 9-24절까지 보라. 그리고 John Calvin, Institutes of the Christian Faith (Philadelphia: Westminster Press, 1960).

3. 오순절 성령운동과 개신교 윤리의 관계에 대한 또다른 해석은 Bernice Martin, "New Mutations of the Protestant Ethic among Latin American Pentecostals," Religion 25 (1995): 101-17.

4. 자본주의와 개신교의 친화성에 대해서는 Reinhard Bendix, Max Weber: An Intellectual Portrait (New York: Doubleday Books, 1960), 55-63.

5. 번영의 복음에 대한 논의는 Simon Coleman, The Globalization of Charismatic Christianity: Spreading the Gospel of Prosperity (Cambridge: Cambridge University Press, 2000); Simon Coleman, "The Faith Movement: A Global Religious Culture," Culture and Religion 3 (2002): 3-19.

6. 종교와 정치에 대한 훌륭한 개괄은 Paul Freston, Evangelicals and Politics in Asia, Africa, and Latin America (Cambridge: Cambridge University Press, 2001).

7. 아주사 거리의 운동이 인종의 차이를 뛰어넘은 것이지만, 오순절 성령운동의 역사는 다소 인종분리적으로 진행되었다. 물론 이런 문제에 대해서 최근에 개선하려는 노력이 나타나고 있다. Anthea Butler, "Constructing Different Memories: Recasting the Azusa Street Revival," in The Azusa Street Revival and Its Legacy, ed. Harold D. Hunter and Cecil M. Robeck Jr. (Cleveland, TN: Pathway Press, 2006), 193-202.

8. Estrelda Alexander, "The Role of Women in the Azusa Street Revival,"

in The Azusa Street Revival and Its Legacy, 61-78.

9. 막스 베버에 대해서 앤토니 기든스가 하는 논의에 대해서는 Anthony Giddens, Capitalism and Modern Social Theory: An Analysis of the Writings of Marx, Durkheim, and Max Weber (Cambridge: Cambridge University Press, 1971), 205-33.

제7장 평신도를 리더로 세우는 교회

1. 새로이 등장하는 교회들에 대해서는 Dan Kimball, The Emerging Church (Grand Rapids, MI: Zondervan, 2003); Leonard Sweet, The Church in Emerging Culture (Grand Rapids, MI: Zondervan, 2003); Eddie Gibbs and Ryan Bolger, Emerging Churches: Creating Christian Community in Postmodern Cultures (Grand Rapids, MI: Baker Academic, 2005).

2. Roger Finke and Rodney Stark, The Changing of America, 1776-2005: Winners and Losers in Our Religious Economy (New Brunswick, NJ: Rutgers University Press, 1992).

3. 이런 주장은 다양한 합리적 선택론자들에 의해서 제시되었다. Roger Finke and Rodney Stark, "Religious Economies and Sacred Canopies: Religious Mobilization in American Cities," American Sociological Review 53 (1988): 41-49; Roger Finke and Rodney Stark, "How the Upstart Sects Won America: 1776-1850," Journal for the Scientific Study of Religion 28 (1989): 27-44; Laurence R. Iannaccone, "A Formal Model of Church and Sect," American Journal of Sociology 94 (suppl. 1986): 241-68; Laurence R. Iannaccone, "Religious Practice: A Human Capital Approach," Journal for the Scientific Study of Religion 29 (1990): 297-314; Laurence R. Iannaccone, "The Consequences of Religious Market Structure," Rationality and Society 3 (1991): 156-77.

4. 에이미 맥퍼슨에 대한 좋은 책은 Edith Blumhofer, Aimee Semple McPherson: Everybody's Sister (Grand Rapids, MI: William B. Eerdmans, 1993).

제8장 결론 : 그들의 미래와 도전

1. 부흥운동이 최근의 기독교의 역사에서 한 역할에 대해서는 Donald E. Miller, Reinventing American Protestantism: Christianity in the New Millennium (Berkeley: University of California Press, 1997), 177-90.

2. Nathan Hatch, The Democratization of American Christianity (New Haven, CT: Yale University Press, 1989).

Index

가톨릭, -과 에이즈 사역, 146 / -내부의 카리스마 운동, 20-21, 31-32, 42, 217 / -의 쇠퇴, 24, 30 / -의 사회봉사 사역, 85 / -과 성령운동의 연합, 119 / 의 신체접촉의 부족함, 174 / 과 사회적 상승이동, 196 / -의 부패, 197

개신교 윤리, 196-198

구원 교회(Deliverance Church, Uganda), 119

국제 포스퀘어 교회(International Church of the Foursquare Gospel), 40

굶주린 자들에게 음식을(Food for the Hungry), 16, 68

그라민 은행(Gramine Bank), 152

기쁨 의료원(Joy Medical Clinic, Uganda), 143

나이로비 교회(Nairobi Chapel), 19, 113, 142

노동자해방운동(Working People's Liberation Movement), 216

뉴에이지 종교, 173

대각성운동, 261

데이비드 마틴(David Martin), 21

레마 교회(Rhema Church), 63

리오스 몬트(Rios Montt), 212

마야족의 오순절 교회(Mayan Pentecostal Church, Guatemala), 19

막스 베버(Max Weber), 196-98, 204, 206-208

모든 성자들의 교회(All Saints Cathedral), 85

번영의 복음(Prosperity Gospel), 43, 45-47, 207, 210-212, 258

벧엘 성서학교, 31

부르주아 종교, 215

사회복음운동(Social Gospel Movement), 15, 78, 255

사비에르 신부(Father Xavier), 216-218

산상수훈(Sermon on the Mount), 47

선진적 성령운동(Progressive Pentecostalism), -의 정의, 13-14, 255 / -의 출현, 44 / -의 예, 54-56 / -의 미래, 254, 259-262 / -의 전세계적 네트워크, 247-249 / -와 정부, 69-70 / -의 전인적 세계관, 80-82 / -의 타교단과의 협력, 119 / -과 해방신학과의 비교, 218-219, 256-259 / -과 신 성령운동, 44, 251 / -의 조직구조, 251 / -와 비정부기구와의 협력, 14, 68-71, 117-119, 151-152 / -의 정치 참여, 152-154 / -와 조사 지역 선정, 17-18 / -의 역할, 85-86 / -과 세속화 이론, 49-52 / 전복적 운동으로서의 -, 15-16, 48 / 베버의 유형론 안에서의 -, 207-208

선진적 성령운동의 사회봉사 사역, -과 공동체의 필요, 72-74 / -과 개발과 원조, 65-68, 151-152 / -의 자금 지원, 67-71 / -의 성장, 254-256 / -와 개인적 구제, 59-64, 218-219 / -의 동기부여, 74-76, 79-80, 255, 262-268 / -의 지속적 변혁, 155-156 / -와 전도, 59, 62-63 / -와 개인의 자존감, 209-210 / -와 영성, 80-82 / -의 유형, 58 / -에 영향을 미치는 변수들, 71-72, 154-155

성공회(Anglican Church), 86, 120, 152, 170, 174

성령, -에 대한 현상학적 접근, 14 / 성령운동의 성장에서 -의 역할, 31 / -과 애니미즘, 34 / -과 성령운동의 성장, 50-52, 262-264 / -을 통한 변혁, 100-101, 125, 129-130, 133-134, 140-141 / 예배 중 -의 역사, 170, 172-173, 177-179, 181-186 / -과 은사, 177-179, 181-186 / -에 의해 사로잡힘, 189-190 / -과 베버의 유형, 206-208 / -에 대한 평등적 접근권, 213 / -과 활력을 주는 에너지, 262-268

성령운동(Pentecostalism), -과 에이즈 위기, 144-149 / -의 매력, 174, 208-210 / -과 카리스마 운동, 41-42 / -과 사회 계급, 47-48, 208-210 / 보수주의로서의 -, 50 / -내부의 다양한 계층, 34-35 / -의 초기 역사, 30-31 / 고전적 -, 40, 260-262 / 평등적 -, 212-214 / -과 근본주의와의 비교, 259-261 / -에서의 집단 정체성, 204 / -의 성장, 31-32, 36-39, 254, 262-264 / -과 독립교회, 33, 41 /

-과 토착적 교단, 40-41, 254 / -과 해방신학과의 비교, 218-219 / -에서의 생활양식, 198-199 / -에 대한 잘못된 관념, 33-36, 48, 173, 212-213, 259-260 / -의 근대적 출현, 30-32 / -의 유기적 이미지, 257-258 / -의 내부적 지향, 43-45, 79, 85, 154-155 / -의 내세지향적 관점, 35, 43, 82, 154-155 / -에 대한 정치적 도전, 69-70 / -안의 번영의 복음, 43 / 부흥 운동으로서의 -, 261-262 / -안에서의 우파 정치, 212 / -의 역할, 85-86 / 일상화된 -, 44-45, 51, 261-262 / -과 세속화 이론, 32, 49-52 / -과 사회적 신분이동, 203-206 / -에 대한 사회과학적 해석, 263-264 / -과 사회변혁, 45-49, 57-59, 110-112 / -안의 지원 네트워크, 204-205 / -의 신학, 14, 71, 178 / -의 유형론, 12, 39-45 / 베버의 유형론 안에서의 -, 206-208

성령운동 교회, -와 주류교단의 비교, 222 / -와 목회자의 리더십, 224-26 / -의 조직구조, 225-230 / -의 사역 철학, 226-230 / -의 전도, 233, 236-238 / -와 교회개척, 236-238 / -와 식민 지배에의 저항, 238-241 / -의 마케팅 전략, 241-243 / -의 음악, 243-244 / -와 종교 탄압, 244-245 / -에서의 경쟁, 245-247 / -와 교회 연합, 247-249 / -와 예배의 공간, 164-166

성 스데반 공동체(St. Stephen's Society, Hong Kong), -의 정부보조, 69 / -의 사역 동기, 79-80, 134-35 / -의 영성과 자존감, 81 / -의 마약재활 프로그램, 124-131

소아시아의 초기 오순절 교회, 31

소액 대출(microloans), 55, 151-52, 239

샘 무고트(Sam Mugote), 145

생명의 말씀 교회(Word of Life Church, Armenia), 22, 244

세계기독교백과사전(World Encyclopedia of Christianity), 32-33

스데반 어린이회(St. Stephen's Society, Egypt), 19, 101-105, 266

시티하비스트 교회(City Harvest Church), 57, 114, 164

신명기, 136

신성령운동(Neo-Pentecostalism), 브라질에서의 -, 28 / -의 예배, 34 / -과 성령운동의 표현, 41 / -에서의 율법주의 탈피, 208 / -의 조직구조, 251 / -과 탈근대, 260 / -의 미래 방향, 260-261 / -의 등장, 261-262 / -과 선진적 성령운동, 251

'신은 죽었다' 운동(God is Dead Movement), 42

10대 도전(Teens Challenge), 132

아구스토 피노체트(Augusto Pinochet), 212

아동 보호 주간(Child Advocacy Week), 117

아디스 아바바(Addis Ababa), 20, 54~56, 72, 175

아디스 키단 침례교회(Addis Kidan Baptist Church), 54-56

아르메니아 사도교회, 244

아주사 거리 부흥(Azusa Street revivals), 31, 40

아프리카, -의 에이즈, 13 / -의 성령운동의 성장, 210, 281 / -의 성령운동 선교사, 31

열린문 교회(Church of the Open Door), 110

에이즈, -의 확산, 72 / -에 대한 가톨릭의 교육 프로그램, 85 / -에 대한 교육 프로그램, 144-45 / -와 콘돔 사용, 146

에밀 뒤르케임(Emile Durkheim), 162-64, 171, 262

에이미 맥퍼슨(Aimee Semple McPherson), 250

엘 샤다이(El Shaddai), 19

예수 하나님의 교회(Church of God in Christ, COGIC), 39

예수는 주님 운동(Jesus is Lord movement, Philippines), 20, 194, 235

월드 비전(World Vision), 68, 151

윌리엄 제임스(William James), 15, 25, 176

자비의 손길(Hands of Compassion), 63

정신병과 감옥 사역(Christian Assistance Service for Prisoners and the Mentally Ill), 136

존 윔버(John Wimber), 125

제7안식일 교인(Seventh Day Adventists), 85

쟝 피아제(Jean Piaget), 98

집합적 황홀감, 15, 211, 262

지그문트 프로이트(Sigmund Freud), 25, 36, 172

지역개발 프로젝트, 152

찰스 파함(Charles Parham), 31

천국 보편 교회(Universal Church of the Kingdom of God, Brazil), 40, 165, 210, 237

초월적 신비(mysterium tremendum), 25

칼 맑스(Karl Marx), -와 성령운동의 사회봉사, 16, 46-47 / -와 해방신학, 257 / -아편으로서의 종교, 25, 36, 46-47, 214-15, 268 / -와 성령운동에 대한 고정관념, 36 / -와 자본주의/성령운동과의 연계, 214

콜린 월터스(Colleen Walters), 19, 96, 249, 266

케네스 해긴(Kenneth Hagin), 43, 211

테쓰나오 야마모리(Tetsunao Yamamori), 16

필립 젠킨스(Philip Jenkins), 33

플리마우스 형제회(Plymouth Brethren), 182

하나님의 교회(Church of God, Cleveland), 39

하나님의 성회(Assemblies of God), -고전적 성령운동으로서의, 12, 40 / -의 교인숫자, 32 / -의 국제적 영향, 32 / -와 기부금 모금, 35 / -와 다른 지향점, 43 / -

와 개발과 원조, 65-68 / -의 전인적 사역, 82-84 / -와 교육 사역, 95, 96-101 / -의 율법주의, 207 / -의 예배, 175 / -와 자립, 239 / -와 식민지적 지배의 유산, 240-41

하이웨이 하나님의 성회 교회(Highway Assembly of God Church, South Africa), 96

호주, 95, 238, 248

환원주의(reductionism), 135, 163, 262-263

희망의 햇불(Becaon of Hope), 144

Compassion International, 68

World Relief, 68